日本公法译丛

事实行为与行政诉讼

[日] 高木光　著

田卫卫　王贵松　译

中国政法大学出版社

2023 · 北京

JIJITSU KOI TO GYOSEI SOSHO

written by Hikaru Takagi

著作权合同登记号：图字 01-2023-0865 号

序　言

　　笔者自开始从事研究以来发表了一些论文，从中选取了以行政上的事实行为概念为抓手、具有行政诉讼问题视角的作品组成了本书。除了在一定程度上变更了节款项区分、添加了各项标题外，为了明确各章节之间的关联，做了一定的增补修正，但内容原则上保留发表时的原样。此次这种形式的总结如果还有意义，大概在于两点：首先是笔者自身研究告一段落的象征，其次是因为就职和留学等事情而让论文连载延长，论文中有明显校对错误，需要对论文的外观进行整理，以便于参照和批判（另外，酌情修正了明显不适当的译语等）。

　　在本书收录的论文中，先行发表的是第三章第一节、接着是第二章。第二章、第三章的基础是笔者于 1980 年 3 月向东京大学法学部提交的助手论文（同时也是神户大学的就职论文）。其中笔者关注的是两大问题的接点，即以行政行为论为中心的总论理论体系与以抗告诉讼和国家赔偿为支柱的救济法构造的关联。不过，笔者在助手阶段的观念是稚拙的，论文的论述是明显生硬、青涩的，其学术价值也是有疑问的。但笔者既然以此获得了职位，即便感到难为情，请求广泛批评也是一种光明正大的态度，因而采取了顺次发表的方针。其中，本书收录的论文等内容是笔者的思考主张，均保留给日后再考。本书也应说是首次整理自身研究的备忘录。

在这一过程中，有幸引起学者关注、笔者自身也能较为明确整理出观点的是救济法的侧面。本书从这一侧面选择了收录的论文。不过，对于学者们对笔者主张的批评等以及之后判例的动向、笔者现在是如何考虑的，顾及本书的性质，未予吸收补正，笔者保证日后再作论述，对于大家宝贵批评意见的失礼之处，祈请谅解。

另外，对于从理论体系角度受到关注的"行为形式论"，笔者虽然通过下列论文继续补充研究，但遗留的研讨课题很多，仍在摸索之中：

（1）《通知中法与专门技术性的交错——以德国防止大气污染技术指针的法性质论为契机》（一~三完），《自治研究》第61卷第3~5号（1985年3月至5月）。

（2）《行政实效性的保障手法》，《神户法学杂志》第36卷第2号（1986年9月）。

（3）《实效性保障》，《公法研究》第49号（1987年10月）。

在这种状况下，特别是第三章的叙述经过这一次的补充修正之后仍不免给人论旨不明确、未完成的印象。希望其他部分一气呵成地写成、易于阅读，同时也期待通过"作者解题"来让自己的意图易于被理解。

自1977年4月被录用为东京大学助手以来，笔者得以过上优越的研究生活。恩师盐野宏教授从逐字逐句的文献研究开始到研究选题的方法都给予了恳切的指导，其后又在多歧之路上给予了宝贵的建议。助手时代，得到已故田中二郎博士、已故指导教官雄川一郎教授，以及东京大学和各种研究会的各位教授、前辈、同僚诸兄有形无形的赐教。自 1980 年 8 月赴神户大学就任开始，就处在自由阔达的研究氛围之中。进而，在 1982 年 6 月开始的两年多德国留学，让笔者有机会开拓自身狭窄的视野，摆脱了学生时代的观念形态困惑和助手时代留下的外语自卑感，笔者从日常的研究会和诸多著作论文中不断得到启发，当然也磨炼着做学问的能力。对给予这些机会的各位先生，笔者也想表达感谢之意。另外，本书的刊行得到有斐阁京都支店的田颜繁实的诸多关照。最后谨记于此，以致谢意。

高木光

1988 年 7 月

初出一览

第一章——《现代行政法大系》第 2 卷·行政过程，第 169 页以下（有斐阁 1984 年版）

第二章——《神户法学杂志》第 32 卷第 1 号，第 59 页以下（1982 年 6 月）

（原题为《通过行政诉讼予以禁止的一个考察——以德国消除结果请求权的法理为线索》）

第三章引言、第一节、第二节第一款——《国家学会杂志》第 95 卷第 5·6 号，第 1 页以下（1982 年 5 月）

第二节第二款、第三款、第四款——《国家学会杂志》第 95 卷第 9·10 号，第 1 页以下（1982 年 9 月）

第三节——《国家学会杂志》第 96 卷第 3·4 号，第 70 页以下（1983 年 3 月）

第四节、第五节、结语——《国家学会杂志》第 98 卷第 5·6 号，第 1 页以下（1985 年 5 月）

［原题为《行政上的事实行为与行政的行为形式论——以德国理论的推移为参照》（一~四完）］

第四章——《国家学会杂志》第 94 卷第 9·10 号，第 106 页以下（1981 年 9 月）

（原题为《乌利希·拉姆绍尔〈事实性财产权侵害〉介绍》）

第五章——《神户法学杂志》第 35 卷第 2 号，第 409 页以下（1985 年 9 月）

（原题为《诉的利益再探讨——从事实行为论的立场出发》）

作者解题

一

在行政法学上，事实行为论的意义是多样的。本书主要处理其中的裁判救济问题。

首先在第一章中，以若干判例为素材，分析事实行为的用词在怎样的语境中使用，由此来阐明事实行为的法律意义与行政法学上的种种讨论之间具有怎样的关系。

其中的问题点可列举如下：

(1)《行政不服审查法》上的"事实行为"用法是特殊的，只覆盖了"因其带来事实状态的变动而成为法关注的对象"这种广义理解的一部分而已。

(2) 广义理解的事实行为分为"物理作用"与"精神作用"。

(3) 学说上对事实行为的理解多种多样，这与行政行为论的错综复杂具有表里关系。

(4) 处分性扩大论和公共事业禁止的相关讨论，可显示出关注事实行为的重要性。

（5）事实行为与行政处分相结合的视角，除了禁止公共事业外，对于理解行政强制也有作用。

第一章概述了事实行为论在行政法学上的意义，第二章以下会更为详细地探讨个别论点，阐明与其他论点的关联性。

二

第二章讨论公共事业的禁止问题，这是对事实行为进行裁判救济的主要关注领域之一。

其中，笔者的主题大致有两个方面。一方面，阐明对于禁止公共事业这样的重要难题，日本与德国的应对形成了鲜明的对照；另一方面，在日本的问题处理中，为了克服过去构想的局限性，提倡应当参考德国的构想。如果将日本过去的构想图式化，本书使用的表达是"撤销诉讼的负担过重""撤销诉讼抑或民事诉讼的二选其一"。当然，这是强调某种一定的倾向，并不是特意去消极评价日本的现状。也就是说，笔者的意图并不是将德国的应对描述为"先进"者，劝说日本"直接输入"，而是根据两国的不同点，探寻应该如何思考日本的问题。对此，笔者自身也担心，不能否认的是，在开始研究的当初，容易使德国的法理定位变得暧昧，在这种影响下，自己的叙述给人以与主观意图不同的印象。例如，原论文发表后，原田尚彦教授给出了下述评价（第五章注6的论文）：

> 最近，部分学说主张，禁止公共事业……的请求，不应通过民事诉讼，而应当根据《行诉法》第4条的"公法上的当事人诉讼"来提出。最高法院大法庭对"大阪机场案"以民事的禁止请求不合法为由判决驳回。该学者从其

逻辑出发，在结论上也赞同该做法。下面对于公法上的当事人诉讼，想阐述一点我的意见。

首先，这一见解最近在日本得以抬头，大致是受到德国公法上当事人诉讼的发展的很大影响。

众所周知，德国在1960年制定了《联邦行政法院法》，将争议公权力行使的抗告诉讼（有撤销诉讼与课予义务诉讼）与争议对等权利关系的当事人诉讼作为两大诉讼形式，概括性地予以法定化。之后，德国……也扩大了当事人诉讼的利用范围。其结果是，在今天……排除因行政事实行为而引起的违法状态之诉等，大致是作为当事人诉讼来处理的。这在该国已成为一般的教科书知识。

最近，在日本的研究者中，也有人在提倡应当设想公法上的当事人诉讼来考虑救济。但是，现在将德国的法理直线性地引入日本，确立一个命题，即应当完全通过公法上的当事人诉讼、而不允许通过民事诉讼来请求禁止公共事业，从大局来看，这与日本现状中的权利救济状态是否相符是可疑的。

很遗憾，上述评价与笔者的意图并不相同。第一，笔者的理解是，行政诉讼首先分为抗告诉讼与当事人诉讼的观点为日本行政案件诉讼法所采用，这种观点过去在德国的确也能看到，但并未得到1960年《联邦行政法院法》采用。其中，德国当事人诉讼的利用范围得到扩大的观点是误解。应当说明的是，在撤销诉讼、课予义务诉讼之外，"一般（单纯）给付诉讼"发挥着重要功能。第二，排除事实行为所造成违法状态之诉大致是"一般给付诉讼"，这种说明也被用于稍稍招致误解的语境中。之所以这么说，是因为在禁止公共事业的领域，多数采用以撤销诉讼、课予义务诉讼为平台进行利益调整的机制（参见第一节第四款）。第三，笔者并不是以德国的教科书知识为基础，直线性地提倡"当事人诉讼的活用"。最后，对于大阪机场案，笔者与原田教授等人一样，对以请求禁止不合法为由驳回起诉感到不满。笔者从研究德国消除结果请求权法理中得到的启发是，在（广义）行政救济领域，应当强调的不仅是填补行政活动所造成的损害，还有防止违法行政活动、纠正其结果的一面。

三

第三章是为阐明事实行为论在行政法学上的意义所作的基础探讨。这部分可以说是笔者研究的出发点。在执笔助手论文时，想去学习那些榜样性的著作论文，例如，从盐野宏教授的《奥托·迈耶的行政法学构造》、藤田宙靖教授的《行政法学的思考形式》《公权力的行使与私的权利主张》、小早川光郎教授的《撤销诉讼中的实体法观念》中学习方法论的严密性、逻辑和构造上的把握方法，从兼子仁教授《行政行为的公定力理论》中学习总结难以统一处理之主题的构成能力，从原田尚彦教授的《诉的利益》《环境权与裁判》、远藤博也教授的《行政行为的无效与撤销》《计划行政法》学习克服既有学说观点的策略。虽然没有把握在多大程度上实现了上述希望，但读者一定能在本书叙述的细微之处（即使没有直接引用时也是）感受到上述所列著作论文的影响。

第三章探讨的主要部分在于分析德国行政法学如何应对事实行为。第二节、第三节、第四节就是如此，而第一节和第五节试着整理日本在阐明事实行为论、行为形式论的问题及课题之际所参考观点的背景。

也就是说，首先，对于日本处分性扩大论的问题，即表述为"行政行为论的负担过重"现象的相关理解，在第二节中给出下述论点。

这些与行政行为论批判中"行政行为的功能"视角相关联。例如，着眼于能否成为撤销诉讼对象的诉讼法功能时，容易陷入"行政行为抑或事实行为的二选其一"思考样式（第二款）；"事实行为中的忍受命令"等稍有奇异的构成被认为是必要的（第三款）；在行政的精神作用分类中，特别是二选其一的思考根深蒂固，根据公证和允诺的功能进行定位就会出现困难。为了阐明行政行为概念关联的事实行为概念所具有的意义，就有必要探讨在"公法上的争讼"、进而也包括"民事上的争讼"的整个权利保护中撤销诉讼的比重是如何变迁的。为此，"消除结果请求权"的法理就是不可或缺的探讨素材，会在第二章第一节第三款的后半部分作出介绍。

其次，"行政的行为形式论"是什么的问题，是阐明日本行为形式论课题的前提，第三节将其作为德国行政法学的一个动向加以分析。不过，如"序言"所述，笔者对此尚在摸索之中，本书也仅限于从行政行为功能的角度整理"行政行为论的负担过重"现象的意义（第一款），以"单纯高权行政"概念为线索，在"分析性考察与综合性考察""分解式构成与一体式构成"的问题发现、设定和解释论上看到解答中的对照性观点和理由（第二款前半），从德国行为形式论受到民法学上法律行为论的影响中引出几点启发（第二款后半）。

第四节就是总括以上分析，同时确认事实行为法律问题的多样性，为明确把握事实行为在行政过程中的地位，"行政行为与事实行为的结合"视点是重要的。其中的分析也是行政强制与行政程序领域的研究基础。

总结性的第五节整理了日本行为形式论的课题，不过也只是分别就"公权力概念的纯化""当事人诉讼的活用""行为形式论与行政手段论的分离"三个论点确立今后研究的大致方向。老实说，这三个论点各自朝着怎样的方向深化仍在考虑之中。对于"当事人诉讼的活用"，除原田教授外，还受到就职单位的老前辈阿部泰隆教授的严厉批评，于是笔者匆匆决定发表最小限度的补论。这就是本书末尾第五章的前半部分。盐野宏教授虽然好意地加以引用（参见第五章注 41 的论文），不过他对抗告诉讼的理解、特别是作为无名抗告诉讼之一的"排除不利诉讼"的立论与笔者的倡导却是正好相反。这一点与公权力概念相关，希望日后再作论述（另外，对于第三点，后面提倡应当区分"行政手法"与"行政手段"论述）。

四

第四章与其他部分不同，原来是作为介绍的论文来写的，但与第三章合在一起有助于了解德国行政法学的应对。拉姆绍尔（Ulrich Ramsauer）的著作是在笔者助手论文脱稿后收到的，写这篇介绍论文，是因为其"事实性侵害"的选题与笔者的问题意识——"行政上事实行为的法律问题在行政法学上显示出怎样的课题"——颇有共通之处。

拉姆绍尔在与"民事法的法理向公法转用"的观点关联上，概述了"规范目的理论"（或"保护目的理论"），其分析有助于理解德国原告资格论。"规范性侵害"与"事实性侵害"的分析、事实性侵害的三个类型区分对整理日本的原告资格论也

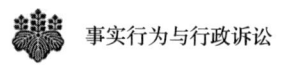

是有益的。第五章后半部分就是其小小的尝试。

五

本书总结性的第五章以日本问题的解释论和建议为主要内容，仅限于简要整理从事实行为论的探讨中得到的对处分性、原告资格扩大论的启发。对于撤销诉讼对象的小结，若能参照下列叙述，将不胜荣幸：

南博方编著：《行政案件诉讼法逐条释义》，弘文堂1987年版，第36页以下（高木光执笔）。

目　录

第一章

事实行为

一、引言

如果说行政法学上的契约是长期作为"继子"[1]或"私生 1
子"[2]而存在的，事实行为的地位也就应当说是"收养手续有
疑义的养子"[3]。虽然"事实行为"一词在制定法上得到采
用，但判例上的用法未必与其相对应，而学说上的处理，即应
称作事实行为论者，迄今为止离确立还为时尚早。不过，虽说
如此，也并非没有理由。不容忽视的是，事实行为概念并没有
积极的标识，常常是用作行政处分、行政行为、法律行为、准
法律行为、法行为、法的行为等概念的补充物。如此，在总括
行政事实行为相关讨论时，当然就给人以错综复杂的印象。这
种印象与对事实行为的法的意义作出消极评价并无关联。

事实行为论的错综复杂起因何在呢？这是因为多数学者给
事实行为作出了不同的定义，或者没有意识到定义就展开了讨

---

〔1〕 山田幸男『行政法の展開と市民法』（1961 年）191 頁。

〔2〕 原田尚彦「行政契約論の動向と問題点（一）」法律時報 42 巻 1 号
（1980 年）73 頁。

〔3〕 高木光「行政上の事実行為と行政の行為形式論（一）——西ドイツに
おける理論の推移に照らしてみた」国家学会雑誌 95 巻 5・6 号（1982 年）2 頁
（参见本书第三章引言一及第三章第五节第三款一）。

论。但更重要的原因在于，事实行为论与行政行为论互为表里，学者们期待行政行为论应当发挥多种功能。然而，在迄今为止的法制之下未必能轻易实现这些期待，于是"行政行为论的负担过重"的问题就产生了。其结果是，"行政行为论动摇"的一个表现不外乎就是事实行为的相关讨论状况。

本章将以若干判例为素材，分析"事实行为"一词在怎样的语境中使用，进而阐明事实行为的法的意义与行政法学上的种种讨论处于怎样的关系之中。

二、制定法上的"事实行为"

《行政不服审查法》较为特殊，有对"事实行为"的规定，同时又在其第 2 条中采取了"行政厅的处分"包含事实行为的用法。另外，《行政案件诉讼法》第 3 条第 2 款以灵活的形式将撤销诉讼的对象规定为"行政厅的处分及其他相当于行使公权力的行为"。在立法过程讨论[4]的背景下，这是一种妥协表达。在解释时，是重视理论的明快性，还是忠实地遵从沿革，抑或是强调目的论的观点，正成为丰富多彩的学说对抗的原因。

事实行为在行政法学上的第一个问题就是有无所谓处分性。让人在意的是《行政不服审查法》第 2 条的"人的收容""物的留置"的例示。作为《行政案件诉讼法》第 3 条第 2 款解释问题的"事实行为的撤销诉讼"[5]的讨论，需要留意的是，这

---

〔4〕 広木重喜「事実行為に対する行政訴訟」実務民訴講座 8 巻（1970 年）27-43 頁。

〔5〕 柳瀬良幹「事実行為の取消訴訟」自治研究 39 巻（1963 年）8 号 3-14 頁、9 号 3-14 頁；広岡隆「行政上の即時強制の法的構造とその取消訴訟——事実行為の取消訴訟の解明のために」法学論叢 75 巻 3 号（1964 年）66-112 頁；今村成和「事実行為の取消訴訟」現代の行政と行政法の理論（1972 年）233-252 頁（初出 1965 年）。

种"事实行为"采用的是比本书的考察对象更为限定的特殊用
法。本章姑且将"事实行为"宽泛地理解为"完全是因为带来
事实状态变动而成为法关注的对象",这时的"事实状态的变
动"主要可分为两个类型,即从"信息"角度成为关注的对象
者与完全从物理角度成为关注的对象者。从历史沿革来看,受
到关注的"事实行为"主要是作为"物理作用"的后者,作为
"精神作用"的前者则必须等到行政指导的相关讨论出现,才特
别受到关注。对此将在后文再作考察。回溯到佐佐木惣一博士
的说明就能看到这一点:[6]

> 上述（依据普通观念）将行政行为分为有法上关系者
> （即附着法效果者）与无法上关系者（即不附着法效果者）
> 两种。前者是法的行为,后者并非法的行为。并非法的行
> 为的行政行为在法的观念中没有意义,因而排除在外。例
> 如,奖励国民勤俭尚武、劝导捐赠公益事业。

根据佐佐木博士的分类,"法的行为"进一步分为"基于精
神作用的法的行为"与"基于事实的法的行为",前者是"依
据法观念的行政行为",后者的例子可以举出筑造炮台、烧毁毒
品。[7]如果将其与本章的分类相叠加就会看到,相当一部分
"精神作用"并不总是具有法的意义,在这一点上其与"物理作
用"受到不同处理。

---

〔6〕　佐々木惣一『日本行政法総論』（1921 年）469 頁。
〔7〕　佐々木惣一,前揭注 6,471 頁。

三、判例上的"事实行为"

4　　判例上"事实行为"一词被用于种种语境之中。[8]其中，有的意识到了制定法上的用法，或者本章所说的"精神作用"和"物理作用"的区别，有的则没有。

（一）意识到制定法上的用法者

判决1　对于申报实用新型的技术范围的判定，最高法院论述如下：[9]

判定是由对专利等有专门知识经验的三名审判官经公正审理作出的……纯粹是表达专利厅的意见，终究只具有鉴定的性质。

《行政不服审查法》第2条所说的事实行为是指"相当于行使公权力的事实上的行为"，亦即带来类似于行政厅经由意思表示所作之处分的法效果的权力性事实上的行为。不必多说，判定与此并不相当。

其中，正如第二部分（制定法上的"事实行为"）所说，《行政不服审查法》所说的事实行为或者以"事实行为的撤销诉讼"所设想的事实行为，限定于"物理作用"者。

判决2　与排除民事诉讼法上的临时处分相关联，大津地方法院作如下陈述：[10]

---

〔8〕　山村恒年「抗告訴訟の対象となる行政処分（一）（二）（四）（五）」民商法雑誌58巻5号、6号、59巻2号、3号（1968年）参照。

〔9〕　最判1968年4月18日最高裁判所民事判例集22巻4号936頁。

〔10〕　大津地判1965年9月22日行政事件裁判例集16巻9号1557頁。

根据表达这些优越地位的各个规定（《都市规划法》第
16~18条、第24条），依都市规划法开设本案都市规划街
道工程明显属于（《行政案件诉讼法》第44条所说）"相
当于行使公权力"的行为。在相当于行使公权力的"行为"
中，即使从立法过程来看……征诸《行政不服审查法》第
2条……明显也包含像本案工程这样的事实行为。

不过，实际上，与判词不同，所谓公共工程是否相当于
"行使公权力"，即使在"事实行为的撤销诉讼"相关讨论中也
不清楚，这一点将在后文分析。在沿革上，对事实行为造成损
害的救济，首先将其理解为适用民法的"民事案件"是重要的。

因官吏、公吏及其他公务员的职务行为违法侵害他人
权利时，如果其职务行为不是行政处分、裁判判决等官方
的法律行为，而是工程及其他事实的作用，作为其使用者
的国家或公共团体就必须根据《民法》第715条或第717
条对受害人承担损害赔偿责任。[11]

对于并非权力性作用的经济活动，除有特别的例外规
定外，国家或公法人不必根据《民法》（第715条）对官
吏、公吏因执行项目而对第三人造成的损害承担赔偿责任。
虽说在纯然的营利项目上并无争议发生，但在主要是为了
公益的项目，例如修筑道路、筑港工事、开挖运河、建筑
学校和官衙、下水道工程、医院诊疗等事业上，亦应作同
一说明。[12]

在这种美浓部达吉学说的背景中，承认以下两者，一是理

---

[11] 美濃部達吉『行政裁判法』（1929年）78頁。
[12] 美濃部達吉『日本行政法（上）』（1919年）616-617頁。

论观点，即公法与私法的区别并不是关于"事实行为"自身的；二是目的论观点，即在旧宪法下，在司法法院与行政法院的权限分配及《行政裁判法》第 16 条的"行政法院受理损害赔偿的诉讼"的规定下，希望给予金钱赔偿这种"法律的效果"。

> 事实行为假使依其发生法律效果，其效果因外界的变化直接根据法规之力而发生，而非依其行为之力，因而，其行为自身既非公法上，亦非私法上，而全然不是法律性行为。[13]

> 行政厅的行为作为具有权威的国家行为，可拘束司法法院者唯有公法行为，即由一般被称作行政厅"处分"或"裁决"的官方意思表示而构成的行为。唯有如此，只有官方的法律性行为不受司法法院审理。私法上的法律行为虽为行政厅的行为，但也当然受司法法院审理判断；行政厅的事实上作用作为先决问题，司法法院亦可审理判断其违法与否。[14]

被设想为"相当于行使公权力的事实行为"的事实行为，有时还在"物理作用"的限定之外，被限定为对物理性事实状态变动的"忍受义务"。[15]判决 1 中"处分类似的法效果"的表达可看作是意识到了这种限定。

然而，最高法院将行政处分的标志求诸特殊的法效果，即"作为公权力主体的国家或公共团体通过其行为，形成国民的权

---

〔13〕 美濃部達吉『行政法撮要（上）』（1931 年、第 3 版）65-66 頁。
〔14〕 美濃部達吉，前揭注 11，81 頁。
〔15〕 広岡隆，前揭注 5，109 頁参照。

利义务，或确定其范围而在法律上获得承认者"。[16]对于"事实行为"也设想出这种法效果，姑且不论"物理作用"的事实行为，对于"精神作用"的事实行为而言也是困难的。对于作为"精神作用"的种种行政作用——通知、劝告、训告、奖劝、判定、提醒、告诫、叱责、调查、指导、公证等（这些当中有的也伴有一种法的效果）——从更直接的权利救济观点来说，问题就是这些行为是否属于"抗告诉讼对象的行政处分"。这时，"事实行为"一词就未必是与制定法上的用法相关联使用。

（二）没有意识到制定法上的用法者

宇都宫地方法院关于保险医师告诫的判决采用的是倡导扩大抗告诉讼对象的兼子仁教授型[17]的形式性行政处分论。[18]

> **判决 3** 虽然上述提醒及告诫措施并不以发生何种法律 7
> 上效果为目的，而是一种观念通知的事实上行为。对受到
> 该措施的医疗担当者而言，在事物的性质上，这些措施当
> 然与撤销上述指定的情形一样，对其名誉及信用等有事实
> 上造成重大影响之虞，因而……能成为准行政厅处分的所
> 谓抗告诉讼的对象。

在否定这种"精神作用"的处分性时，很多场合可以看到"单纯的事实行为"的表述。

> **判决 4** 根据国土调查法进行地籍调查……只是调查记
> 录土地现状的单纯的事实行为，作为调查成果的地籍簿及

---

〔16〕 最判 1955 年 2 月 24 日最高裁判所民事判例集 9 卷 2 号 217 页。

〔17〕 兼子仁『行政争讼法』（1973 年）273–287 页。

〔18〕 最判 1963 年 6 月 4 日最高裁判所民事判例集 17 卷 5 号 670 页。其中第一审，宇都宫地判 1957 年 5 月 28 日。

地图只意味着行政厅内部的一种资料，完全不存在通过这些记载侵害国民权利自由的余地。[19]

(三) 其他对"精神作用"说及"事实行为"的颇堪玩味者

判决5 退职奖劝是为了怂恿有雇佣关系者自发形成退职意思所作的说服等事实行为，但有时也兼有作为雇佣合同合意解约的建议或诱因的法律行为性质。作为单纯事实行为的退职奖劝，任何人都能自由应对，并不产生某种法律效果……[20]

判决6 与判决5相关联，与民法学上"法律行为"和"事实行为"形成对照：

本案中要适用《民法》第110条……首先就必须判示Y的长男B作为Y的代理人至少有作出某种法律行为的权限……正如论旨所指出的那样，劝诱自身是事实行为，而非法律行为，因而，具有上述事实，并不能直接就说B有代理Y的权限。[21]

判决7 叱责处分通常与事实行为同时作出，即通知处分者课予叱责的意思决定，并作出处分内容的叱责，虽然其全体可看作一个事实行为，但通过通知该意思决定对被处分者产生应当忍受叱责的义务，叱责这一事实行为的终了应当说只是让义务得到履行、消灭该义务，因而，处分自

8

---

〔19〕 福岛地判1964年9月24日行政事件裁判例集15卷9号1874页。

〔20〕 山口地下関支判1974年9月28日判例时报759号11页（最判1980年7月10日的第一审）（下关商业高中案）。

〔21〕 最判1960年2月19日最高裁判所民事判例集14卷2号250页。

身不是事实行为……[22]

（四）对于"精神作用""物理作用"两者，也有判决提及"事实行为"

　　判决 8　前述腾出、搬走要求，只不过是基于厅舍管理权的事实行为，相对方的相应义务是伴随使用关系终了而相对于权利主体（茨木市）产生的公法上义务，因而，并不能作为由法律直接命令的义务。

　　在行政处分的执行违法时，应当是以该执行违法为由提起抗告诉讼要求予以撤销（行政代执行是《行政案件诉讼法》第 3 条的行使公权力的事实行为，参照该条规定及其与旧《行政代执行法》第 7 条在沿革上的关系来看，明显允许对其提起抗告诉讼），在停止继续执行程序的意义上要求停止执行。[23]

（五）对于"物理作用"，在种种层面上说及"事实行为"，值得关注

　　判决 9　虽然本案填埋水面工程只不过是一种事实行为，是被许可者实现三重县知事填埋许可处分所形成的法律关系，但全面禁止被申请人的工程在实质上就起到了停止三重县知事许可处分效力的作用……因而，从《行政案件诉讼法》第 3 条的制定目的来看不能容许。[24]

---

　　[22]　静冈地判 1960 年 3 月 18 日行政事件裁判例集 11 卷 3 号 716 頁（依据《监狱法》叱责）。

　　[23]　大阪高决 1975 年 10 月 5 日行政事件裁判例集 16 卷 10 号 1756 頁（茨木市厅舍案）。

　　[24]　津地判 1969 年 9 月 18 日判例時報 601 号 81 頁（近铁鸟羽湾填埋案）。

判决 10 设置人行天桥的法律性质属于公物道路的管理行为……设置人行天桥的决定是被控诉人确定内部意思的程序行为，被控诉人与新日本制铁股份公司之间的契约虽说具有强烈的公益色彩，但与民法上的承包契约并无不同，工程本身是履行契约的事实行为。即使从整体上评价关于设置本案人行天桥的上述一连串行为，它也并不相当于《行政案件诉讼法》第 3 条规定的行政厅处分及其他行使公权力行为。[25]

判决 11 本案是许可处分后续的各种处分，而且原告主张的损害系因核反应堆运转的事实行为造成的，因而，不能将原告主张的损害作为非因本案（设置核反应堆）许可处分造成的损害。[26]

判决 12 原告主张的各个权利并不是因为本案都市规划决定的法效果或附随效果而受到侵害的，而是因本案道路的建设工程或其使用，行驶在上面的汽车带来噪音、振动、尾气等事实行为造成的侵害……不能说是因本案决定及告示直接给原告造成具体权利的侵害。[27]

四、学说上的"事实行为"

学说上是如何理解"事实行为"的，未必清楚。之所以这

---

〔25〕 東京高判 1974 年 4 月 30 日行政事件裁判例集 25 卷 4 号 336 頁（国立人行天桥案本案控诉审判决）。

〔26〕 松山地判 1978 年 4 月 25 日行政事件裁判例集 29 卷 4 号 588 頁（伊方核电案）。

〔27〕 横浜地判 1980 年 2 月 27 日判例時報 958 号 22 頁（东京湾岸道路案）。

么说，是因为只是在种种行政活动中作出行政行为或行政处分定位时，才能附带地看到"事实行为"及其类似表达。

如前所述，根据本章的分类，在"精神作用"和"物理作用"中，在沿革上后者完全是作为"事实行为"来谈论的。而在与行政行为论的关系上，有必要留意的是，在二战前的用语中，只有"行政行为"中的特殊行为才被称为"行政处分"。

例如，在佐佐木惣一博士那里，[28]与"基于事实的法的行为"相对置的是"基于精神作用的法的行为"，从中排除行政立法后，"狭义的行政行为"也包含公法上的契约。

而在美浓部达吉博士那里，[29]与"事实上的作用"或"行政事实行为"相对置的是"官方的法律性行为"，以此作为"行政行为"。其中除公法上的契约、协定外，确认、公证、通知、受理也被归入不同于"行政处分"的一类（与此相对，佐佐木博士所说的"行政处分"也包含证明、通知，[30]这是其特征）。

因而，如果从这种沿革来看，将概念上并非"行政处分"者直接宽泛地作为"事实行为"来把握，[31]这种做法是奇怪的。而这种广义上的"行政行为"并不都是撤销诉讼的对象。[32]这种用法是借用民法学的法律事实的分类而来的，但民法学上关于"法律行为""意思表示""准法律行为""事实行　11

---

〔28〕 佐々木惣一，前揭注 6，554 頁以下。

〔29〕 美濃部達吉，前揭注 12，116 頁以下。1936 年版第 223 頁以下独立列出"赏罚"。

〔30〕 佐々木惣一，前揭注 6，557 頁。

〔31〕 山村恒年，前揭注 8，民商法雑誌 59 卷 2 号 38 頁。

〔32〕 判例上将公共工程作为广义上的"行政行为"，同时讨论能否适用民法侵权行为的规定。作为否定例子，大判 1907 年 2 月 22 日大審院民事判决録 13 輯 148 頁。作为肯定例子，大判 1918 年 6 月 29 日大審院民事判决録 24 輯 1306 頁。

为"的用法自身也不是那么明确，[33]学者们也没有将这种借用的方法当成问题，这一点有必要予以留意。这种行为的"准法律行为"定位被认为是重要的。例如，美浓部博士认为，

> 行政行为要与事实上的行为及民法上的法律行为相区别……在与事实上的行为的区别中，虽说有完全不产生法律效果的行为及产生法律效果的行为，系因外界事实上状态或事件而产生效果者是事实上的行为，而非行政行为……事实上的行为进而可以分为法律上允许的行为（合法行为）与不允许的行为（不法行为），其中均有产生法律效果的原因……然而，这是基于外界事实而产生法律效果。行政行为与此不同，它之所以产生效果，完全在于行政权的意思表示或者准意思表示的精神作用的发现（官方证明、通知、表示的知道等）。[34]

这里的分类是两种标准的组合：（a）根据"法律效果"是否"基于外界事实"来区分，（b）根据其是公法上效果还是私法上效果来区分。其中在（a）的区分中，"事实行为"与对照性的"意思表示"（或"法律行为"）、"准法律行为"的共通性得到强调。而在（b）的区分中，与广义行政行为形成对照说明的是"民法上的法律行为"。然而，在民法学上，首先强调的是从与私人自治原理的关系出发，是否为"意思表示"的区别，但"准法律行为"与"事实行为"的区别则有相对化的一面。

另外，在民法学上作为核心受到关注的是"法律行为"，在

〔33〕 我妻栄『新訂民法総則』（1965 年）230-235 頁；川島武宜『民法総則』（1965 年）152-157 頁；四宮和夫『民法総則』（1972 年）155-157 頁；幾代通『民法総則』（1969 年）177-182 頁。

〔34〕 美濃部達吉，前揭注 12，115-116 頁。

行政法学上作为核心受到关注的是前述广义"行政行为"，有时特别是"行政处分"。特别是二战后的行政行为论，舍弃了二战前广义的用语，通例是将"行政行为"与"行政处分"大致等同使用。

在这种状况下，特别是意识到撤销诉讼或抗告诉讼的对象性，就要强调"行政处分"与否的区别。作为其反面，过去广义"行政行为"中不是"行政处分"者——特别是美浓部博士以来的确认、公证、通知、受理——与"事实行为"的区别的相对化就可能成为问题。这就是对所谓"准法律行为性行政行为"概念的有用性产生怀疑的背景。

法律行为性行政行为与准法律行为性行政行为的区别得到很多行政法教科书采用。但也有人指出，对其区别的意义有必要从根本上再作探讨，[35]而对于其有用性，已有不少学者有意无意地当作了有讨论余地的问题。这与本章根据赋予"精神作用"何种法效果来分类时的问题相关联。也就是说，赋予"形成国民的权利义务，或确定其范围"这种特殊的法效果的行为，就是撤销诉讼或抗告诉讼对象的"行政处分"，这没有问题，而除此之外的行为均视作"单纯的事实行为"吗？

例如，柳濑良干博士在教科书[36]中首先将采取法规形式者从"行政作用"中排除，再大致二分为（a）事实作用＝行政机关的行动中没有意识内容表示性质者（例如，行政上的强制执行、即时强制、公物和营造物的建造修筑等）与（b）法律作用＝行政机关的行动中有意识内容表示性质者，并对"法律作用"中"有一定固有法律效果者"的说明如下：

---

〔35〕 藤田宙靖「行政行為の分類学」自治研究 53 卷 9 号（1977 年）3-22 頁，『行政法学の思考形式』（1978 年）所收。

〔36〕 柳瀬良幹『行政法教科書』（1969 年、再訂版）86-88 頁。

13　　　　前者有私法上的法律行为及准法律行为，其规范属于私法的规定，不在这里论述。后者即通常被称作行政行为（Verwaltungsakt）者，它可进一步分为三种：①所表示的意识内容是意思（欲望），且根据表示产生法律上的效果；②有意思，但与表示无关，法使其附着一定的效果；③观念（认识、判断），其效果由法规定。根据通常的私法用语，其中第一个被称作法律行为性行政行为或公法上的法律行为（rechtsgeschäftlicher Verwaltungsakt, publizistischer Rechtsgeschäft），第二、三个被称作准法律行为性行政行为或公法上的准法律行为（rechtshandlungsmässiger Verwaltungsakt, publizistische Rechtshandlung）。

　　其中，与私法上法律行为相对应的是"法律行为性行政行为"，与私法上准法律行为相对应的是"准法律行为性行政行为"。在具有"一定固有的法律效果"上，这四种均为"法律作用"，区别于没有"一定固有的法律效果"的劝告、调停、忠告、气象通报以及一切情感的表达等（这些相当于本章所说"精神作用"的事实行为）。柳濑博士的"精神作用"可区分为（1）法律行为、（2）准法律行为、（3）既非法律行为又非准法律行为者三种。

　　这种分类有怎样的意义呢？将"行政行为"分为"法律行为性"与"准法律行为性"，这种说明是着眼于（1）、（2）与（3）的对照，而已如上述，着眼于（1）的特殊性时，（2）与（3）的不同点处于相对化的关系。其中是有法律行为的特殊性，但可以指出两点：其一，学说上的"行政处分"或"行政行为"仅在法律行为上使用；其二，在判例上对于准法律行为，并没有无条件地将其作为撤销诉讼或抗告诉讼的对象。

14　　首先是学说上的用语。美浓部博士将"法律行为性行政行为"分为"行政处分""公法上的契约""协定",确认、公证、通知、受理不是"行政处分"。[37]渡边宗太郎博士对佐佐木博士的分类有所修正。[38]第一点是将本章所说"物理作用"的事实行为与"精神作用"的事实行为合并一起置于非"法的行为"的范畴;第二点是将"狭义的行政行为"中的单方行为进一步区分为"行政处分"与"观念表示行为"。园部逸夫教授继承了这一分类,将"行政处分"等同于"法律行为性行政行为"、"观念表示行为"等同于"准法律行为性行政行为",确认、公证、通知、受理是后者的例子。[39]杉村章三郎博士仅将前者称作"行政行为",而将后者作为"准行政行为"的观念来说明。[40]

与此相对,田中二郎博士强调法律行为与准法律行为的共通性:[41]

> 这里(行政的行为分类)的意思要素,不同于私法行为,不是成为主要要素者,而是基于法行使公权力这一点是其特色所在。不拘泥于意思表示以及其他精神作用的发现,被认为是共通的特质。因而,包含这两者来界定行政行为概念才是妥当的。

> 在学说上,已如前述,有学者只将法律行为性行政行为称作行政行为,将准法律行为性行政行为称作区别于此的准行政行为。但在法律上,存在具有大致共通性质、遵

---

〔37〕 美濃部達吉,前揭注 12,120 頁。

〔38〕 渡辺宗太郎『日本行政法』(1935 年) 253 頁以下。

〔39〕 成田頼明=南博方=園部逸夫編『行政法講義(下)』(1970 年) 234 頁以下。

〔40〕 杉村章三郎『改訂行政法要義(上)』(1948 年) 39 頁。

〔41〕 田中二郎『行政法総論』(1957 年) 272 頁。

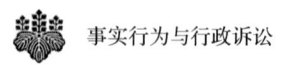

守同一规律者，因而，仅将前者限定为行政行为，不能说有充分的理由。

另外，在判例上，撤销诉讼或抗告诉讼的对象性有争议时，"准法律行为性行政行为"这一范畴并不能有效地发挥功能。[42] 也就是说，学说上被认为属于这些行为的确认、公证、通知、受理等，并没有因为是一种"行政行为"，其对象性就当然地得到肯定。这就与以"撤销诉讼的对象应限定于'行政行为'吗"[43]的问题设定为前提的状况发生龃龉。

然而，这种状况从前述沿革视角所作的大致说明是可能的。也就是说，"准法律行为性行政行为"以过去广义的"行政行为"为出发点，因而，当初是"准法律行为之行政的行为"这种的意味，多数学说认为不同于"行政处分"，自然也就否定其"处分性"。田中二郎博士认为，"准法律行为性行政行为"与"法律行为性行政行为"具有大致共通的性质，遵守同一的规律，但在行政诉讼的救济局面中，按照字面来贯彻，过去是有质疑余地的。

因此，需要回到下面的问题来讨论：以产生这种概念上的问题为背景，在怎样的局面中存在事实行为的定性之争。

五、事实行为与裁判救济

在现行法上，作为裁判救济受到关注者可以举出依据《国家赔偿法》的金钱赔偿请求，依据《行政案件诉讼法》的撤销

---

〔42〕　藤田宙靖『行政判例百選Ⅰ』（1979 年）48 頁。高木光『行政判例百選Ⅰ』（1987 年、第二版）128 頁。

〔43〕　原田尚彦「取消訴訟の対象は『行政行為』に限られるべきか——取消訴訟と不可争力との関係」判例タイムズ205 号（1967 年）32-37 頁。

请求，依据《民事诉讼法》的临时处分，通过民事本案诉讼禁止或恢复原状请求。与前揭判决关联起来，顺次来看。

（一）依据国家赔偿法的金钱赔偿请求

判决 5 是对于法制上未采用退休制的地方公务员（商业高中教谕）习惯上实行退职奖劝的界限，将损害赔偿法上的违法性当作问题。对这种广义上的行政指导参照《国家赔偿法》来评价时，该法第 1 条"行使公权力"的意义就成为问题。

不过，现行法上，对国家或公共团体的金钱赔偿请求，是适用《国家赔偿法》第 1 条还是《民法》第 715 条，在实务上并不会产生那么大的差别。相反，通过判决 5 的上告审，还不能看作在判例法上已确立了《国家赔偿法》第 1 条"行使公权力"包含事实行为的处理方式。[44]

判决 5 的分析应予关注的是，与雇佣契约的合意解约这一法律行为关联起来把握退职奖劝，也能将其评价为法律行为。　17
判决 5 对于地方公务员勤务关系和依愿退职的法的性质的理解未必是主导性的，但其重要的启发是，通常作为"事实行为"或"行政指导"来把握的说服、指示、劝告等，不是剥离出来考察，而是要在整个法律关系中，或者是与行政处分、契约等法的行为关联起来考察其定性。缔结民法学上契约的权限与为此进行交涉的权限，虽然在理论上有区别（参见判决 6），但从交易安全角度来看有作统一处理的倾向。[45]国家赔偿法上的"行使公权力"概念也出现了通过这种"综合性考察"或"一

---

〔44〕　最判 1961 年 2 月 16 日最高裁判所民事判例集 15 卷 2 号 244 頁（梅毒输血案）；東京地判 1981 年 11 月 2 日判例时报 1022 号 27 頁（双叶医院案）。其后，在学校事故上出现了最高法院的判决，认为公教育活动属于《国家赔偿法》第 1 条所说的"行使公权力"。最判 1977 年 2 月 6 日判例时报 1232 号 100 頁参照。

〔45〕　高橋三知雄「民法一一〇条の表見代理と基本代理権の存在」民法判例百選 I 80 頁（前揭注 21 判决）。

体性构成"来把握的情形。[46]

（二）依据行政案件诉讼法的撤销请求

判决 1、3、4、7、10、12 都是以是否为撤销诉讼的对象为争点。倡导扩大处分性，是在纳入撤销诉讼或抗告诉讼有助于权利救济时的目的论解释。而其妥当与否则常常需要与其他救济方法来对比。例如，对于判决 3，问题是应当给名誉及信用侵害提供怎样的救济方法。原告请求撤销"告诫"，仅仅是因为金钱赔偿是不充分的。然而，金钱赔偿以外的救济方法的可能性并不限于撤销诉讼，《民法》第 723 条"恢复名誉的适当处分"、[47]根据人格权恢复原状是基本方法，在理论构成上[48]"民事诉讼""国家赔偿诉讼""公法上的当事人诉讼"均可设想。当然，通过"民事诉讼""行政诉讼"禁止或恢复原状的法理在年代上因局面的不同而异，与所谓抗告诉讼的禁止功能的关联呈现出极为复杂的样态。从这种视角来看，兼子仁教授的形式性行政处分论仅强调"撤销诉讼的权利救济功能"是可质疑的。[49]这可在如下情况中得到印证：判例上"相当于行使公权力的行为"的说法很多被用于排除民事诉讼法上临时处分——这是最直接有效的权利救济——的语境中。

（三）依据民事诉讼法的临时处分

判决 2、9 是关于禁止所谓公共事业的临时处分案件。《行政案件诉讼法》第 44 条排除临时处分的规定继受于《行政案件

18

---

〔46〕東京地判 1976 年 8 月 23 日判例時報 826 号 20 頁（神鷹迪林杰案）。

〔47〕双叶医院案，前揭注 44。

〔48〕高木光「行政訴訟による差止に関する一考察——西ドイツにおける結果除去請求権の法理を手がかりとして」神戸法学雑誌（1982 年）32 巻 1 号（本书第二章）。

〔49〕参见南博方编『条解行政事件訴訟法』（1987 年）69 頁以下（高木光执笔）及本书第三章第一节第二款五。

诉讼特例法》第 10 条第 7 款，问题在于应以"考虑与公益之间关系的旨趣"，[50]还是以避免与行政处分效力相抵触的目的[51]来把握其根据。一般对于通过民事诉讼要求禁止公共事业或公共工程或者恢复原状的界限、妥当与否，有"综合性考察"或"一体性构成"与"分析性考察"或"分解性构成"的对照性路径，[52]为排除临时处分提供根据的两个观点可以说与此分别相对应。

最高法院东京都垃圾焚烧场案判决[53]成为之后原告要求禁止公共事业倾向于采取"私法构成"的一大契机，其特征在于"分析性考察"或"分解性构成"。不过，需要留意的是，该判决虽然采用"分解性构成"，但它是以抗告诉讼不合法为由驳回起诉时的解释论，并未直接触及其反面的民事诉讼是否合法的问题。

判决 10 沿袭 1964 年判决，以撤销诉讼不合法为由驳回起诉，在其下级审中，也能看到上述两种路径。首先是"综合性考察"或"一体性构成"的路径，这与前述民事诉讼不合法或者排除临时处分之际的理由（判决 2、9）不同，以抗告诉讼合法，承认停止执行的可能性。

设置人行天桥原本是行政厅所作的行为，但也与当地居民的日常生活息息相关，因而，与其将它分解为各个行为，委诸行政厅自律、私法法规规范，不如像前述那样将

〔50〕　雄川一郎「行政事件訴訟特例法」国家学会雑誌 62 卷 8 号（1948 年）50-51 頁，『行政争訟の理論』（1986 年）所收。

〔51〕　雄川一郎『行政争訟法』（1957 年）209 頁："对于与行政处分无关的事项，可作出临时处分。"

〔52〕　高木光，前揭注 48。

〔53〕　最判 1964 年 10 月 29 日最高裁判所民事判例集 18 卷 8 号 1809 頁。

其把握为行政厅的一体性行为，使其服从于公法的规则，在权利救济上也理解为《行政案件诉讼法》第 3 条所说的"相当于行使公权力的行为"，打开抗告诉讼、停止执行之路。这是根据高速成长、复杂化的现代社会的实际情况来贯彻法治主义的要求。[54]

不过，像这样连工程承包合同、业者实施工程也包含在内，一体性地作为"公法"领域来把握，这一立场仅为例外。引人注目的状况是，吉田町环境卫生中心案[55]、牛深市粪便处理场案[56]等采取"私法构成"，全面承认临时处分，或者像阪神高速道路案[57]那样采用"分析性考察"部分承认临时处分。[58]

（四）通过民事本案诉讼禁止

大阪机场案最高法院判决[59]使用"综合性考察""一体性构成"，判断认为基于人格权、环境权请求禁止飞机噪音的"民事诉讼不合法"，提出了能否与过去判例理论作出整合说明的问题。

判决 12 的特征在于，以"噪音、振动、尾气等事实行为"的形式，将事实性侵害自身通过"行为"概念来把握。判决 11 以包含侵害危险性的"核反应堆运转的事实行为"的形式来把

---

〔54〕 東京地决 1970 年 10 月 14 日行政事件裁判例集 21 卷 10 号 1187 頁（国立人行天桥案）。

〔55〕 広島地判 1971 年 5 月 20 日判例時報 631 号 24 頁；広島高判 1973 年 2 月 14 日判例時報 693 号 27 頁。

〔56〕 熊本地判 1975 年 2 月 27 日下级裁判所民事裁判例集 26 卷 1-4 号 213 頁。

〔57〕 神户地尼崎支决 1973 年 5 月 11 日判例時報 702 号 18 頁。

〔58〕 另外，塩崎勤「行政庁の事实行為と仮処分の許否」判例タイムズ307 号（1974 年）52-67 頁。

〔59〕 最大判 1981 年 12 月 16 日判例時報 1025 号 45 頁（最高裁判所民事判例集 35 卷 10 号 1369 頁）。

握，两者稍异其趣。根据这两个判决的用法，在大阪机场案中对于飞机的航运、噪音、尾气，在东京都垃圾焚烧场案中对于开工作业自身及产生的恶臭，均允许说是"事实行为"。

对这种"物理作用"的事实行为请求禁止或恢复原状的问题是，在怎样的层面上设想"事实行为"？这与法的处理也有关联，有必要作出慎重分析。也就是说，在一连串的行政过程中，"物理事实状态的变动"逐渐让损害变得现实化，这时选取哪一部分为"侵害"，将其违法性作为问题，对诉讼救济具有决定作用。这时，行政决定成为引起"物理事实状态的变动"的原因，或者将其正当化（有时课予受害者忍受义务）。在倾向上，"行政诉讼"通过攻击行政决定来救济；而"民事诉讼"着眼于损害的实态来实现救济。[60]

然而，这时的难题是所谓行政行为的公定力[61]以及民事诉讼的界限论。两者受到旧宪法时代以来的讨论影响，不幸与"撤销诉讼与民事诉讼的二者择一"或"行政处分抑或私法行为的二分"的思考样式复杂地纠缠在一起。

围绕禁止公共工程（或者更为综合把握的公共事业），有"是民事诉讼还是行政诉讼"的讨论，在考察之际，从沿革角度[62]看，不容忽视的是，在审议《行政案件诉讼特例法修改纲要试案》的过程中[63]被提出的"公共工程等之诉"。前述《行政案件诉讼法》第3条第2款"行政厅的处分及其他相当于行使公

20

---

〔60〕 塩野宏「国土開発」山本草二ほか編『未来社会と法』（1976年）172-177頁。

〔61〕 植村栄治「公定力の人的限界——大阪空港判決少数意見の示唆するもの」ジュリスト761号（1982年）43頁。

〔62〕 岡垣学「行政庁の事実行為について」判例タイムズ50号（1955年）9-15頁。

〔63〕 広木重喜、前掲注4，31頁。

权力的行为"的表述，以及"事实行为的撤销诉讼"的相关讨论，都是以这一问题为背景的。也就是说，柳濑良干博士之所以认为"事实行为的撤销诉讼"没有意义，广冈隆教授之所以在"物理作用"中仅以能设想为特殊"忍受命令"的即时强制为其讨论对象，是因为他们所持的立场都是，与旧宪法之下的状况不同，可以"民事诉讼"请求禁止公共工程或恢复原状。

然而，"公共工程等之诉"的观点与这种观点相反，排斥通过民事诉讼请求禁止和恢复原状，而认为应在行政诉讼的框架内实现救济。这种观点可追溯至1926年行政法院的判决，[64]例如，以"行政处分"中包含"事实上的行政行为"这样的理论构成，认为河川截流工程之诉合法。

> 同条（《河川法》第60条）中所谓行政处分的法意，不仅仅是意思表示的行政处分，也包含像本案工程这种事实上的行政行为。[65]

21　　　对于这种包含理论上难点的路径，当时有力的学说根据以下三个条件，均采取支持立场：[66]（a）除了行政法院与司法法院的管辖区分外，公共工程的禁止及恢复原状请求不能成为民事诉讼的目的；（b）行政裁判事项服从于列举主义，而且仅限于"行政厅的违法处分"；（c）河川法、防砂法等关于损害赔偿设置了特殊规定，提起民事诉讼要以（在行政法院）确定工程违法性为要件。对于a，它是以当时大审院对"民事案件"的立场为背景的。旧《宪法》第61条规定，"因行政官厅的违法处

---

〔64〕　依据広木重喜前揭文，如正文所述，根据美濃部達吉『日本行政法（上卷）』（1936年）925頁，1917年及1924年已有同一旨趣的判决。

〔65〕　行政裁判所判决1926年11月1日行政裁判所判决録37辑1261頁。

〔66〕　広木重喜，前揭注4，28—29頁。

分而使其权利受到伤害的诉讼，应当属于另依法律规定的行政法院审理，不在司法法院受理范围之内"。而大审院在 1917 年判决中将"行政处分"概念广泛扩展至一般行政活动，认为公共工程之诉并非"民事案件"。[67]

> 诸如在町村等地方道路挖掘排水道，作为道路行政的一部分，正属于公法上营造物设施上的一个行政处分……上告人……主张施工侵害其所有权，请求撤废该设施并予以复原，本诉以民事诉讼之名，直接目的在于让属于被上告町权限的行政作用归于无效，这不属于司法法院管辖的民事诉讼案件。[68]

这种立场与金钱赔偿成为问题的情形相比就形成了对照。也就是说，在有名的德岛圆木秋千案 1916 年判决[69]中，大审院排斥对整个公行政作用适用民法，排斥"一体性构成"。如前所述，美浓部博士认为，"行政厅的事实上作用并不可以作为有权威的国家行为拘束司法法院"。此外，在前述行政法院 1926 年判决中可以看到，关于诉讼的先决问题的特殊规定（条件 c）具有重要意义。

之后，前述三个条件均发生变动，与各自的变动相应，原告的权利救济尝试着不同的路径。二战后法院一元化，在行政案件诉讼特例法之下得到倡导的柳濑良干博士（民事诉讼[70]）

22

---

〔67〕　根据美濃部達吉『日本行政法（上卷）』（1936 年）926 頁，1916 年有与大审院 1917 年 4 月 27 日判决同一旨趣的判决。

〔68〕　大審院判决 1917 年 4 月 27 日大審院民事判決録 23 輯 701 頁。

〔69〕　大審院判决 1916 年 6 月 1 日大審院民事判決録 22 輯 1088 頁。

〔70〕　岡垣学，前揭注 62，11 頁。

之说动摇了条件 a，熊野法官（公法上的权利关系诉讼〔71〕）之说及雄川一郎教授之说动摇了条件 b。在特例法时代，田中二郎博士支持行政法院的抗告诉讼路径，他在之后的教科书中明言，〔72〕公共工程并非撤销诉讼的对象。

成为问题的是，条件 c 与"金钱赔偿原则"的关系，进而是与排斥金钱给付以外的救济（特别是禁止和恢复原状）意义上的"忍受义务"的关系。也就是说，一般而言，国家赔偿并不直接否定行政作用的效力，因而，不论可否提起行政诉讼，均应得到认可。这一说法要想成立，就有必要将其法效果限定为金钱赔偿。这一点，在适用民法的侵权行为规定（《民法》第715 条、第 717 条）予以救济时，在条文上，对于其法效果，根据《民法》第 722 条第 1 款、第 417 条，"金钱赔偿原则"是妥当的。只要在民法侵权行为规定的延长线上理解国家赔偿法，那在二战之前与之后就是同样的。

然而，在民事法学上，作为侵权行为的法效果，或者根据所谓物权请求权的法理，在承认禁止、恢复原状时，如果无视与条件 a 的关联，就无法考察前述条件 c。也就是说，在民事诉讼中成为问题者仅为金钱赔偿时，条件 c 可视为根据河川法、防砂法规定的特殊处理；而对于禁止、恢复原状，就出现了是否必须将违法判断保留给"行政诉讼"的一般性问题。其中，对比处理"事实行为"的"综合性考察""一体性构成"与"分析性考察""分解性构成"，就表明问题所在。

根据"分析性考察"，起因于公共工程或公共事业的公害，是与私人的情形一样的"物理作用"，不能从其自身的性质决定是"民事案件"还是"行政案件"。例如，柳濑良干博士与美

---

〔71〕 冈垣学，前揭注 62，14 页。
〔72〕 田中二郎『新版行政法（上）』（1974 年、全訂二版）330 页注 1。

浓部博士采取同样的理论立场：

> 这种作用（＝事实作用）的结果仅仅为让外界的事实状态发生变动，在法对事实状态的变动附着一定的效果时间接地成为法律效果的原因，在此之外，它并没有一定固有的法律效果，因而无公私之别。[73]

其中，之所以采取"分解性构成"、认为民事诉讼合法，是因为其判断认为难以通过行政诉讼予以禁止或恢复原状，因而具有目的论意义。

与此相对，采取"综合性考察"时，公共工程和成为公害源的公共事业的特质得到考虑。在强调是作为行政作用而实施时，其中的关键不是在一连串的行政过程中存在介入的"行政决定"，而是整体上的行政作用具有"公共性""公益性"。笔者认为，前述大审院1917年判决通过"行政处分"一词所说的内容，不是今天这种技术意义上的"公权力"，而是不委诸司法法院（区别于行政法院）判断的"公共性""公益性"。

有观点认为，在"民事诉讼"中并不适合就"公共性""公益性"作出判断，而要把公共工程带进其他某种形式的"行政诉讼"中。对此，必须加以探讨。

前述"公共工程等之诉"自身未必与扩大行政处分概念的手法相连接，在这一点上包含着不同于大审院1917年判决、行政法院1926年判决的观点。但在另一方面，被视为第一次草案之原型的《行政裁判法改正纲领》[74]（1928年）的"公共工程的禁止或恢复原状之诉"，以及《行政诉讼法案》[75]（1932年）

24

---

[73] 柳瀬良幹，前揭注36，86页。

[74] 参见美濃部達吉，前揭注11，第一付録4-5页。

[75] 田中二郎，前揭注50，（1954年）471页参照。

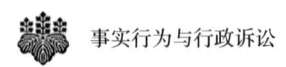
第 10 条之诉被认为是抗告诉讼的一个类型，即使在成为现行法的过程中，第二次草案"事实行为之诉"也被定位为抗告诉讼的一个类型，这种以处分的撤销诉讼为典型行政诉讼、其他诉讼为其亚种的构想是根深蒂固的。

在下述雄川一郎教授被称作"准抗告诉讼说"的说明中，[76] 也能看到上面的这种情况：

> 在过去的制度下，作为公行政的事实行为之所以不适合民事诉讼的目的，而仅可以提起行政诉讼争议，是因为司法法院对行政案件一般没有裁判权。但现在的法院并非如此，它对行政作用的违法性问题一般具有审理裁判的权限，因而，未必要作同样理解。也就是说，使行政行为失去法的效力要通过抗告诉讼的程序，而对于其他情形则可以判定行政行为的违法性。因此就可以认为，对于其自身并非法行为的事实行为，不必通过抗告诉讼，就可以认定其违法，作出禁止施工、恢复原状等的命令。

> 但是，将针对事实行为的诉讼看作纯粹的民事诉讼的问题是，只要是以受公法规范的公行政作用为直接对象，就应当理解为一种公法上的诉讼。为此，特例法规定有部分适用，在攻击发动公权力违法时，在其性质允许的限度内，应当准用关于抗告诉讼的审理裁判的规定。

其问题在于，事实行为的违法性参照何种基准来判断？如前所述，这时产生的难题是，在怎样的层面上作为"事实行为"来设想？在行政处分撤销诉讼这种行政诉讼的基本模式中的违

---

〔76〕 雄川一郎，前揭注 50，77 頁。

法性判断与民事诉讼中"赔偿违法与禁止违法"[77]的判断框架，哪一个更适合，无法作出一律的判断。要阐明这一点，有必要分析"事实行为与行政处分的联结"的视点及"忍受义务"的概念。这将在下一部分再作探讨。

六、事实行为与行政处分的联结

众所周知，关于"事实行为的撤销诉讼"的广冈隆教授之说，是以行政上强制执行的亚种或变形来把握行政上的即时强制的。

> 在即时强制中，具有正如在有执行力的行政行为中同样的法的性质。也就是说，在即时强制中，法规所承认的"应当强制的情形"因现实而具体的存在得到认定，通过行政权的事实行为命令相对方予以忍受，由此基于法规的一般性忍受义务被改造成具体的忍受义务。[78]

这样，行政上的即时强制就被视为通过实力执行的事实行为与要求予以忍受的忍受命令的合成物，要想让忍受命令失去作为其法效果的公定力，其诉讼就是"事实行为的撤销诉讼"。在这种理解中可以看出两点：一是目的论观点，即承认对即时强制的撤销诉讼，有助于权利救济；二是有志于通过"忍受义务"这种"法的效果"保持与"撤销"观念的整合性。与此相对，在今村成和教授之说中则能看出：一是目的论观点，即将"事实行为的撤销诉讼"理解为要求"对事实行为的违法性宣

25

26

27

---

[77] 暂且可见沢井裕『公害差止の法理』（1979 年、第二刷）114、176 頁。
[78] 広岡隆，前揭注 5，109 頁。

告"，由此承认其存在价值；二是理论性观点，认为事实行为并无效力问题，忍受命令只不过是一种拟制。

就即时强制设想出"忍受义务"的"法效果"，意味着什么呢？作为"物理作用"的事实行为，柳濑良干博士与建造、修筑公物、营造物一起列举出的是行政上的强制执行及即时强制。而学说上，很少将代执行和直接强制作为"事实行为"来说明。这一推测的根据在于，在代执行的救济中，多数争执的不是"执行行为"自身，而是其先行的行政行为。也就是说，一般将"执行行为"理解为先行行政行为内容的实现，这时，因"物理性事实状态的变动"而受害，与源自行政行为法效果的"侵害"相重合。除了对先行行政行为提起撤销诉讼这条路之外，可以说存在某种意义上的忍受义务，即原则上排斥对"事实状态的变动"予以禁止或恢复原状的救济（通过实力抵抗执行自身与接受罚则制裁[79]意义上的"忍受义务"应当区分）。

28　　　然而，要让介入这种"忍受义务"的手法有效地发挥功能，需要几个条件：（a）从程序保障的观点出发，对于课予"忍受义务"的行政行为，作为其执行，要有与预定的权利侵害性质相适应的程序；（b）希望在行政行为的作出与其执行之间有充分的时间间隔；（c）从尽早确定法律关系的观点出发，希望执行对象的义务内容自身由行政行为的不可争性予以确定（=仅可争议执行自身的违法性）。

但是，即时强制明显不满足这些条件，特别在与"持续性质"要件的关系上也成为问题。

也就是说，第一，所有即时强制不仅在其性质上难以适合条件 a，也不适合条件 b。而且，相当一部分即时强制是瞬间

---

[79]　藤田宙靖『行政法 I 総論』（1980 年）216 頁。

性、一时性的，因而，撤销诉讼的救济在与撤销利益的关系上不能有效地发挥作用。

其中，对于瞬间性、一时性的事实行为，程序性权利保护是特别重要的。在性质上难以提供程序性保护的局面下得到容许的手法是即时强制，提供程序性保护的制度是代执行（另外，直接强制因为可设想为行政行为课予义务与义务执行两个阶段，是适合程序性保护的，但在旧《行政执行法》之下，以"情况急迫"为要件也容许直接强制，这一点也是问题）。

对于代执行的救济，作为"物理作用"的事实行为可谓是执行的本体，事先的告诫及代执行令书的法的性质成为讨论的对象。[80]

也就是说，两者在学说上都是作为"准法律行为性行政行为"之一的"通知"来说明的，在判例上，在与停止执行的关系上就抗告诉讼的对象性进行争议、得到判断（另外，像判决8那样，有的在旁论中表示将代执行自身作为抗告诉讼的对象，但这种撤销执行的观点与已考察过的即时强制具有同样的难点）。这些"通知"行为的法效果并不像一般情况下最高法院作为处分性标志的法效果那样强，特别是"告诫"仅限于程序性意义，即"让后续行为变得合法"。[81]"告诫"的撤销诉讼问题有再思考的余地。

第二，对于有"持续性质"的即时强制，事后的救济也有重要意义。广冈隆教授之说是一种通过撤销诉讼来实现救济的目的论解释。在没有其他救济方法时，这也是不得已的解释，但在其反面，是否满足前述条件 c 是有疑问的。因为在没有与条件 a 或 b 的程序性保护、争讼可能性组合起来时，法律关系

29

---

〔80〕 広岡隆『行政代執行法』（1981 年、新版）200-208 頁。
〔81〕 柳瀬良幹「行政行為」行政法講座 2 巻（1964 年）73 頁。

的安定容易变得不合理。

综合上述种种要素来考虑，对于即时强制，需将事实行为作为根据法律的要件（有时经一定的程序）作出的行为来把握，认为其中没有介入技术意义上的"行使公权力"，这从行为形式论的观点来看是适当的。另外，在代执行和直接强制中，多数是以一种最强的法的联结来把握的，即由行政处分确定义务的内容，事实行为是其"执行行为"（藤田宙靖教授[82]的"三阶段构造模式"将这种局面视为典型范式）。

对于公共工程或公共事业的"忍受义务"问题，以稍稍不同于即时强制、代执行的形式表现出来。也就是说，与所谓警察国家时代产物的"忍受并请求赔偿"（Dulde und liquidiere）原理有关联，民事诉讼的界限论（排除临时处分以及请求禁止、恢复原状的不合法）、"公共性"加重实体性忍受义务（违法性阶段说）成为问题。对此在第五部分的（三）、（四）中已作概述，从"事实行为与行政处分的联结"视角来看颇堪玩味的是判决9。

津地方法院认为，作为填埋公有水面立法的宗旨，"法从增进公共福祉角度，通过国家公权力在一定要件和程序下，不论多数权利人的意思如何，一律形成填埋的法律关系，任何人不得直接阻止实现所形成之法律关系的填埋工程自身，藉此让填埋水面工程易于顺利完成"。其中，填埋工程自身是在实现填埋许可的行政处分。因而，其联结的强度准于"执行行为"。因而，不去攻击填埋许可的违法性，充其量就只能对工程方法的违法性进行争议了。[83]

---

〔82〕 藤田宙靖『行政法Ⅰ総論』（1980 年）18 頁以下。
〔83〕 阿部泰隆「公有水面埋立免許と救済手続」ジュリスト491 号（1971 年）99 頁。

对此，法院对填埋后的铺设铁路工程采取了不同做法，一般而言，"设置工作物的结果是阻碍眺望……在超出受害人社会观念上一般应予忍受的限度时……产生赔偿由此所造成损害的义务，有时受害人也应能预防性排除（中止、禁止）侵害"。其中，铺设铁路工程的事实行为与填埋许可的行政处分之间的联结较弱，不关乎处分的效力，可以作出独立的法的评价。[84]

这种观点系针对填埋许可这种稍稍特殊的行政处分，而与行政处分有强联结的事实行为受到限定，这对于介入各种许可、认可的情形也是妥当的。特别是在所谓警察许可中，许可的相对方与第三人之间的法律关系完全不受影响，以这种传统理论为出发点，就更是如此了。例如，在建筑确认后的相邻人纠纷中，建筑工程完全是作为建筑主的行为来评价的。不过，在公共事业或公共工程的情形中，与"民事诉讼的界限论"以及"内部行为论"[85]的关系问题，以及确定抗告诉讼应当涵盖的范围是今后的课题。

七、结语

本章以判例上的用语为线索，因而主要是从裁判救济的角度考察了事实行为的法的意义。但是，行政事实行为的意义当然不限于此。正如行政指导相关讨论[86]所表明的那样，特别是

31

---

[84]　另参见札幌地决 1975 年 3 月 19 日判例タイムズ325 号 263 页及第二章注 157、158。

[85]　参见最判 1978 年 12 月 8 日最高裁判所民事判例集 32 卷 9 号 1617 页（成田新干线诉讼）。

[86]　代表性文献有塩野宏「行政指导——その法の側面」行政法講座 6 卷（1966 年）13-31 页；成田頼明「行政指導」現代法 4 卷（1966 年）131-168 页。此外还有许多文献。参见ジュリスト741 号特集。

"精神作用"的事实行为问题被定位为法律学与社会学的边界，或者是行政法学与行政学的接点。

　　如本书所述，行政指导是作为行政事实行为的精神作用，而作为行政事实行为的精神作用并不限于行政指导。此外还有法令解释的提示、确认性判断的表示、提供说明或信息、行政上的期望、斡旋、调停、官方证明等几个样态。仔细看日本日常的行政活动，就能马上明白，这些作为行政事实行为的精神作用发挥着并不寻常的功能，比起行政行为、契约等作为法律性行为的精神作用则有过之而无不及。[87]

　　其中，"行为形式论"与"行政手段论"的意义迄今还没有得到那么严密的有意区分，作为事实行为论的课题，就有必要予以阐明。[88]

---

〔87〕　山内一夫『行政指導』（1977 年）はしがきi。

〔88〕　对行政指导与行政行为并列为"行政手段"的定位提出质疑，山内一夫『新行政法論考』（1979 年）はしがき5 頁。

第二章

公共事业的禁止

引 言

　　如第一章所述，通常在有关事实行为的裁判救济中，公共　　33
事业的禁止诉讼是备受关注的重要领域。本章以最高法院大阪
机场案判决〔1〕为例，对"基于行政诉讼的禁止"与"基于民
事诉讼的禁止"之间的关系进行若干分析。

　　以往，有学者对这一问题进行了如下梳理〔2〕："四大公害
诉讼之后，环境诉讼的重点从请求填补损害赔偿诉讼转向以提
前预防公害、防止破坏环境为目的的广义上的禁止诉讼，例如，
请求禁止工场选址或者请求禁止填海工程等。这种广义上的禁
止诉讼存在以下两种形式：（1）因私人企业或者公共事业实施
主体的行为造成公害、环境破坏的，直接以这些主体为被告提
起民事禁止诉讼，请求禁止破坏行为；（2）行政（案件）诉讼
（撤销诉讼等），即以许可以上行为的行政厅为被告提起行政诉

---

　　〔1〕　最大判 1981 年 12 月 16 日判例時報 1025 号 45 頁（最高裁判所民事判例
集 35 卷 10 号 1369 頁）。在判例時報 1025 号、法律時報 54 卷 2 号和ジュリスト761
号有关本判决的论文中，从不同论点进行了论述。
　　〔2〕　淡路剛久「環境訴訟の現状と課題」ジュリスト増刊・公害総点検と環
境問題の行方（1979 年）43 頁。

讼，请求撤销相关许可行为。"

根据这一整理，本章将重点探讨的大阪机场诉讼与名古屋新干线诉讼等[3]都属于上述第一种类型。大分新产都市八号地诉讼[4]、伊方核电站诉讼[5]及成田新干线诉讼[6]等属于第二种类型，其与第一种类型不同。然而，伊达火电站案同时存在这两种诉讼类型[7]，由此可知，从原告请求的事实状态角度来看，在大多数情况下，这两种类型的诉讼是难以区分的。因此，有必要关注民法学与行政法学之间有关公共事业纠纷讨论的关联。

这种情况也可以从大阪机场案的审理过程中得到印证。具体而言，该案一般被认为属于"民事的禁止"，但从被告国家的主张等情况来看也具有"行政案件"的特殊性，这通过最高法院的判决而现实化，即以请求不合法为由，判决驳回了起诉。

如果大致认为最高法院在该案中得出的结论是"虽然不认可禁止要求，但支持金钱赔偿"，那么就应当明确该结论与有关"禁止与金钱赔偿的关系"问题的诸多法理或者原则之间存在什么关系。关于这个问题自然可以联想到民法学上的"金钱赔偿原则"以及"违法性阶段说"、行政法学上的"司法权界限论"以及"行政案件中临时处分的排除"等有关学说。因此，本章将参照以《行政案件诉讼法》和《国家赔偿法》为支柱的日本行政救济法制的构造，并以德国的消除结果请求权（Folgenbese-itigungsanspruch）法理为手段或素材分析上述法理及原则存在的

---

〔3〕 名古屋地判 1980 年 9 月 11 日判例時報 976 号 40 頁。

〔4〕 大分地判 1979 年 3 月 5 日行政事件裁判例集 30 卷 3 号 397 頁。

〔5〕 松山地判 1978 年 4 月 25 日判例時報 891 号 38 頁。

〔6〕 最判昭 1978 年 12 月 7 日最高裁判所民事判例集 32 卷 9 号 1617 頁。

〔7〕 关于禁止诉讼，参照札幌地判 1980 年 10 月 14 日判例時報 988 号 37 頁，关于公有水面填埋许可撤销请求，参照札幌地判 1976 年 7 月 29 日判例時報 839 号 28 頁。

意义和效果。消除结果请求权存在多种性质〔8〕，基于德国国家
责任法制（Staatshaftungsrecht〔9〕）整体构造的观点，该法理在
以下方面的展开值得关注：对于行政撤销诉讼以及民事诉讼都
无法救济的行政活动产生的侵害，消除结果请求权法理可以为
行政法院的权利保护提供基础，弥补普通法院根据职务责任
（Amtshaftung）法理实施权利保护的不足。并且，这个法理从确
立之处就存在很多问题，例如"恢复原状（现物恢复）（Natu-
ralrestitution）与金钱赔偿（Geldersatz）"的对比以及"忍受并
请求代偿（Dulde und liquidiere）"命题与行政法院和普通法院
的权限分配问题的交错等问题。

　　另外，笔者认为，与上述德国的状况相比，日本的学说和
判例状况的特征表现为〔10〕，因"撤销诉讼＝权利保护的构造"
引发的"撤销诉讼负担过重"，或者"撤销诉讼抑或民事诉讼的
二选其一"的思考样式。

　　因此，在本章以下部分，首先，主要是在德国公共事业禁
止诉讼相关问题的关联上，概述消除结果请求权的法理（第一
节）；其次，结合德国学说对相关问题的讨论，分析日本现有法
理或原则具有的意义（第二节）。

35

---

〔8〕 到目前为止，介绍到日本的主要是有关金钱给付的"行政上的无过失责
任"。例如，山田準二郎「行政上の権利保護と復善請求権または結果除去請求権
（一）～（五）完」（明治大学）法律論叢 37 巻 5・6 号、38 巻 2 号、3 号、6 号、
40 巻 1 号（1964 年、1966 年）。平井孝「西ドイツ国家補償理論における結果除去
請求権思想の展開（一）～（三）完」（新潟大学）法政理論 3 巻 1 号、4 巻 1 号、
11 巻 1 号（1970 年、1971 年、1978 年）。

〔9〕 目前，可以参照 Ossenbühl, Staatshaftungsrecht, 2. Aufl., 1978, 以及有关
新成立的法律的介绍，参照宇賀克也「西ドイツにおける新国家責任法について」
ジュリスト763 号 112 頁（1982 年）。详细内容参照宇賀克也『国家責任法の分析』
（1988 年）。

〔10〕 关于这种视点的详细内容，参照第三章第一节第一款第七点。

第一节　德国的消除结果请求权

第一款　禁止排污请求权的限制

36　　对于公共工程或者公共事业排污（Immission），德国法学者首先关注的是金钱给付问题[11]。金钱给付义务的特征是，本来赋予了禁止请求权（Abwehranspruch），但因特别理由排除或者限制禁止请求权，在这一限度上设想了金钱给付义务。特别得到肯定的两种情形属于这种特别理由，即公权力活动以及其他公益性公共事业或公益活动（Betriebe oder Veranstaltungen der öffentlichen Hand）[12]。

　　然而，如何将限制禁止请求权、加重（与通常情况相比）忍受义务正当化呢？对此是存在争议的。这个问题涉及德国公法与私法的区别问题，而且必须加以考虑的是，随着时间的推移，判例与学说的观点可能互相矛盾。对此，以本德尔、多勒1972年的著作[13]为线索，可以梳理如下：

　　（1）首先，从基本关系来看，当排污的发生源是私人行为时，以《民法》第1004条为核心的私法上禁止请求权为原则，以《民法》第906条[14]规定的忍受义务为例外。在这种情况下，当

　　[11]　H. -J. Papier, Immissionen durch Betriebe der öffentlichen Hand, NJW 1974, 1797 - 1802（1797）；F. Schack, Die Rechtsprechung zur Entschädigungsart bei von öffentlichen Betrieben verursachten Immissionsschaden, Der Betrieb 1968, 2115-2118.

　　[12]　Papier,（Anm. 11）NJW 1974, 1797.

　　[13]　B. Bender/R. Dohle, Nachbarschutz im Zivil- und Verwaltungsrecht, 1972.

　　[14]　Palandt, BGB Komm., 39. Aufl.（1980）, 982-989. 有关详细介绍的日本文献，可以参照中山充「ドイツ民法におけるイミシオーン規定の成立（一）（二）完」民商法雑誌71巻1号、2号（1974年）以及「今世紀におけるドイツ・イミシオーン法の発展（一）~（三）完」民商法雑誌74巻2号、3号、6号（1976年）。

排污严重（wesentlich）且违背地区一般做法（ortsunüblich）时，不产生忍受义务。同时，即使因地域一般做法（Ortsüblichkeit）限制了禁止请求，也可以期待（zumutbar）在采取经济性防护措施的情况下，认可不作为请求，即改变形态的防护措施（Schutzmaßnahmen）请求权。在这种情况下，不产生特定意义上的忍受义务，即只能通过金钱调整来限定保护。　　37

（2）即使排污发生源得到行政机关许可等，《民法》第906条原则上也是适用的。因此，在通常所称的相邻人保护（Nachbarschutz）中，以行政机关为被告的行政诉讼与以直接发生源为对象的民事诉讼可以并存[15]。

（3）《营业法》（GewO）、《核能法》和《航空法》等都采取通过许可形成私法关系的手法（privatrechtgestaltende Genehmigung）[16]，这种情况是上述类型（2）并存模式的重大例外。在这种情况下，许可一旦确定，就不能基于私法上的禁止请求权停止设施运行，而只能请求采取防护措施。再者，倘若不能在技术上采取消除损害措施或者缺乏经济上的相当性时，只能请求金钱赔偿[17]，在这个意义上，产生加重了的忍受义务。

（4）上述类型（1）中被限定的不作为请求权与类型（3）的防护措施请求权被认为具有相同的法的性质［＝限定性的排除请求权（eingeschränkter Freiheitsanspruch）］，因此，在类型（3）的情况下，也可以设想私法上的防护措施请求权[18]，在这个意义上，行政诉讼和民事诉讼可以并存。但是，首先应当通过课予义务诉讼提出主张[19]，这是它的特征所在。

---

[15]　Bender/Dohle，（Anm. 13）Rdn. 20.

[16]　ebd. Rdn. 22，113.

[17]　ebd. Rdn. 113.

[18]　ebd. Rdn. 381，393.

[19]　ebd. Rdn. 380，329.

（5）不仅在有法的明文规定时，而且在判例法上对于公益性设施（gemeinwohlwichtige Anlage）也认可通过形成私法关系的许可限定（私法上的）禁止请求权[20]。存在的难题是，被限定的排除请求权究竟属于上述类型（1）还是（3）呢？

（6）与通常的情况相比，针对公益设施的禁止请求权的限定比较严格，加重了忍受义务。这时作为代偿的金钱给付——应与根据《民法》第906条第2款第2句产生的金钱赔偿相区别——被认为是一种"私法上的牺牲补偿请求权"（privatrechtlicher Aufopferungsanspruch[21]）。

38 按照（6）解释，根据私法组织并运营的公益设施并不会产生太大问题。但是，对于权力行政或单纯高权行政产生的损害，例如，军队射击场的噪音、自治体净水场的臭气和气送邮件的振动[22]等，学说上对于其采取的禁止请求权的构成及其内容存在分歧。

此外，根据帕皮尔1974年的杂志论文可以将具体情况梳理如下：

（7）公益设施因《民法》第906条而加重了忍受义务时，通说认为可以金钱给付作为代偿。在这种情况下，根据准征收侵害补偿（Entschädigung aus enteignungsgleichem Eingriff）法理（设施或活动根据公法组织并运营的情况）对高权性侵害进行解释[23]。

（8）以往，帝国法院（Reichsgericht）基于诉讼法上的理由排除禁止请求权（其不属于民事法院管辖）。现在，参照行政裁

---

〔20〕　ebd. Rdn. 21, 22, 113.

〔21〕　ebd. Rdn. 124.

〔22〕　ebd. Rdn. 125.

〔23〕　Papier, (Anm. 11) NJW 1974, 1798.

判上的概括条款，只能依据实体法规定才能将排除禁止请求权正当化[24]。

基于以上梳理，下文拟阐明消除结果请求权法理对厘清民事诉讼禁止与行政诉讼禁止之间关系的重要意义。

第二款　给付诉讼与消除结果请求权

一、巴霍夫和贝特尔曼的学说

按照民事诉讼类型分析行政诉讼，可以发现二战后德国行政裁判的特征之一是，相比确认诉讼和形成诉讼，给付诉讼的比重有所增大。这意味着行政诉讼已经不限于撤销诉讼和行政行为的确认无效诉讼，课予义务诉讼（Verpflichtungsklage）或不存在行政行为时的一般给付诉讼（allgemeine Leistungsklage）也成为行政诉讼的重要内容。消除结果请求权作为实体法上的请求权与后两种诉讼类型之间有密切关系，这可以通过巴霍夫有名的1951年著作[25]得到印证。巴霍夫从解决二战后住宅强制分配纠纷的行政裁判实务需要出发，详述了课予义务诉讼，它作为诉讼法上的问题才刚刚实现立法化，其要件及效果尚未充分明确[26]，同时，他为了解决实体法上"行政行为确定前执行"的事后救济问题（后来的撤销诉讼认可案件），尝试为消除结果请求权奠定基础。

39

---

[24]　W. Martens, Öffentlichrechtiiche Probleme des negatorischen Rechtsschutzes gegen Immissionen, in: Hamburger Festschrift für F. Schack（1966），85 – 95（86）; Papier,（Anm. 11）NJW 1974, 1798.

[25]　O. Bachof, Die verwaltungsgerichtliche Klage auf Vornahme einer Amtshandlung, 1951（2. unveränderte Aufl., 1968）.

[26]　ebd. Vorwort zur 2. Auflage, XI.

行政机关将 X 的住宅划拨给某避难人（Obdachloser）并实施了搬迁。其后，法院在 X 提起的撤销诉讼中撤销了该处分，那么，X 能否请求行政机关退还其住宅？如果行政机关心安理得地认为，违法的行政行为已经执行，对行政机关而言，案件因行政处分的撤销而得到解决（erledigt），这是完全不符合法治国家观念的。[27]

巴霍夫的建言受到其后判例及学说的支持，同时在他所设想的"经典案件"[28] 中的消除结果请求权——与之后扩大适用范围的相关概念相区别，亦被称为"消除执行结果请求权"——最终作为诉讼法上的规定体现于 1960 年《行政法院法》第 113 条第 2 款、第 3 款 [29][30][31]。

另外，消除结果请求权因与行政诉讼禁止制度相关联而备受关注，它很大程度上受到贝特尔曼 1955 年学术论文 [32] 中提出的有关学说的影响。巴霍夫的消除结果请求权设想的是与撤销诉讼并用，但只是对撤销诉讼的权利保护的补充。而贝特尔曼则认为，消除结果请求权是提起撤销诉讼的基础且包含撤销诉讼 [33]，这里其理论特征的体现。

贝特尔曼同时认为，根据判例法理形成的私法上的消除请求权（排除妨害请求权）法理不仅可以而且被要求转用于公法领域。

---

〔27〕　ebd. S. 98.

〔28〕　Ossenbühl，（Anm. 9）S. 191.

〔29〕　Bachof，（Anm. 25）Vorwort，XIII.

〔30〕　另外，1981 年《国家责任法》第 21 条第 1 款删除了有关该内容的规定，并在该条第 2 款作出规定。BGBl，553.

〔31〕　其后，因联邦立法权限问题而违宪无效。

〔32〕　K. A. Bettermann，Zur lehre vom folgenbeseitigungsanspruch，DÖV 1955，528-536.

〔33〕　F. Wezreuther，Verhandlungen des 47. DJT（1968），S. 66.

持续性违法侵害无论是否具备有责性，都应当予以排除。

这一要求不管是对国家这一公权力主体，还是对其他国民，都是同样适用的[34]。

因此，基于以上观点，贝特尔曼对巴霍夫的消除结果请求权作出如下解释：

在此，严格而言，不是消除结果（Folgen – Beseitigung）的问题，而是要消除因行政的违法行为给原告权利造成的持续侵害，并由此恢复到行为作出之前的状态。也就是说，排除的不是违法行为的结果，即行为所造成的损害，而应是排除违法状态本身。

因行政行为而遭受损害的情况下，被害者不仅可以基于物权性消除请求权（negatorisher Besetigungsanspruch）请求还原执行措施，也可以在行政行为对自己造成的违法侵害限度内请求撤销行政行为本身[35]。

基于以上观点，可以认为，将撤销诉讼视为形成诉讼是基于技术性理由而得出的结论，但在实体上，可以被理解为适合于排除违法请求权的给付诉讼。同时，不应将这种排除违法请求权的产生限定于因行政行为造成侵害的案件，还应当包括因事实行为造成侵害的案件[36]，这对下面的考察至关重要。因为从行为形式论的立场来看，本章关心的排污、损毁名誉或者侵

41

[34]　Bettermann，（Anm. 31）DÖV 1955, 535.

[35]　ebd..535.

[36]　M. Hoffmann, Der Abwehranspruch gegen rechtswidrige hoheitliche Realakte, 1969.

害经营等行为都是受到关注的重要的"事实行为"[37]。

二、职务责任的救济界限

联邦普通法院 1960 年大法庭决定[38]（即所称的运动场石灰案）是有关事实行为与消除结果请求权关系的重要判决。消除结果请求权以民法上的不作为及消除之诉（Uterlassungs-und Be-seitigungsklage）的判例法理、公法上的自由权理论或者 H. J. 沃尔夫的法原则论为其理论基础[39]，通常，它的要件和效果以《民法》第 1004 条规定的物权请求权为模型进行规定[40]。为了了解其间发生的情况，上述决定的判词也颇堪玩味。

某乡镇联合体为了建设体育运动设施，由某企业供应石灰。该乡镇联合体建设部门负责人（Amtsbaumeister）声称，因该企业的不当请求而过多支付了费用。对此，企业以该负责人为被告提起民事诉讼，请求撤销（Rücknahme）上述不当声明。该案第一审获得胜诉，第二审驳回了诉讼，上告审驳回了诉讼请求。联邦普通法院一致认为本案应当以乡镇联合体为被告，以建设部门负责人为被告不合法。但当初系属的第三民事审判庭和受理上诉的大法庭附具的理由不同[41]。同时，与第二民事审判庭及第四民事审判庭有所不同，第三民事审判庭认为，《基本法》第 34 条规定的职务责任（Amtshaftung）也适用于国库领域，并

42

---

〔37〕 Erichsen/W. Martens（Hrsg.），Allgemeines Verwaltungsrecht，3. Aufl.，1978，S. 261.

〔38〕 BGH，Besch. v. 19. 12. 1960，BGHZ 34，99.

〔39〕 Ossenbühl，（Anm. 9）193-155；T. Rössenlein，Der Folgenbeseitigungsansp-ruch，1968.

〔40〕 Ossenbühl，（Anm. 9）196-202. 对此霍夫曼持不同见解，参照前注 36。

〔41〕 BGHZ 34，100-101，108-110.

从一般理论上论述如下：

> 本案不是依据所谓（angeblich）禁止民事法院介入行
> 政活动的原则而驳回诉讼的。在基本法施行之后，这一原
> 则已经不再妥当了。
> 现在，在我们的法秩序中，法院通过责令行政机关作
> 出某种职务行为的形式对其进行控制已不新奇。遵循权力
> 区分及权力分立的宪法原则与通过裁判决定实现对行政机
> 关的法的强制是完全可以兼得的[42]。

在上述一般论述下，第三民事审判庭认为恢复原状是对私
法关系上损毁名誉及侵害营业的救济的一种形式，对此予以
肯定。

> 该声明涉及官吏的雇佣机关（Dienstherr）（＝乡镇联合
> 体）与市民之间的私法上的法律关系，倘若官吏的不当责
> 难损害了市民的名誉，那么并非没有赋予被侵害人在民事
> 法院请求撤回官吏职务上声明的权利。如果将赔偿金钱作
> 为填补损害的唯一方法，那就意味着会严重削弱对名誉的
> 保护，对此不能支持[43]。

如上所述，根据第三民事审判庭的观点，基于私法上的请
求权请求作出职务行为——撤回损毁名誉的声明，不存在权力
分立论的问题。存在的问题是，有关职务行为的请求权在哪种
情况下才可以认为是"私法上的"权利？该请求权与请求作出
特殊职务行为的行政行为的情形，即与课予义务诉讼是什么关系？ 43

---

[42] S. 100.

[43] S. 100.

通常的解释〔44〕是，德国在历史上采取"职务责任的个人构成"理论，据此帝国法院确立了"通过职务责任只能请求金钱赔偿"的原则，且联邦普通法院也继受了这一原则。那么这个原则与前述"不支持金钱赔偿是调整损害的唯一方法的观点"的法庭判断有怎样的关系呢？

判例通说采取的理论构成是，职务责任（Amtshhaftung）是由官吏个人的职务行为引起，而由公共团体代位承担的责任，以此将《基本法》第34条与《民法》第839条的侵权行为规定连接起来〔45〕。《民法》第249条以下部分规定了侵权行为损害赔偿的样态和范围，同时，从比较法角度来看，德国民法一大特色在于采取了"恢复原状原则"〔46〕。也就是说，德国民法典有关损害赔偿（Schadensersatz）的构成是〔47〕：首先是"恢复"（Restitution），其次是"填补"（Kompensation），即"金钱补偿"（第251条）。

由于职务责任被认为是侵权行为法的延伸，因此，金钱赔偿在理论上一定属于例外，但由于"恢复原状"的两个重要限定理由〔48〕却使其成为原则。

两个限定性基础分别为：一是诉讼法上的理由。因职务责任属于民事法院管辖，因此，在民事法院当然不能请求撤销行政行为，也不能请求作出职务行为，这属于行政法院的权限。

---

〔44〕 Menger, Über die Identität des Rechtsgrundes der Staatshaftungsklagen und einiger Verwaltungsstreitsachen, in: Gschr. f. Jellinek（1955）, S. 349.

〔45〕 Ossenbühl,（Anm. 9）5-7.

〔46〕 例如，山田晟／来栖三郎「損失補償の範囲および方法に関する日独両法の比較研究」損害賠償責任の研究（我妻還暦）上200頁（1957年）。幾代通『不法行為法』270頁（1977年）。

〔47〕 J. Esser, Schuldrecht, Bd. I. 3. Aufl.（1968）, S. 274；K. Larenz, Shuldrecht Bd. I. 12. Aufl.（1979）, 383-392, 449-455.

〔48〕 Bettermann,（Anm. 31）DÖV 1955, 529.

二是实体法上的理由。根据职务责任可以请求的仅限于公务员作为"私人"能够给付的责任。

倘若这样限定职务责任，虽说并非完全不存在金钱赔偿之外的救济途径[49]，但这种可能性明显已经受到了极大限制。鉴于这种状况，前述运动场石灰案的大法庭决定尝试着这样的理论构成，即民事法院可以不受《民法》第 839 条的制约实施权利保护。这一点颇堪玩味，将在下文进行考察。

44

三、运动场石灰案决定的意义

职务责任是《民法》第 839 条和第 249 条相联结产生的侵权行为的法效果，但《民法》第 249 条本来具有的"消除＝恢复"功能因前述两个限定而被削弱。于是，为了免受实体法上的限定，大法庭尝试效仿物权请求权的模式寻求救济，同时，通过在行政法院主张消除结果请求权的方式克服诉讼法上的限定。

运动场石灰案的大法庭决定，对两个问题作出的判断备受关注。

> 撤回损毁名誉声明的请求权是从理论和实务上两个法的根据发展而来的。一是侵权行为的损害赔偿法理；二是物权性（negatorisch）根据。
> 请求排除违法评价妨害的物权请求权的行使要件（与侵权行为相比）相当宽松，因此在最近的实务中，逐渐排除了侵权行为的理论构成[50]。

---

[49]　贝特尔曼强调，只要职务行为不是必要条件，就可能恢复原物。对此参照 Bttermann, MDR 1953, 644。联邦普通法院 1952 年判决在职务责任的框架内认可代替物的给付。BGHZ 5, 102.

[50]　BGHZ 34, 103.

如上所述，在私法上保护名誉及营业的领域，基于人格权和营业权等构成，权利人被赋予不受侵权行为法制约的撤回请求权。大法庭根据这种私法上的消除请求权审理案件，避免了处理职务责任时产生诸多理论难题。

另一方面，也有学说[51]认为，在该案中，原告受到的侵害是起因于官吏的声明这种职务行为，因此，应当通过公法上的消除请求权来处理。对此，大法庭自身也用旁论的形式表明，对于"国库领域"案件的救济应当适用私法上的消除请求权，而对于"高权性（hoheitlich）领域"的救济则涉及公法上的消除结果请求权问题。

45　　　　当侵害名誉的非难发生在公行政的高权领域时，是否应当赋予权利人公法上特有的消除结果请求权以对应私法上发达的物权性消除请求权呢？对此，至今尚无定论。无论如何，虽然对各个理论根据的观点不同，但毋庸置疑，目前在法的理论上可以通过裁判程序，强制要求对官吏履行职务造成名誉损害负有责任的公共团体，通过订正错误的主张，消除违法的妨害状态[52]。

上述运动场石灰案是在民事法院进行争讼的，因此，只是在旁论中对消除结果请求权作出说明，但这对其后展开的判例法理却产生了重大影响。如果从行为形式论的观点出发，在"行政法院的事实行为救济"中成为问题者大致可以分为着眼"精神作用"方面的"知识表示"（Wissenserklärungen）（例如，

---

〔51〕　D. Jesch, DÖV 1961, 755-758（757）."在公法上概括性权利保护体系中，职务责任法制应当被限定于过往财产法的调整领域，因此，对于民事法院权限的问题，奥托·迈耶提出的'忍受并请求代偿'的命题依然是妥当的。"

〔52〕　BGHZ 34, 108-109.

通知、提供信息、报告、鉴定、教示和宣传等）和着眼"物理作用"方面的"技术性或其他业务"（technische und sonstige Verrichtungen）（如设置和管理道路、公益设施、授课、诊疗和出差等）[53]。在判例学说上[54]，都将大法庭判决作为先例加以援引。对于前者，不需要扩大撤销诉讼的行政行为概念[55]，就可以通过一般给付诉讼（或者确认诉讼）进行救济，发挥消除结果请求权的功能。

　　另外，如前所述，在公益设施排污领域，消除结果请求权法理有着更加复杂的发挥功能的方式。因为需要从不同侧面探讨救济被限定于金钱给付意义上的忍受义务与传统的"忍受并请求代偿"（Dulde und liquidiere）命题之间的关系。具体而言，如果以民事法院与行政法院的权限分配为前提，首先会想到的情况是，民事法院的救济具有一定的局限，只采取这种方式将导致忍受侵害的后果。在此，也会产生前述诉讼法及实体法上限定的问题。

46

　　其次，可以设想的情况是，倘若以行政法院的消除结果请求权为前提，那么，可能因某种特定理由排除或者限制这种请求权。在此产生的问题是，以公益为由而不成文地加重忍受义务，还有基于计划确定决定等行政行为的效力而课予忍受义务。

　　最后，可以预想的是，如此直接限制消除结果请求权时，有必要考虑改变争讼的形式，通过撤销诉讼或课予义务诉讼的方式解决争议。

　　以下将结合民事法院与行政法院的权限分配关系，考察如

---

　　[53]　Erichsen/Martens,（Anm. 36）S. 261.

　　[54]　BVerwG, Urt. v. 20. 7. 1962, BVerwE 14, 323（Bericht des Luftfahrtbundesamtes）；BGH, Urt. v. 1 8. 3. 1964, BGHZ 41, 264（Kirmesveranstaltung）.

　　[55]　H. -U. Evers 强调无论是否存在行政行为，都应当对名誉和评判等给予司法救济的保护。H. -U. Evers, DVBl. 1965, 449—452.

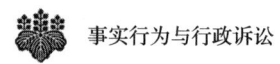

何处理公益设施或者公共事业的排污问题。

第三款　分解性构成与一体性构成

一、单纯高权行政的概念

48　　在行政法的概念中，单纯高权行政（Schlichte Hoheitsverwaltung[56]）或非权力行政（nichthoheitliche Verwaltung[57]）给二战后德国民事法院与行政法院的权限分配带来难题。因为有时使用单纯高权行政或者单纯行政活动（schlichtes Verwaltungshandeln）概念是为了使行政活动服从民事法院的管辖，而有时则相反，是用以排除民事法院的管辖[58]。在判例上，通常"单纯高权行政"概念与行为形式处于不同层面，用来表述"行政目的"或者"行政任务"[59]。因此，在理解行政作用时，须承认"综合性考察"和"分析性考察"的区别，同时在解释论上，会产生"一体性构成"与"分解性构成"的差别。下文将分析有关公共设施或者公共事业排污的若干判决。

　　在请求禁止自治体在广场举行教会布施会（Kirmesveranstaltungen）时产生噪音及臭气的诉讼中（教会布施会案），联邦普

---

〔56〕　F. Schack, Zur „ Schlichten Hoheitsverwaltung ", DÖV 1970, 40–43.

〔57〕　参照 W. Mallmann/K. Zeidler, Schranken nicht hoheitlicher verwaltung, VVDStRL 19 (1961), 165–207, 208–241, 以及成田赖明「非权力行政的法律问题」公法研究 28 号 137–165 页（1966 年）。

〔58〕　另一方面，W. Brohm, VVDStRL 30（1972），257 中指出，可以根据两阶段说或者行政上的私法论，可以实施公法规制。

〔59〕　详见本书第三章第三节第二款；P. Badura, Daseinsvorsorge als Verwaltungszweck der Leistungsverwaltung, DÖV 1966, 624–633.

通法院 1964 年 3 月 18 日判决 [60] 认可了普通法院的管辖权。同时，第五民事审判庭指出，对于单纯高权性活动的司法管辖的问题，不能采取过去区分公法私法的权力说，而应当采纳沃尔夫的学说 [61]；同时，运用 "分析性考察"，认为该排污本身属于私法层面的问题，因此，采取了 "分解性构成"。联邦普通法院 1967 年 1 月 17 日判决 [62]（喷泉案）将这种手法作为先例加以援引。该案原告请求消除市立公园喷泉噪音问题，一审及控诉审都认可民事法院的管辖，但驳回了诉讼请求。被告以民事诉讼不合法为由提起上告，第五民事审判庭驳回了被告的上告（另外，经审理认为，原审未充分审理噪音容许程度的评价基准，以此为由，将本案发回控诉法院重审），理由如下：

> 被告通过建设及振兴市立公园以实现公益上的任务。空气除尘以及净化蓄水池都属于这种任务的范畴。但是，不能仅凭这样的目的就理所当然地认为被告的活动属于公法上的行为 [63]。

在请求通过金钱给付进行救济的案件中，经常见到这种 "分析性考察" 及其在解释论上推导出的 "分解性构成"。例如，联邦普通法院第三民事审判庭 1967 年 6 月 15 日在建设道路排放案中判决 [64] 如下：

49

[60] BGH, Urt. v. 18. 3. 1964, BGHZ 41, 264.
[61] W. Martens, Negatorischer Rechtsschutz im öffentlichen Recht（1973），S. 13 认为，联邦普通法院因这一判决由权力说（Subjektionstheorie）转为特别法说（Sonderrechtstheorie）。
[62] BGH, Urt. v. 17. 11. 1967, DVBl. 1968, 148.
[63] DVBl. 1968, 148.
[64] BGH, Urt. v. 15. 6. 1967, BGHZ 48, 98.

毋庸置疑，设置和管理公共道路网以及建设高速道路是一种重要的公共任务，在这个意义上，正如控诉法院恰当指出的那样，建设高速道路具有高权的（hoheitlich）性质。然而，不能据此断定实施其他建设工程亦具有高权的性质。因为至少在建设高速道路所属的单纯高权行政领域，公共机构可以使用私的手段（privater Mittel）实现公共任务，在这个意义上，可以说也能在私法层面履行公共的任务[65]。

二、一体性构成的优位

上述三个判决采取的方法都是将应予判断的行政事实行为（tatsächliches Verhalten）从其背后的任务及组织形态分离出来进行考察[66]。学说上对于这种根据"分析性考察"而导出的"分解性构成"存在批判，判例也呈现出逐渐倾向于采取"综合性考察"或者"一体性构成"的趋势。

例如，根据马滕斯[67]的观点，联邦普通法院认为，在其自身对案件具有管辖权的背景中存在一种传统的观点，即对于由高权行政产生的排放，不能通过请求排除妨害（negatorisch）进行权利保护，而只能请求金钱补偿。现在公法上的消除请求权及不作为请求权得到了认可，因此，已经没有理由维持上述见解及（解释论上的）做法[68]。

---

[65] BGHZ 48, 102-103.

[66] Menger/Erichsen, VerwArch. 60（1969），377.

[67] W. Martens,（Anm. 24）.

[68] S. 86.

从诉讼的视角上来看，在具体的排污纷争案件中只存在一个问题，即究竟是应当向民事法院还是行政法院起诉。在影响及引起影响的措施均存在于事实的层面，属于事实（Tatsachen）且是事实行为（Realakte）时，这种法的区分经常引发极其困难的问题。

　　在这种情况下，学者倘若冀望于对这些行为适当定性，就不能为了"私法化"（privatisieren）将这些行为分离出来进行考察。相反，应当将产生排放的行政设施作为统一的整体进行考察，并确认行政活动是否有助于实现受公法规制的公共任务[69]。

在上述理解中，"单纯高权行政"概念与排放纷争中所关注的事实行为是在不同层面上使用的。换言之，它是从"整体上"表达在"分析性考察"中备受关注的提供（Widmung）公共设施、建设工程的契约委托、施工监督以及侵害等活动。

当排污作为具有高权性质来构成时，无论依据准征收侵害法理，还是适用职务责任，金钱补偿都是受普通法院的管辖。从这个意义上说，在实务上，"分解性构成"与"一体性构成"的区别并没有太大的意义。但在提出禁止请求时，将产生显著差异。如果采取"一体性构成"，就会否定普通法院的管辖。

联邦普通法院 1961 年 6 月 26 日判决[70]（雨水引起的下水道逆流案）以及 1964 年 11 月 13 日判决[71]（家禽患病案）、

---

[69]　W. Martens, DVBl. 1968, 150.

[70]　BGH, Urt. v. 26. 6. 1961, DVBl. 1961, 736.

[71]　BGH, Urt. v. 13. 11. 1964, DVBl. 1965, 157.

51 1969 年 6 月 20 日判决［72］（生活区域外相邻人案）等比较早期的判决认为，在排污纠纷中，由民事法院管辖禁止请求案件是不合法的。上述 1961 年判决甚至认为，行政法院具有广泛的权限，因此，帝国最高法院的"私法构成"法理业已过时（überholt）［73］。

其中，有关排污的"综合性考察"或"一体性构成"能否发挥作用，依存于消除结果请求权法理是否已经确立。如果不在行政法院基于消除结果请求权进行救济，而采取"一体性构成"认定民事禁止诉讼不合法，就意味着将通过诉讼法上的理由来实现"忍受并请求代偿"这个命题。在这种情况下，普通法院表示了这样的立场：即使采取"分解性构成"提供限定的救济，也存在金钱给付之外的救济余地。普通法院的这一判决具有一定的妥当性。作为上述判决的先例，帝国最高法院 1942 年判决［74］提出的下述法理也应当按照这样的文脉来理解：

> 在没有对公共事业产生重大变更或者侵害的前提下，可以通过民事诉讼请求采取适当的除害措施及其他的防护措施。

最迟在 1960 年《行政法院法》施行之后，至少在理论上已经认可行政法院的概括性权利救济。进入 1970 年代后，判例上确立了民事法院受理禁止请求是不合法的法理［75］。另外，联邦

---

［72］　BGH, Urt. v. 2. 6. 1969, DVBl. 1970, 273; DVBl. 1969, 623（Gemeindenachbar）.

［73］　Bender/Dohle,（Anm. 13）Rdn. 127.

［74］　RG. Urt. v. 26. 9. 1942, RGZ 170, 40.

［75］　BGH, Urt. v. 3. 12. 1971, JR 1972, 256（Ablauf des Niederschlagewassers）; BGH, Urt. v. 12. 12. 1975, DVBl. 1976, 210（Kinderspielplatz）.

行政法院 1971 年判决〔76〕（道路拓宽案）确认的法理是，对于
"事实行为"引起的侵害，也可以产生消除结果请求权。至此，
逐渐确立了解决问题的方向，即可以通过行政诉讼请求禁止排
放〔77〕。但是，虽然在理论上消除结果请求权也可以实现恢复原
状（Wiederherstellung），但它有时可能被限制，甚至被排除。因
为其不同于民事法的法理，还需要增加对公益的考虑。对此，
将在下一款进行详述。

第四款　消除结果请求权的收缩

一、消除结果请求权与撤销诉讼

1981 年《国家责任法》第 3 条（消除结果）第 1 款第 1 句　53
规定如下：

> 因对被害人不利的事实状态变动而造成损害时，公权
> 力主体必须恢复损害前的状态，在恢复原状不合理时，恢
> 复到同等价值的状态，以此消除损害的结果。

上述条文吸收了贝特尔曼的理论观点，意味着对违法的公
行政（这里的公权力是广义的概念，不限于作出行政行为）设
定了极其概括的排除请求权。不仅在损害起因于事实行为时，
而且在损害是由行政行为或其他法的行为造成时，只要符合
"事实状态变动"的基准，都会产生消除结果请求权的问题。当

---

〔76〕　BVerwG, Urt. v. 25. 8. 1971, DVBl. 1971, 858; DÖV1971, 857（Feldweg）.
这也被称为"斜坡案"，参照第三章第一节第二款第七点。

〔77〕　BVerwG, Urt. v. 16. 2. 1973, 635（„ Öffentliche Grünfläche"）（预防性确认
违法诉讼）. 参照 BVerwG, Urt. v. 21. 6. 1974, DVBl. 1974, 777.

然，这并不意味着都需要通过一般给付诉讼的方式来贯彻消除结果请求权。因为与民事诉讼相比，行政诉讼的特殊性体现在审查行政行为的合法性上，这是最为突出的要素，这种处理纷争的方法依然具有重要地位。但是，现在撤销诉讼已经失去了以往在行政诉讼中近乎排他性的地位。再者，以 1960 年《行政法院法》的实施为契机[78]，撤销诉讼的核心地位有所动摇。另一方面，在需要对诸多利益进行调整时，课予义务诉讼（根据联邦行政法院确立的判例[79]以及通说[80]，它是以启动行政行为为目的的诉讼）已经占据极为重要的地位。因此，有必要考察理论上设想的消除结果请求权与撤销诉讼以及课予义务诉讼的关系。

54　　　首先，以《国家责任法》第 3 条第 2 款第 2 句为线索分析消除结果请求权与撤销诉讼的关系。

　　　　对被侵害人而言，当行政行为或者其他决定（内容）已经不可讼争（unanfechtbar）时，那么，与这种行为相对应的持续性状态就不涉及消除结果的问题。

消除结果请求权法理与违法状态[81]的观念有密切关系，在此，行政行为及其他的决定被视为使不利状态正当化的行为。在这里可以想到巴霍夫的消除执行结果请求权中的"执行"（Vollzug）概念。

---

〔78〕　G. Mörtel, Auswirkungen der veränderten Generalklausel auf Verwaltung und Verwaltungsrechtsprechung, in: Wandlungen der rechtsstaatlichen Verwaltung（1962）, 137 – 171.

〔79〕　BVerwG, Urt. v. 25. 2. 1969, BVerwGE 31, 301（Verfassungsschutzamt）.

〔80〕　有关不同学说，参照: Bettermann, NJW 1960, 649–657.

〔81〕　德国侵权行为法中存在行为不法和结果不法的区别，在此对应于后者，参照 F. Bauer, Der Beseitigungsanspruch nach § 1004 BGB, AcP 160（1961）, 465–493.

有效的权利保护不能被限定于只是撤销行政机关的命令，也应当复原命令的事实性执行（realer Vollzung）。

命令或者禁止性行政行为及其执行可以被视为一个事实性的、法的统一体。执行，即实体性行为（Realakt），只不过是命令或者禁止等形式行为（Formalakt）向事实世界的转换而已（Umsetzung in die Wirklichkeit）。因此，撤销形式性行为与消除被撤销行为的实质结果，即"撤销"实体性行为，存在逻辑的必然联系[82]。

因此，为了结合有关撤销诉讼的明文规定证明消除结果请求权的实定性，需要采取一体性构成的方法。但分析来看，因避难者占有或者使用住宅的事实状态（或者私人的事实行为）使住宅所有人遭受直接侵害。因此，可以设定这样的问题，即既然行政行为使这种事实状态正当化，同时也给住宅所有人附加一定的忍受义务，那么，这种行政行为的效力范围是怎样的呢？在这种情况下，"执行"（Vollzug）概念比"强制执行"（Vollstreckung）概念更加宽泛，它甚至包括经行政机关许可的（私人）使用（Gebrauchmachen[83]）等第三人的事实行为。

在消除结果请求权与撤销诉讼的关联中（通过行政行为使事实行为正当化的考察方法），相邻人保护领域存在的所谓形成私法关系的行政行为问题对行政诉讼的禁止与民事诉讼的禁止之间的关系给予了重要启示。以下部分将对此展开考察。 55

---

[82]　Bachof，（Anm. 25）106-107.

[83]　F. Kopp，VwGO Komm, 2. Aufl.（1970），280-283.

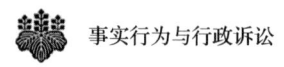
二、形成私法关系的行政行为

根据第一款（2）~（4）的梳理可知，在相邻人保护领域呈现出行政诉讼与民事诉讼并存的复杂关系。吕内堡高等行政法院 1962 年 3 月 22 日判决〔84〕是有关消除结果请求权的相邻人保护问题的，案件详情如下：

> 行政机关不顾相邻人 X 提出的异议，许可了紧挨其边界的车库建设。其后建设人违反建筑证（Bauschein）修建车库及其他多功能建筑（车库及机械库）。行政机关对该违法行为只是以非正式的方式提醒违法人注意。因此，X 提起了诉讼，请求撤销建筑许可并附带作出拆除命令。

一审以 X 遭受的侵害在容许限度之内（zumutbar）为由驳回了诉讼请求，控诉审作出了不同的判断，具体如下：

> 建筑许可证的签发以及与此相关的建设行为受建筑监督规制的制约，如果修建违法的建筑……由于行政机关对相邻人负有消除结果的义务，所以，相邻人有权请求行政机关尽可能地消除产生的违法状态。

在这个案件中，行政行为并未使建设人的所有事实行为正当化。不仅如此，在修建违法建筑时介入了行政机关的违法措施的情形，与行使一般规制权限的情形相比，当事人消除违法状态的要求更加强烈，因而，采取了消除结果请求权法理。在此，可以体察出这样的志向，即不是直接通过当事人之间的民

---

〔84〕 OVG Lüneburg, Urt. v. 22. 3. 1962, DÖV 1962, 467.

事诉讼，而是基于课予义务行政诉讼来调整相邻人与建设人之间的利益关系。这种志向在这样的领域中更加显著，即通过形成私法关系的行政行为的手法在理论上大幅度限制了私法上禁止请求权的领域。

56

根据 1974 年《联邦污染防止法》[85] 的规定，设置（Errichtung）及运行（Betrieb）可能污染环境的设施都应当经过许可（Genehmigung）。同时，该法第 14 条对私法的排除请求权进行严格限制。具体而言，在许可已经不可讼争时，不能请求禁止设施的运行而只能请求采取防护措施（Vorkehrungen）。再者，因技术上的原因无法采取防护措施或者采取防护措施在经济上不合理时，只能请求金钱赔偿。

该规定删除了《营业法》（GewO）第 26 条，但继承了其使用的手法[86]，因而，在此前准用后者[87]的《核能法》（AtomG）第 7 条、《航空法》（LuftVG）第 11 条以及《水管理法》（WHG）第 8 条都准用这个规定。如此，因技术上或者经济上的原因不能采取防护措施而导致忍受义务的加重，这时的金钱给付被称为损害赔偿（Schadensersatz），但是不以有责性为要件[88]。因此，可以说，这种损害赔偿处于《民法》第 906 条第 2 款第 2 句的金钱填补请求权的延长线上（该条源于 1959 年的"关于修改《营业法》与补充民法的法律"[89]）。

本章所设想的公益设施或者公共事业的排污问题，很难对适用这种侵害的法令和法理进行整合性解释。理由之一是比较

---

[85] BGBl. I, 721; H. Steiger, JuS 1975, 404-407.

[86] JuS 1975, 405.

[87] Bender/Dohle, (Anm. 13) Rdn. 22, 113.

[88] Palandt, BGB Komm., 39. Aufl. (1980), S. 987.

[89] ebd. S. 983.

早期的判例法采取了类推适用《营业法》第 26 条的方法 [90]。在这种情况下，当具有"公共性"（Gemeinwichtigkeit）的设施主体具备私法上的组织形态（公共团体出资的特殊公司 [91] 或特许企业 [92]）时，采取"私法构成"是不存在问题的。即便如此，可以预想的是，在单纯高权行政领域，采取"分解性构成"的场合与采取"一体性构成"的场合，其应用可能性是完全不同的。换言之，在采取"分解性构成"的情况下，主体的组织形态是否具有"公共性"呈现相对化，这处于限制或排除私法上排除请求权及通过（形成私法关系的）许可进行规制应对这种类型的延长线上。与此相对，在采取"一体性构成"的情况下，相关纠纷被完全纳入"公法"领域，因此，限制或排斥消除结果请求权就属于有关撤销诉讼及课予义务诉讼等行政诉讼框架内的问题。但是，德国法可以基于计划确定程序形成计划确定决定（Planfeststellungsbeschluß）的手法从观念上将公共团体视为当事人。因此，这使继续应用私法上的排除请求权法理成为可能。在以下部分具体考察采取"分解性构成"时民事诉讼与行政诉讼的关系。

三、作为当事人的公共团体

运动场石灰案以及巴霍夫的经典案例是适用消除结果请求权法理相关问题的两个基本类型。如果用比喻来表达这两种情况，可以区分为，公共团体以当事人身份出现与以第三人身份出现的场合。通常，在前者的场合下，可以直接适用私法上的

---

〔90〕 Bender/Dohle,（Anm. 13）Rdn. 113.

〔91〕 ebd. Rdn. 124.

〔92〕 在 E. Ruhwedel, NJW 1971, 647 中，机场管理公司属于这种特许企业。

排除妨害请求权法理，它是消除结果请求权的原型。在后者的情况下，当受到行政活动侵害的权利人被赋予救济措施时，需要适用有别于民法的法理调整与受益人之间的利益关系。

在第三款阐述的"分解性构成"中，是如何定性自治体及国家的呢？对此，可以联想到早期 W. 耶利内克在论文中关于单纯高权行政的说明：

> 即使以否定句界定某个概念是件很麻烦的事，在此也将"单纯高权行政"定义为非"权力性"（obrigkeitlich）行政。有学者也称之为"利益社会的行政"或者"社会行政"——在这样的行政中，国家不再高高在上，也不涉及国库问题——该表述因"利益社会"这个概念的多义性以及"社会的"这个用语的特殊含义而容易招致误解[93]。

58

上述单纯高权行政概念是以这样的观念为背景的，即公共团体可以和普通市民一样以当事人身份从事活动。然而，在"分析性考察"中已经表明这种观点很难推行。因为采取"分解性构成"时，会关注到其另一侧面，即该领域中存在的"公法上的"组织形态、所谓行政的内部行为、计划和行政行为等行为。

再者，在排污纠纷中采取"分解性构成"的情况下，应当赋予的私法上排除请求权可能因类推适用前述《营业法》第26条而受到限制。此时，产生的问题是，这种限制与第二款第二点所述的基于诉讼法理由对职务责任的限制之间应当如何平衡？具体而言，即使采取"分解性构成"，将排污本身与其后的职务行为相分离，解除诉讼法上的限定，如果承认可以类推适用前述法理，则实际上会产生相同的结果。并且，倘若将认可上述

---

〔93〕 W. Jellinek, Verwaltungsrecht, 3. Aufl.（1931），21–22.

类推的设想与"单纯高权行政"概念背后的观念相叠加，那么，产生的结果是，行使规制权限的公共团体与作为当事人的公共团体变得不可分离。这时，有必要具体分析在什么情况下才认可这种情形。其原因在于，如果适用《营业法》第 26 条（即现行《联邦污染防止法》第 14 条），将限定甚至排除民法上的排除请求权。为此，就需要保障救济途径，通过课予义务诉讼预防将来可能产生的侵害，实现部分禁止，或者在特定情况下，通过撤销诉讼及与之相关的消除结果请求权禁止运行或恢复原状，实现完全禁止。但是，如果采取类推的暧昧方式，将产生没有保障的不合理事态。

另一方面，即使采取"一体性构成"免除前述诉讼法上的限制，也可以从观念上（可以说这种观点处于运动场石灰案类型的延长线上）将公共团体视为当事人。对此，将在以下部分进行考察。

四、计划确定程序的三方关系

59

根据《联邦远距离道路法》[94]（FStrG）第 17 条的规定，计划确定机关可以作出措施命令（Anordnungen），要求道路建设者构建防止侵害的附属设备（Schutzanlagen）。另一方面，根据联邦行政法院的判例[95]，道路建设者可以通过撤销诉讼请求撤销前述措施命令，同时利害关系人可以基于课予义务诉讼请求发动该措施命令，且这些请求都独立于撤销计划确定决定的请

〔94〕 对此，阿部泰隆「西ドイツにおける土地利用と環境保護」季刊環境研究 27 号 67-70 頁（1980 年）有详细介绍。

〔95〕 BVerwG, Urt. v. 17. 11. 1972, BVerwGE 41, 178; BVerwG, Urt. v. 21. 5. 1976, BVerwGE 51, 15.

求。因此，可以看出，在排污纠纷中，沿道居民与道路建设者作为当事人，双方处于对抗关系，而计划确定机关作为第三人对双方当事人之间的利益关系进行调整。并且，该条第 6 款采取的手法对应于《营业法》第 26 条以及《联邦污染防止法》第 14 条采取的手法，根据该手法，基于计划确定决定的不可争力，可以排除禁止工程方案、拆除或变更设施及禁止利用等请求权。

对这种道路噪音问题大致可以进行如下考察：

首先是沿道居民遭受排放侵害的事实行为的定性。道路建设者（例如联邦政府授权的州）的活动属于单纯高权行政领域，因此，如果采取"分解性构成"，则会认为，该法第 17 条设想了沿道居民对道路建设者享有限定性的私法上的排除妨害请求，该条加重了沿道居民对侵害的忍受义务。另一方面，根据本章第三款分析的判例倾向，倘若采取"一体性构成"，沿道居民与道路建设者之间的关系就被认为是"公法上"的关系。在这种情况下，应当明确沿道居民对于道路建设者享有公法上排除妨害请求权（消除结果请求权）的范围。

理论上经常探讨"公法上的相邻人保护法"（öffentliches Nachbarschutzrecht[96]）的相关问题，《民法》第 906 条可否适用于公法领域，即在被问及应当如何规定、适用忍受义务时，这时就已经在观念上将公共团体视为一方当事人。也就是说，从"分解性构成"转换到"一体性构成"的判例的构想，尤其是联邦普通法院的构想是，排除请求权属于公法上的权利，应当向行政法院申请，表现为消除结果请求权；同时，观念上的（公法上的）忍受义务对其有一定限定，这种义务通过类推适用《民法》第 906 条而确定[97]。根据判例通说，这里的忍受限度

60

〔96〕　Papier, Recht der öffentlichen Sachen (1977), 141-153.
〔97〕　BGH, Urt. v. 15. 6. 1967, BGHZ 48, 98 (101).

分为两个层次，《民法》第 906 条规定的是（与私人排放侵害共通）一般的忍受义务，同时还存在因重大的公共性（überwiegene Gemeinwohlbelange）而被加重的不成文的特别忍受义务[98]。而且，这种加重的忍受义务因类推适用《民法》第 906 条第 2 款，会产生防护措施请求权问题或产生基于准征收侵害法理的金钱补偿请求权问题。

有的判例认可上述不成文的加重忍受义务的立场，同时也认可在私法关系中类推适用《营业法》第 26 条，加重对"公益性"设施的忍受义务。学说对以上两种观点都进行了批判。例如，帕皮尔[99]认为，通过《基本法》第 14 条第 1 款第 2 句规定财产权的内容及其限制是立法机关的排他性权限，法院仅以"公共性"（Allgemeinwohl）为由将其替代是违宪的。同时，帕皮尔对类推适用《民法》第 906 条也存有疑问。根据他的观点，就公物产生的排放侵害而言，只有公用公物以及限定区域内的交通设施等领域[100]才可以类推民法进行考虑。

通过上述探讨可知，对于计划确定程序这种大规模且大范围的公共事业给予的启示是，以对应于私法上妨害请求权的方式来理解消除结果请求权是很困难的。换言之，在这种情况下，被视为当事人的公共团体与被视为规制机关的公共团体之间部分重合，将会呈现出复杂的情况。对此，将在以下部分进行考察。

五、计划裁量框架内的利益调整

为了通过适当方式调整公共事业的利益关系，确定工程排

---

〔98〕　BGH, Urt. v. 30. 10. 1970, BGHZ 54, 384. 对于这个判决可以参照 J. Schwabe, DVBl. 1973, 103。

〔99〕　Papier,（Anm. 95）S. 144.

〔100〕　ebd. 145-146.

放侵害的忍受义务范围，立法者鉴于《民法》第 906 条规定的
不足，设定了计划确定程序。引入计划确定程序意味着，可以　61
基于相邻人异议申诉和撤销诉讼的可能性，使行使排除请求权
（Abwehrrechtsausübung）符合程序或者将之导入 [101]（verfahrens-
mäßige Ausgestaltung oder „Kanalisation"）。换言之，原则上应当
在行政程序以及行政裁判程序结束前主张公法上的排除妨害请
求权。这意味着，在计划确定决定的撤销诉讼中，向道路建设
者主张的消除结果请求权当然吸收了有限制的防护措施请求权。

　　因此，在上述情况下，若计划确定决定具有遮断效力
（Präklusionswirkung），产生的疑问是，认为计划确定机关以道路
建设者为媒介侵害沿道居民的权益（这种理解位于巴霍夫古典
类型的延长线上），以这样的图式来理解是否更为妥当呢？因为
就与沿道居民的关系而言，只有涉及金钱给付时，道路建设者
才直接以当事人的身份出现。

　　另外，根据《联邦远距离道路法》第 17 条的明文规定，道
路建设者有义务（Auflagen）修建防止侵害的附属设备。同时，
该条第 6 款规定，在符合例外要件，即计划确定后产生无法预
期的损害时，沿道居民可以请求道路建设者采取防护措施。就
诉讼形态而言，可以根据该条第 4 款以计划确定机关为被告提
起课予义务诉讼（请求补充计划）[102]。

　　综上所述，若计划确定机关基于其与沿道居民的关系从幕
后出现，将会产生作为当事人的公共团体与行使规制权限的公
共团体一体化的现象。因此，计划确定机关可以根据法律授予

　　〔101〕　ebd. S. 146. 另外，成田頼明「西ドイツの計画確定手続について」時の
法令 1024・25 号 66-74 頁（1979 年）有详细介绍。关于 1976 年《行政程序法》的
规定，参照成田頼明「行政手続の法典化の進展」公法の理論（田中古稀）下 I
1708-1714 頁（1977 年）。

　　〔102〕　BVerwG, Urt. v. 21. 5. 1976, BVerwGE 51, 15；DÖV 1976, 782（Stuttgart）.

的计划裁量[103]（Planungsermessen） 对沿道居民利益等诸多利益进行调整。另一方面，有时无法保持公共团体的一致性。例如，如前所述，根据联邦行政法院的判例，道路建设者可以通过撤销诉讼请求撤销计划确定机关的措施命令。同时，根据第 17 条第 4 款的规定，提起有关附属防护设备的课予义务诉讼时，应当让道路建设者参加诉讼（例如，达姆施塔特案 1976 年判决[104]）。

在最近德国的立法和判例学说的动向中，可以发现德国通过计划裁量及法院的审查对诸多公益与私益进行了最适当调整的尝试[105]。虽然法律在机场噪音纠纷和道路纠纷中采取的处理方法有所差异，但两者在本质上是相同的。最后，将对这个问题进行详细分析，以便为考察日本法存在的问题提供参考。

六、法兰克福机场诉讼

法兰克福机场诉讼因联邦行政法院作出的两次发回重审[106]决定而延期。该判决中的很多论点引人关注。1974 年判决是最初的上告审发回重审的判决，该案经过大致如下：

（1） 黑森州经济技术部长 Y 于 1966 年 8 月作出变更许可（Änderungsgenehmigung），允许机场管理公司 Z 延长两条机场跑道及新建跑道。

---

〔103〕 芝池義一「計画裁量概念の一考察」現代行政と法の支配（杉村還暦）180-207 頁（1978 年）及「西ドイツ裁判例における計画裁量の規制原理」法学論叢 105 巻 5 号 1 頁（1979 年）以下。参照宮田三郎「計画裁量」専修法学論集 28 号 69-111 頁（1978 年）及「計画裁量の限界」同 29 号 43-74 頁（1979 年）。

〔104〕 BVerwG, Urt. V. 21. 5. 1976, BVerwGE 51, 6；DÖV 1976, 788（Darmstadt）.

〔105〕 参照前注 103 引用文献。

〔106〕 BVerwG, Urt. v. 22. 3. 1974, DVBl. 1974, 562；BVerwG, Urt. v. 7. 7. 1978, BVerwGE 56, 110.

（2）为了根据变更许可扩建机场，Y 于 1968 年 3 月实施计划确定程序。

（3）当事人针对变更许可及计划确定决定提起撤销诉讼，法院认可了计划确定决定的撤销诉讼，并在 1970 年控诉审判决中予以确定（没有向自治体 O 提供参加计划确定程序的机会，构成违法事由）。

（4）Y 按照程序重新制定计划，该计划的内容与 1968 年 3 月的计划几乎完全相同。同时，于 1972 年 1 月追溯确认了对 Z 的 1966 年 8 月的变更许可。

（5）本案原告提起了撤销计划确定决定的诉讼，其中，有撤销新设跑道部分（A 部分）的请求（$X_9 \sim X_{12}$、$X_{14} \sim X_{19}$）以及讼争包括延长现存跑道（B 部分）在内的整体工程的诉讼。另外，原告除机场附近居民之外，还包括自治体。

（6）1972 年第一审判决认可撤销 A 部分的诉讼请求，但驳回了 B 部分的请求，于是，双方同时提出控诉。控诉审驳回了被告 Y 以及 Z 的请求，而认可了原告方的请求，并撤销了全部计划确定决定。在此，1971 年 3 月的计划确定决定被认为存在程序上的重大瑕疵，同时，控诉审法院持有的见解是，由于前述（3）所述的撤销诉讼，撤销了 1968 年 3 月的计划确定决定，所以 1966 年 3 月的变更认可已经失效，因此，本件计划确定欠缺前置认可。

与此不同，联邦行政法院认为，《航空法》的体系预先设定了这样的情况，即只通过认可就能提供并使用机场，因此，即使在认可之后又实施了计划确定程序，认可也是一种独立的行政行为。另一方面，联邦行政法院援引 1968 年和 1969 年判决认为，当存在认可与计划确定两阶段构造时，只有乡镇联合体作为撤销认可诉讼的原告是适格的。因此，对私人的实体性权利的侵害问题应当争论计划确定决定本身是否适当。

发回重审后，控诉审法院在 1976 年根据原告的具体状况分别作出了判决。

（7）3 月判决（a）（居民 X_1、X_6、X_7）维持了撤销 A 部分的决定。部分认可了有关 B 部分的控诉判决，如果允许从晚上 10 点至早晨 6 点从东降落飞机，则撤销计划确定决定。

（8）3 月判决（b）（居民 X_4）撤销了 B 部分，其内容主要涉及从晚上 10 点至早上 6 点向西起飞及向东降落飞机。

（9）3 月判决（c）以及 12 月判决（d）驳回了（自治体 X_2、X_3、X_5 以及居民 X_8 的）所有诉讼请求。

（10）9 月判决（e）（自治体 $X_{16} \sim X_{18}$）撤销了 A 部分有关允许民用超音速飞机起飞的部分。

（11）9 月判决（自治体 $X_{20} \sim X_{22}$）分别作出了以下几项决定：（f）认可撤销 B 部分有关民用超音速飞机向东起飞的部分。（g）维持撤销 A 部分的决定，同时，认可撤销 B 部分有关从晚上 10 点到早晨 6 点从东向着陆的部分。（h）维持撤销 A 部分的决定。

（12）12 月判决（i）（居民 $X_9 \sim X_{13}$）撤销 A 部分，但限于容许民用超音速飞机降落的部分。

（13）12 月判决（j）（居民 $X_{13} \sim X_{15}$）维持了撤销 A 部分的决定。

在支撑上述控诉审判决的考虑中，夜间噪音的容许限度基准格外引人关注。"可以认为，一晚上产生 4~6 次、60~70 分贝的噪音（A）在允许限度内。但本案超过了这个限度[107]。"并且，以欠缺充分考虑（Abwägungsmangel）这种侵害为由，撤销了计划 B 部分有关从晚上 10 点到早晨 6 点起降的部分。

---

[107]　BVerwGE 56, 114.

第二次上告审被 1976 年决定以及 1977 年决定合并后，又被 1978 年 7 月 7 日判决发回重审。下文将对联邦行政法院的判断框架进行分析。

七、禁止请求权的收缩

联邦行政法院是根据什么条件确认"计划制定的正当化"（Planungsrechtfertigung）的呢？对于法兰克福机场这种公用机场（Verkehrsflughafen），法院认为，即使机场管理主体是私法上的公司，但由于机场与公用道路具有相同的公益性，因此，适用《联邦远距离道路法》的法理是妥当的。在此，将涉及《航空法》第 9 条第 2 款规定的防护措施（Schutzanlagen）的问题。这种措施是计划确定决定（C 部分）中，向机场管理公司作出的采取措施的命令，其与前述《联邦远距离道路法》第 17 条第 4 款的构成相类似。

因此，本案的噪音侵害是否在容许限度内（zumutbar）（这直接关涉利益衡量结果"Abwägungsergebnis"的正当性），这关乎在多大程度上有必要采取防护措施，因此，被要求进行重新审理。联邦行政法院的观点引人关注：控诉法院部分撤销 A 以及 B 的一部分的手法实质上相当于法院变更了计划［与前述（a）（i）判决相关联］，同时认为，只有居民提出课予义务诉讼，请求作出防护措施命令以补充计划时，其请求才可能被认可［就前述（c）（d）（i）（j）判决而言］。换言之，只有在计划裁量的框架内实施了适当的利益衡量时，才认可原告的排除请求权（Abwehranspruch）收缩 [108] 为补充计划请求权（Planergänzungs-

65

---

[108]　ebd. S. 113.

anspruch) 的法理。另外，判例中有可供参考的重要事实，例如，在产生本案噪音问题的地域内没有太多的建筑物，且 67 分贝的噪音（A）仅影响到居住区域周边的极小部分等 [109]。

与上述德国收缩消除结果请求权的立法应对和学说上展开的"计划裁量"法理相比，日本的现状存在什么问题呢？下一节的课题是对此进行具体分析。

第二节　日本的公共工程禁止

第一款　"公共工程等之诉"的意义

67　　应当通过"民事诉讼还是行政诉讼"禁止公共工程呢？众所周知，日本对这个问题进行了复杂的讨论。基于行政法的立场并从沿革的观点考察这个问题时 [110]，在《行政案件诉讼特例法修改纲要试案》的审议过程中提出的"公共工程等之诉" [111] 和与此相关的围绕"事实行为的撤销诉讼"展开的讨论 [112][113][114] 是不容忽视的。

---

〔109〕　根据 Straße und Umwelt, Materialien（1978），S. 111，这部分内容没有在判例集中登载，参照前注 95。

〔110〕　冈垣学「行政庁の事実行為について」判例タイムズ50 号 9–15 頁（1955年）详尽介绍了对行政法院时期以及行政案件诉讼特例法时期的判例和学说的状况。

〔111〕　広木重喜「事実行為に対する行政訴訟」実務民訴講座 8、27–43 頁（31頁）（1970 年）。

〔112〕　柳瀬良幹「事実行為の取消訴訟（一）（二）完」自治研究 39 巻 8 号 3–14 頁、9 号 3–14 頁（1963 年）。

〔113〕　広岡隆「行政上の即時強制の法的構造とその取消訴訟——事実行為の取消訴訟の解明のために」法学論叢 75 巻 3 号 66–112 頁（1964 年）。

〔114〕　今村成和「事実行為の取消訴訟」北法 16 巻 2・3 号 172 頁（1965 年）、同『現代の行政と行政法理論』233~252 頁（1972 年）收录。

从行政法院 1926 年判决〔115〕可以获知有关"公共工程等之诉"的见解〔116〕，例如，该判决基于"行政处分"包含"事实上的行政行为"的理论构成，认为对河川工程提起诉讼是合法的。

> ……同条（《河川法》第 60 条）规定的行政处分不只包括具有独立意思表示的行政处分，亦包含本案建设工程这种事实上的行政行为，只有蕴含这种法意的解释才是妥当的。

与此相关的有力学说都支持上述观点，同时认为这种评价应当满足以下三个条件〔117〕：

（1）行政法院和司法法院存在管辖分工，而且请求禁止公共工程及恢复原状不符合民事诉讼的目的。

（2）法律上对行政裁判的对象采取列举主义，并且审查的对象仅限于"行政厅的违法处分"。

（3）在河川法及防砂法等法律之下，（由行政法院）确定工程的违法性是提起有关损害赔偿的民事诉讼的前提条件。

上述三个条件在而后的发展中都发生了变化。与各种变动相应，各学者在理论上尝试以不同方法保护原告的权利〔118〕。在实行法院一元化改革的二战后，柳濑博士在《行政案件诉讼特

68

---

〔115〕 行判 1926 年 11 月 1 日行政裁判所判决録 37 辑 1261 頁。另外，参照第一章注 64。

〔116〕 有关其他的判例，参照塩崎勤「行政庁の事実行為と仮処分の許否」判例タイムズ307 号 52-67 頁（1974 年）。

〔117〕 広木，前揭注 111，29 頁。

〔118〕 岡垣，前揭注 110，11 頁，首先分为民事诉讼说和行政诉讼说，又将后者分为抗告诉讼说和公法上的权利关系诉讼说。到底哪种学说更有力，兼子仁『行政争讼法』268-269 頁（1973 年）有不同评价。

例法》时代倡导的（民事诉讼）学说使上述条件（1）发生变动，熊野法官提出的（公法上的权利关系诉讼）学说以及雄川教授的学说使条件（2）发生了变动。同时，在特例法时代，田中二郎博士曾支持行政法院有关撤销诉讼的立场，但在最近的教科书中，他明确指出，公共工程不是撤销诉讼的对象[119]。

另外，在探讨如何解释《行政案件诉讼法》第3条第2款规定的撤销对象即"行使公权力的事实行为"时（或者探讨这个概念原本能否存在），主要设想的是即时强制。

广冈隆教授认为，属于《行政案件诉讼法》规定的"行使公权力的行为"而成为撤销诉讼对象的"事实行为"，是指即时强制或者与之相当的"包含忍受命令的事实行为"，这些行为与河川或道路工程等"单纯物理性事实行为"有所区别[120]。并且，为了便于理解"事实行为性撤销诉讼"，他提倡借鉴普鲁士高等行政法院以及W. 耶利内克的观点[121]，亦即"即时强制是由实力执行性事实行为和要求对其忍受的命令组成的合成物"。

对这种观点可以这样评价，即它是在只有撤销诉讼而无其他有效权利保护手段的条件下所作的目的论解释[122]。换言之，即时强制不同于河川及道路工程建设，难以适用民事诉讼予以救济，因此，在解释论上认可"忍受义务"多是为了便于救济相对人。

无论采取上述哪一种观点，如果参照第一节分析的德国相关法理的发展来看，都具有以下两个特征：

（1）在有关选择"行政诉讼还是民事诉讼"的讨论中，作

69

---

[119] 田中二郎『新版行政法上卷』〔全订第二版〕330 頁注 1（1974 年）。

[120] 広岡，前揭注 113，112 頁。

[121] 同 67-68 頁。

[122] 参照今村，前揭注 114，对"受忍义务构成"的批判。

为行政诉讼的撤销诉讼（以及其亚种的行政行为的无效确认诉讼）是重点关注的对象。

（2）在民事诉讼救济中，首先关注的是金钱赔偿。

以此为出发点，通过各种方法和理论构成尝试扩大保护原告的权利范围。然而，笔者认为，这些方法及理论构成之间不能从理论上进行整合的问题很突出。以下部分将基于"选择撤销诉讼还是民事诉讼"的思考样式、"撤销诉讼的负担过重"和"行政行为论的负担过重"等视角，分析有关"禁止与金钱赔偿关系"问题的法理及原则。

第二款　金钱赔偿原则及临时处分

一、民事诉讼的界限

通常，《国家赔偿法》被认为是处于民法侵权行为规定的延长线上。因此，根据《民法》第722条第1款及第417条规定的"金钱赔偿原则"确定其法效果是妥当的。从沿革的角度来看，国家赔偿法制是为了认可对公共团体的活动产生的侵害给予金钱赔偿而努力展开的法制度，在这个意义上，其与损失补偿法制度具有亲近性[123]。

与第一款阐述的"河川工程的撤销诉讼"相关联，条件（1）和（3）与"金钱赔偿原则"之间的关系是重要的问题。

首先，对于条件（3），一般而言，国家赔偿与行政处分的效力没有关系，因此，无论可否提起行政诉讼，都应当认可国

70

---

〔123〕 今村成和『国家補償法』（1957 年）、下山瑛二『国家補償法』（1973 年）等文献在"国家补偿"的名义下对这两者进行论述。

家赔偿。为了使这种一般论独自成立，就需要将国家赔偿的法的效果限定于金钱赔偿。并且，在这种情况下，根据民法典"金钱赔偿原则"进行的限定，类似于德国基于实体法上的理由对职务责任（Amtshaftung）的限定（根据作为"私人"的官吏可以承担的责任进行限定）。

然而，民事法学的发展克服了这一原则。如若根据侵权行为的法效果或者物权请求权法理，认可禁止公共工程的请求及恢复原状〔124〕，那么，就不能无视与前述条件（1）的联系而对条件（3）进行考察。这与德国基于诉讼法对职务责任进行限定（民事法院权限的界限）的问题相对应。

有一种解释认为，禁止公共工程及恢复原状请求不符合民事诉讼目的，这种解释论是以"公法与私法的区分"为前提，而且在观念上认为，民事法院只有管辖"私法上争讼"的权限。日本行政法学上的"管理关系"概念有时用来使行政作用服从于私法的规定，但有时却反过来用以排除适用私法规定而使之符合"特殊法的规范"〔125〕。这个概念的功能与德国"单纯高权行政"概念类似，因此，其可以用来比较"综合性考察"与"分析性考察"以及考察"一体性构成"与"分解性构成"的区别。

首先，对公共事业以及公共工程采取"事实上的行政行为"或者"事实行为的撤销诉讼"的构想，具有什么样的意义呢？

---

〔124〕 民法领域的文献，参照沢井裕『公害差止の法理』〔第二版〕（1979 年）。最近比较详细的文献，参照大塚直「生活妨害の差止に関する基礎的考察（一）（二）」法学協會雑誌 103 巻 4 号、6 号（1986 年）。

〔125〕 田中二郎，前揭注 119，78-83 頁。对于管理关系，参照山田幸男・公企業法 210 頁以下（1957 年）、塩野宏「フォルストホーフ給付行政の法律問題」国家学会雑誌 73 巻 11・12 号 99 頁以下（1960 年）、成田頼明「非権力行政の法律問題」公法研究 28 号 143 頁以下（1966 年）。

如第一节第三款的分析所示，德国没有根据消除结果请求权采取行政法院的救济，而是采取"一体性构成"，认为民事禁止不合法，并通过这种诉讼法上的理由实现"忍受并请求代偿"的命题。与此相对，如第一款所述，行政法院 1926 年判决的意义在于表明可以采取"扩大撤销诉讼对象"的法理。

其次，从行为形式论的观点出发，"扩大撤销诉讼对象"意味着要扩大行政行为概念的范畴，这是否会产生其他问题是值得深思的。倘若将"行政厅的处分"中包括事实行为的探讨一般化，最终会导致"行政行为"与"事实行为"难以明确区分。这不仅会产生"行政行为论的动摇"，更让人担忧的是将失去实务上确定撤销诉讼对象的重要基准。

与此相对，二战后，最高法院对于"处分性"确立了这样的定式[126]："作为公权力主体的国家或者公共团体通过其行为形成国民的权利和义务或者确定其范围并在法律上得到认可的行为。"同时可以看到，最高法院对于因公共事业产生公害的案件的处理展示了"分析性考察"或者"分解性构成"。对此，将在下一项进行详述。

二、东京都垃圾焚烧场案和国立人行天桥案

最高法院 1964 年 10 月 29 日判决[127]（东京都垃圾焚烧场案）是致使其后产生的禁止公共事业案件的原告倾向于采取"私法构成"的重要契机。其特征在于，采取"分析性考察"或者"分解性构成"，具体如下：

---

[126] 最判 1955 年 2 月 24 日最高裁判所民事判例集 9 卷 2 号 217 页以后的文献通常以一定"法的效果"为基准，在这一点上，具有一贯性。

[127] 最判 1964 年 10 月 29 日最高裁判所民事判例集 18 卷 8 号 1809 頁。

（东京）都 Y 为了筹备建设垃圾焚烧场而购买土地的行为，与建设人缔结建设工程承包契约，都属于私法上的契约。都 Y 计划设置本案垃圾焚烧场并将该计划案提交都议会，该行为属于都 Y 内部的行为。都议会的审议决定在性质上只是公共团体内部的意思决定而已。再者，议会决议后在公报上进行刊登的行为不存在任何法律上的效果。最后，垃圾焚烧场的设置行为本身并不会产生任何法律上的效果，只是事实行为而已。

最高法院也支持上述第一审及第二审判决的判断。但是，在此需要留意的是，虽然该判决采取"分解性构成"，但这只是为了认定抗告诉讼不合法并予以驳回的一种解释而已，并未直接言及民事诉讼是否合法的问题。

因此，对该判决的评价直接关系到通过民事诉讼禁止公共工程在理论上的可能性，以及实际上是否有效等问题。在临时救济领域，这表现为执行禁止与临时处分的关系问题。东京地方法院 1970 年 10 月 14 日决定〔128〕（国立人行天桥案）是该领域中强调适用"综合性考察"、采取"一体性构成"的重要案件。该案具体内容如下：

73

设置人行天桥是地方公共团体为了实现确保道路安全的行政目的，通过建设该设施向地方居民提供一定利益的行为。前述私法上的行为（工程承包契约以及建设人实施工程）在性质上也是为实现上述行政目的一种手段。因此，就其与享有该利益的居民之间的关系而言，在观念上，可以认为建设该人行天桥是由前述开工决定和私法行为复合

---

〔128〕 東京地決 1970 年 10 月 14 日行政事件裁判例集 21 卷 10 号 1187 頁。

而成的一体性行为。

　　既然设置人行天桥原本就是行政厅实施的行为，并且这与当地居民的日常生活密切相关。因此，与其将设置人行天桥这种活动分解成几个行为并通过行政自律或使其接受私法法规的规范，不如像前述那样，将其视为行政厅的一体性行为并使其服从公法的规制。同时，在权利救济方面，将其解释为《行政案件诉讼法》第 3 条规定的"行使公权力的行为"，保障通过抗告诉讼及停止执行进行救济的途径，不仅符合现代社会高度发展并日趋复杂的实际情况，也是贯彻法治主义原则的要求。

　　众所周知，在学说上有观点 [129] 认为，与德国相比，日本的《行政案件诉讼法》有关临时救济的规定并不完备。因此，在禁止公共事业的纠纷中，有关"临时处分的界限"的探讨 [130] 既受到上述法制制约的影响，也容易受到"撤销诉讼抑或民事诉讼的两选其一"思考样式的支配。

　　《行政案件诉讼法》在体系上是以抗告诉讼（第 3 条）为中心而构成的。该法中的"行使公权力"这个核心概念究竟应当如何界定，未必明确。因此，在"行政厅行使公权力的行为"＝广义的处分＝撤销诉讼（第 3 条第 2 款）对象的相关讨论、"无名抗告诉讼"（第 3 条第 1 款）范围的讨论中，在很多情况下，作出或不作出行政处分或行政行为与"行使公权力"是否被设想为相同性质的行为是不明确的。在《行政案件诉讼法》第 44

----

〔129〕　本书第三章第一节注 57 是临时救济领域的一般性文献。

〔130〕　实务专家整理的文献，参照白井皓喜「公害訴訟における執行停止と仮処分」自治研究 51 卷 1 号 27-40 页（1975 年）、浜秀和「行政訴訟に対する仮処分の排除」実務民訴講座 8，315-330 页（1970 年）。另外，参照第三章第一节第二款第四及第五点。

条（排除临时处分）的解释中，这个问题格外引人关注。究竟是仅因与先行行政处分或者行政行为相关联而使排除临时处分正当化，还是以"公共性"为由扩大排除临时处分的适用范围，是存在疑问的。

根据目的论解释的观点，要支持前述东京地方法院的决定，就必须具备以下两个条件：

（1）民事诉讼法上的临时处分不适用于公共事业。

（2）《行政案件诉讼法》上的临时救济仅限于停止执行。

因而可以看到，为了采纳不同于前述东京地方法院决定的理论构成，需要采取使上述两个条件变更的解释论。其中，吉田町环境卫生中心案第一审、第二审判决[131]以及牛深市粪便处理场案第一审判决[132]等采取"私法构成"，使条件（1）发生变更；此外，兼子仁教授提出了形式性行政处分论[133]，他认可原告可以在民事诉讼和抗告诉讼之间进行选择。在下一项将考察"私法构成"的问题。

三、公共性和排除临时处分

通过民事本案诉讼或者临时处分进行禁止的救济方法直接有效[134]，有利于救济原告。另一方面，由于其结果的重大性，因

---

[131] 広島地判 1971 年 5 月 20 日判例時報 631 号 24 頁、広島高判 1973 年 2 月 14 日判例時報 693 号 27 頁。

[132] 熊本地判 1975 年 2 月 27 日下最高裁判所民事判例集 26 巻 1-4 号 213 頁。

[133] 兼子仁·行政争訟法 273 頁。另外，室井力「形式的行政処分論について」公法の理論（田中古稀）下 I 1727 頁以下（1977 年）尝试对各种讨论进行整理。关于笔者对形式性行政处分论的评价，请参照本书第三章第一节第二款第五点。

[134] 村田哲夫「横断歩道橋設置決定の処分性」別冊判例タイムズ 2 号 199 頁（1976 年）。室井，前揭注 133，1747 頁。

而，这种救济方式面临公共事业的"公共性"这个对抗性概念。由于"公共性""公共福祉"和"公益"等概念存在多种含义，因此，这种对抗关系在不同场合以不同形式呈现。其中，有关实体性忍受义务的程度的讨论（违法性阶段说）将在下一款进行考察，在此，先行探讨其与《行政案件诉讼法》第44条之间的关系。

排除临时处分的制度继受于《行政案件诉讼特例法》第10条第7款，倘若认为其宗旨在于"考虑与公益之间的关系"[135]，则采取"综合考察"或"一体构成"较为适宜；如果按照该款文字表述，为避免与行政处分的效力相接触[136]，采取"分析性考察"或者"分解性构成"比较妥当。例如，在公务员关系中，认可向公务员支付工资的临时处分学说[137]背后存在的观点是，请求支付公务员工资可以构成私法上的请求。再者，在填埋许可工程纠纷中，有学说认为[138]，对基于填埋许可的工程进行讼争时，不认可全面禁止工程的临时处分，而对工程方法存在争议时，认可采取临时处分。该学说的着眼点在于争讼的法的性质会基于原告的攻击对象不同而不同。不过，民事诉讼法上的临时处分有极其丰富的救济内容，因此，大部分公共工程不太适合采取"分解性构成"。因此，在这种情况下会出现排除临时处分的观点。根据这种观点，"民事诉讼法上的临时处分原本就不适用于行政案件"或者"无论本案诉讼的结果如何，如果临时处分直接介入行政权并实质性禁止或者变更行政权，这种临时处分就逾越了司法权介入行政权的界限"[139]。

75

---

〔135〕　雄川一郎「行政事件訴訟特例法」国家学会雑誌62巻8号50頁（1948年）。

〔136〕　雄川一郎『行政争訟法』209頁（1957年），"可以对与行政处分无关的事项采取临时处分。"

〔137〕　参照、南博方編『注釈行政事件訴訟法』36頁（南博方執筆）（1972年）。

〔138〕　阿部泰隆「公有水面埋立免許と救済手続」ジュリスト491号99頁（1971年）。

〔139〕　吉川大二郎「仮処分事件の変ぼう」民商法雑誌70巻3号423頁（1974年）。

再者，这种对比也与《行政案件诉讼法》第 44 条规定的"行使公权力的行为"概念从狭义还是广义上进行解释相关联。

首先，有的立场将排除临时处分的"行使公权力"概念和作为抗告诉讼对象的"行使公权力"概念都从广义上进行解释，它对应于对"管理关系"采取"综合性考察"或者"一体性构成"的见解。在进行"公法与私法"的区别时，有的构想采取"公益说"或者"新主体说"缩小解释"民事案件"的范围，这两者的观点是相近的。

其次，将上述两个"行使公权力"概念都从狭义上解释的立场与在"管理关系"中采取"分析性考察"或者"分解性构成"的见解相对应。并且，这与区分"公法与私法"时，采取"权力说"扩大解释"民事事件"范围的构想很相近，且与"国库说"[140]的实践目的有一定的共通之处。

再次，有的立场[141]，从广义上解释《行政案件诉讼法》第 3 条规定的"行使公权力"概念，同时从狭义上解释该法第 44 条规定的"行使公权力"概念。在解释论上，这种立场与前述第一种、第二种立场相比，存在一定的难点。如果认为它是为了从实质上克服上述条件（1）和（2），就有颇堪玩味之处。具体而言，在条件（1）下，前述第一种和第二种立场处于对抗关系，因此，可以考虑修正条件（2），即"行政事件"的临时救济除"执行停止"之外，也应当认可"临时处分"，从而使其在一定程度上得到缓和。这里的"临时处分"是指对于可以适用行政案件诉讼法的纠纷的临时处分，而不是纯粹的民事上

---

〔140〕 关于二战前国库说的实践意义，参照山内一夫「国庫説の歴史の発展（一）～（三）完」国家学会雑誌 55 卷 4 号、5 号，56 卷 5 号（1941 年、1942 年）。

〔141〕 以白井皓喜为代表（前揭注 130，39 页），有的学说尝试认可处分性的扩大以及与民事诉讼竞合选择，通常采取这种解释手法。

的临时处分（综合性考察或者一体性构成）。与此同时，对于并
非只能通过停止执行制度阻止行政行为效力的纠纷（基于分析　　76
性考察或者分解性构成），可以根据《行政案件诉讼法》第 7
条，"按照民事诉讼的做法"进行处理。

最后是第四种立场，如果将日本的相关诉讼与德国撤销诉
讼以外的各种"行政案件诉讼"的图式相对照，可以考虑根据
第一种学说，采取"一体性构成"，排除适用民事诉讼以及民事
诉讼法上的临时处分。同时，如前述第二种学说，可以采取
"分解性构成"，排除抗告诉讼、停止执行和临时处分。在这种
情况下，第三种学说的目的是尝试从《行政案件诉讼法》第 4
条规定的当事人诉讼的体系内解决问题[142]。

综上所述，临时救济以上述各种形式，产生了与"公共性"
协调的问题。在本案诉讼中的主要问题是，实体性忍受义务究
竟呈现什么样的状况呢？对此将在下一款进行考察。

第三款　公共性加重忍受义务

一、公共性的意义

通常认为，违法性阶段说[143]基于以下构想：　　　　　　　77

---

　　[142]　基于行政形式论的观点，笔者对扩大抗告诉讼对象＝扩大处分性的理论存
在很大疑问。再者，有解释论主张可以在抗告诉讼和民事诉讼之间进行选择，对此，
法官可能在心理上有一定抵触。因此，如果以最高法院一直采用的严格的处分性定
式为前提，那么正如第四种学说所主张的那样，第三种学说的实践目的在于改变形
式，大胆向前迈进。所以，以"无名抗告诉讼"的形式进行的大部分考察都可以披
上"公法上当事人诉讼"的外衣。
　　[143]　参照沢井裕，前揭注 124，114 頁、176 頁注 69－72。另外，中井美雄
「名古屋新幹線訴訟判決と民事差止論」法律時報 52 巻 11 号、同・『民事救済法理
の展開』182－194 頁（183 頁）（1981 年），将之称为"违法阶段论"。

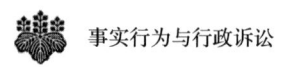

　　损害从无到有、逐渐增大，在达到一定限度时会产生损害赔偿。但是，要认可禁止（损害）的请求则需要满足一定的条件，即当产生的损害非常之大时，如果不予禁止，将会产生困扰[144]。

　　区分禁止违法与赔偿违法的观点与忍受限度论相关联。该观点率先在民事法学的制度内被提出。如此，在德国《民法》第906条的框架中出现了具有特定含义的忍受义务[145]，即最终结果是，只能通过支付金钱的方式向受害人提供救济。

　　在有关禁止公共事业的案件中，名古屋新干线诉讼第一审判决[146]采取了上述的违法性阶段说。该判决将"违法性"解释为《国家赔偿法》第2条规定的"瑕疵"概念，并将"公共性"纳入利益衡量的要素，认为"在禁止工程时，很难认定侵入原告居住地的新干线噪音及震动已经超过可以容忍的限度，所以，很难确认其违法性"。

　　问题在于，该判决的观点究竟是将"禁止违法"不同于"赔偿违法"的定式推广至公共事业中，还是认为与通常的私人工程产生的忍受义务相比，公共事业的"公共性"加重了有关禁止违法的忍受义务呢？

[144]　加藤一郎『公害法の生成と展開』13頁（1968年）。

[145]　也有人强调，"在德国，禁止与赔偿的违法性并无不同，如果不能根据《民法》第906条认可禁止请求，那么《民法》第823条规定的损害赔偿请求也不会被认可"（如在新干线诉讼中，被告有此主张，判例时报976号76頁），但我认为，这是由德国特有的违法性论产生的，这与日本存在的问题实质上是相同的。例如，有学者（W. Leisner, NJW 1975, 235）将《民法》第906条第2款第2句规定的金钱给付解释为是"私人征收"补偿，可以说这种观点受到了违法性一元论的影响。另外，参照沢井裕「名古屋新幹線判決における公共性と差止」ジュリスト728号43頁（1980年）。

[146]　名古屋地判1980年9月11日判例時報976号40頁。

关于禁止请求与公共性之间的关系，存在以下观点：

　　第一，有观点认为，工程"公共性"应当被界定为工程的"社会有用性"[147]，这与该项目的主体是私人企业还是公共团体是没有关系的。这种学说定量地理解"公共性"，对于禁止公共事业问题，倾向基于"分解性构成"的"私法构成"。

　　第二，也有观点[148]认为，只要项目的主体是公共团体，与私人企业主体相比，就具有更高的公共性。这种学说与"管理关系"构想一样，既可以与"分解性构成"相关联，亦可以与"一体性构成"相联系。

　　第三，还有观点[149]认为，禁止公共工程中的忍受义务问题实质上涉及公用负担的法理问题。

　　　　通常，对附近的居民而言，当建设及运营私有工程构成侵权行为的情况下，禁止工程实施及运行是理所当然的事情，这无可厚非。但是，在涉及道路或铁路等公共工程的情况下，在本质上，有众多的使用者和其他直接或者间接享用由此产生的便利的主体。因此，以这种公共

79

　　〔147〕　以沢井裕（前揭注 124，144 頁）为代表的民法学者基本上持有这种理论构想，关于经济学者的观点，请参照浜田宏一「空港訴訟と公共性の概念」ジュリスト761 号 21-26 頁（1982 年）。
　　〔148〕　从正面对这种观点进行阐述的文献很少，在提及"公共事业"的公共性时的"公共事业"在观念上指"公共团体"直接经营或者通过支付补助金的方式实施的事业，而私人企业实施的事业通常被称为"公益事业"，有关详细的用法请参照塩野宏「国土開発」未来社会と法 139 頁注 1（1976 年）。另外，《土地征收法》第 3 条规定的"为了实现公共利益的事业"的实施主体并非被限定为公共团体，也包括私人企业。但损失补偿一直以来都被视为国家补偿予以论述。关于这个问题点，参照遠藤博也『国家補償法上卷』86 頁（1981 年）。
　　〔149〕　雄川一郎「公共事業と環境問題管見」自治研究 50 卷 5 号 3-16 頁（1974 年）、同・『行政の法理』（1986 年）。

工程的活动构成侵权为由而直接予以禁止的做法未必是合理的[150]。

　侵权行为法制度原本是以调整私益关系为目的的，因此，在发挥调整公益的作用时存在一定的界限[151]，这时既需要确保公共工程的施行又要保护相关权利人的利益。

上述第三种学说倾向于采取"综合性考察"或者"一体性构成"，但需要留意的是，该学说并不是在阐述解释论[152]，它并未排除"分解性构成"[153]。

在名古屋新干线诉讼第一审判决[154]中，上述三种观点可以兼容。该判决基于国铁的营业规模覆盖全国等事由确认国铁的"公共性"，这与第一种观点相近。同时，判决认为"国铁自身具有高度的公共性，属于公法上的法人"[155]这一观点类似于上述第二种学说。再者，该判决也暗含这样的观点，即"在同时考虑认可损害赔偿请求"[156]和禁止实施工程时，由于工程引起的损害在忍受限度内，因此，不能禁止实施工程，而只能以金钱赔偿作为忍受义务的代偿。这个观点与上述第三种学说如出一辙。

　然而，这种加重忍受义务的根据是什么呢？对此，上述三种学说的主张有所不同，将在下一项进行探讨。

---

[150]　同 5 頁。

[151]　同 10 頁。

[152]　同 4 頁。

[153]　同 6 頁。

[154]　判例時報 976 号 358 頁。

[155]　同頁。

[156]　同 419 頁。

二、加重忍受义务的根据

倘若在观念上将公共事业的主体视为一方当事人，限定或者排除对其提出的禁止请求权，这时的忍受义务存在两种类型：其一，因行政行为的介入而产生的忍受义务；其二，法院认定的不成文的忍受义务。在德国，《营业法》第 26 条和《联邦污染防止法》第 14 条等规定了形成私法关系的许可及各种计划确定决定等手法中存在上述第一种类型的忍受义务。与此同时，早期判例上对《营业法》第 26 条的类推适用以及公法相邻人保护法制中对《民法》第 906 条的类推适用等手法中，存在第二种类型的忍受义务。

另一方面，在日本，只有在例外的情况下才使用第一种手法[157][158]，所以，主要依赖第二种手法。对于禁止公共事业，不管是采取"分解性构成"的场合，还是采取"一体性构成"构想"公法上的当事人诉讼"的场合，法院能否基于自身的判断，负责任地决定加重忍受义务的程度，是存在疑问的。关于这一点，基于"一体性构成"，根据人格权、环境权以及财产权的禁止请求权可以成立"私法上的请求权"。另外，对"行政案件"而言，如果假定可以采取这样的见解，即只有在讼争"赔偿违法"时才产生问题，那么就可以回避法院能否决定加重忍受义务的程度这

[157]　参照大津地判 1969 年 9 月 18 日判例时报 601 号 81 页（近铁鸟羽案），其对公有水面填埋立法的主旨解释如下：无论不特定多数的权利人的意向如何，通过国家的公权力，按照一定的要件和程序，统一形成有关填埋工程的法律关系。任何人都不能直接阻止根据这种法律关系实施的填埋工程本身。另外，参照第一章注 24。
[158]　但是，也存在与前注大津地判的主旨不同的判决，例如熊本地判 1980 年 4 月 16 日判决［判例时报 965 号 28 頁（水俣湾水银泥案）］。另外参照第一章第三及第六部分。

个问题。因为在行政撤销诉讼中，虽然不存在纯粹的禁止请求权，但依据情势判决制度（《行政案件诉讼法》第 31 条），在满足"对公共利益产生显著妨害"的限定条件下，法院可以基于裁量判断，驳回与禁止或者恢复原状有关的撤销请求。由此可见，这种情势判决制度与上述违法性阶段说或者公用负担法理具有相同的功能[159]，同时，这与德国对消除结果请求权的限定（《国家责任法》第 3 条第 2 款第 1 句[160]）有一定的类似性。

在现行宪法下，法院具有审理"一切法律上争讼"的权限。但是，从这个权限中扣除纯粹的民事诉讼后的全部争讼都由"抗告诉讼"来解决是很困难的。可以设想，这样将会动摇"行使公权力"这个概念。最高法院为明确撤销诉讼的对象，采取了"分析性考察"或者"分解性构成"，整合两者加以说明将会变得异常困难。大阪机场案最高法院判决关于禁止请求的多数意见以及补充意见显示了这一问题点。对此进行探讨是下一款的课题。

第四款　公权力概念的负担过重

一、航空行政权的概念

82　　　大阪机场案最高法院判决[161]有关禁止请求的多数意见使用

---

〔159〕　阿部泰隆「新幹線訴訟と土地利用・総合交通政策」ジュリスト728 号 55 頁（1980 年）指出民事理论的构想对既成事实不能进行适当的应对，借此强调情势判决制度的（中间违法宣告判决）这一手法的意义。

〔160〕　"消除结果究竟是因为不能复原还是不允许复原，抑或是这些很少会产生问题。"BGBl I，554.

〔161〕　最大判 1981 年 12 月 16 日判例時報 1025 号 45 頁（最高裁判所民事判例集 35 卷 10 号 1369 頁）。

了"空港管理权"以及"航空行政权"两个概念，并基于"一体性构成"得出民事禁止请求不合法的结论。在案件推论过程中，在采取"综合性考察"的同时认可了"分析性考察"。

首先，法院认为，"空港管理权"属于营造物管理权，是"为了将营造物提供给公众使用，在法律上认可的特殊的概括性管理权能"，其本体"并非以行使公权力为本质内容，而是非权力性权能"，本案有关空港管理事项中，"源于公共性目的并进行了一定程度修正的部分"可以另当别论，但不可否认的是，它比较适合于进行私法规制〔162〕。其中，关于空港管理法律关系的理解对应于田中二郎博士提出的"管理关系"〔163〕，并基于"综合性考察"，同时，此处的"行使公权力"概念比较适合于进行"分析性考察"。

其次，认为"航空行政权"是"根据《航空法》及其他有关航空行政的法令规定，授予运输大臣的航空行政上的权限，且以行使公权力为本质内容"。〔164〕在此，运输大臣被授予"广泛的行政上的规制权限"，其活动与"权力关系"相对应，并基于"综合性考察"进行理解，此处的"行使公权力"主要是以适合于"分析性考察"的各种行政行为为对象来设想的。

但是，关于禁止请求的多数意见在结论部分采取的解释论是，"基于综合性判断，这两种权限是以整体不可分的形式行使的"，并认为其结果是使本案禁止请求"不可避免地包含请求撤销或变更行使航空行政权或者发动航空行政权"〔165〕。在此，需要留意的是，"行使航空行政权"的概念比较适合于"综合性考

83

---

〔162〕　同 46 頁。

〔163〕　有学者认为管理关系的重要部分属于公企业的经营和公物的管理。参照田中二郎，前揭注 119，31–32 頁。

〔164〕　判例時報 1025 号 46 頁。

〔165〕　同 47 頁。

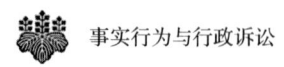

察"或者"一体性构成"。换言之，可以看出上述多数意见并未采纳出发点上的"分析性考察"，而是根据上告理由第一点的"综合性考察"采取"一体性构成"。

> 本件诉讼中，请求禁止夜间使用该空港起降飞机这部分内容，是不服行使公权力的行为而提起的诉讼，不是民事诉讼的管辖事项[166]。

上述上告理由中所称的"行使公权力"概念与最高法院为确定抗告诉讼的对象（特别是撤销诉讼不合法而驳回诉讼之际）基于"分析性考察"或"分解性构成"而使用的"行使公权力"概念是异质的。更确切地说，从缩小解释"民事案件"范围的构想来看，它与第二款分析的东京地方法院国立人行天桥案决定采纳的判断方法甚为接近。

综上所述，多数意见采取的"一体性构成"手法使公权力概念产生动摇。因此，从伊藤正己法官的补充意见来看，他意识到了这一点并尝试从理论上进行完善。将在下一项探讨这个问题。

二、忍受义务的观念

有的理论为了说明"行使公权力的事实行为"而设想了"忍受命令"。在该构成中，行政上的强制执行的模式是，"行政行为使忍受义务具体化"，紧接其后的是"执行行政行为的事实

---

[166] 同83頁。该案上告理由被理解为是基于"三权分立论"或者"司法权界限论"而提出的［小林直樹「大阪空港判決の基本思想——最高裁の『司法の限界』論を中心に」ジュリスト761号14頁（1982年）］，其实，应当直接理解属于"民事诉讼界限论"。参照后注175。

行为"，以这种行政上的强制执行属于基本形式，而即时强制则
被认为是其亚种[167]。这个理论构成的特征体现在维持了一种基　　84
本线，即通过行政行为的法效果这种适合于"分析性考察"的要
素，对确定抗告诉讼对象的"行使公权力"概念进行界定[168]。
伊藤法官的补充意见的部分内容处于这一构想的延长线上，根
据该内容，可以基于航空运输业的许可及事业计划的变更许可
使第三人负担忍受义务[169]。

　　通过授予航空企业许可、认可等方式，介入行政行为以产
生忍受义务有何意义呢？对此，如果适用的图式是，限制或排
除向航空企业提出的禁止请求权，那么，在此使用的手法与德
国《航空法》第 11 条的手法（该法过去准用德国《营业法》
第 26 条，现在准用《联邦污染防止法》第 14 条）以及日本公
有水面填埋许可例外采取的手法相对应。但是，在本案中，飞
机噪音这种事实行为以航空企业为媒介而归属于空港管理人
（属于其机场运营行为）[170]。因此，如果要通过形成私法关系
的许可或者计划确定决定等对禁止请求权进行限制或者排除，
适用这种图式，就必须设定可以向空港管理人主张的禁止请
求权。

　　关于这一点，判决的补充意见认为，"国营空港的设置决定

---

　　[167]　参照広岡，前揭注 113，99 頁。

　　[168]　杉本良吉『行政事件訴訟法の解説』（1963 年）9 頁，11-12 頁中出现的
"事实行为性处分"的用语就显示了这样的构想。其中可以说，"事实行为"毋宁已
经被"行政处分化"。

　　[169]　判例時報 1025 号 55 頁。

　　[170]　这与将汽车噪音、废气等事实行为归属于道路管理者的想法是相同的。
参照横浜地判 1981 年 1 月 20 日判例時報 958 号 22 頁（东京湾岸道路案）。另外，在
横田基地诉讼中，拥有飞行场管理权的主体是美国，这具有特殊性。参照東京地八
王子支判 1981 年 7 月 13 日判例時報 1008 号 19 頁。

与此具有相同的性质"。[171] 这部分大致可适用德国的相关法制图式，根据这个图式，向空港管理人提出的禁止请求权将受到计划确定决定的限制或排除。然而，这与成田新干线诉讼最高裁判决 [172] 中的"内部行为论"之间的关系仍然存在疑问。

另一方面，如前所述，该判决补充意见通过"分析性考察"或者"分解性构成"来理解"行使公权力"的概念，同时也强调"综合性考察"的重要性。它认为，"以行使航空行政权为支撑且以此为基础而存在的本案空港供用行为"本身"应当从整体上被视为行使公权力的行为，如果不服该行为，应当提起抗告诉讼"。判决的这部分内容 [173] 与多数意见相同，都是通过"综合性考察"以及"一体性构成"来把握"行使公权力"概念。从该图式来看，行使规制权限的公共团体与作为当事人的公共团体出现一体化，从其与邻近居民的关系而言，意味着运输大臣作为规制空港的管理者从幕后走向前台。德国《联邦远距离道路法》区分了计划确定机关和道路建设者，但日本现行法也这样来区分运输大臣的活动是存在问题的。具体而言，为了限制或排除对空港管理人提出的禁止请求权，需要通过介入行政行为对空港管理人进行规制，同时要保障参加程序和争讼的可能性。但是，如果从最初就采取"一体性构成"，该图式将可能蜕变为"内部行为论"。这从权利保护的观点来看，很难维持制度的整合性。

再者，需要留意的是，在根据这种概括性的"一体性构成"确定民事禁止请求不合法的情况下，通过介入行政行为课予忍受义务＝限制或排除禁止请求权这种图式进行说明甚为困难。因

---

〔171〕　判例時報 1025 号 56 頁。

〔172〕　最判 1978 年 12 月 8 日最高裁判所民事判例集 32 卷 9 号 1617 頁。

〔173〕　判例時報 1025 号 56 頁。

为倘若贯彻"行使公权力"＝通过行政行为使忍受义务具体化，那么可能导致"行使公权力的事实行为"概念包括了河川或道路工程，但广冈隆教授认为这些工程不属于"包含忍受命令的事实行为"。这个问题将在下一项结合"公共工程等之诉"进行考察。

三、民事诉讼抑或撤销诉讼的二选其一

《行政案件诉讼特例法修改纲要试案》第一次案提出的有关"公共工程等之诉"是指"请求禁止行政厅建设违法的公共用营造物工程以及其他行使行政权的行为或者请求恢复原状的诉讼"[174]。如第一款所述，这吸收了行政诉讼判决的观点，需要注意的是，这种观点是以《行政案件诉讼特例法》确立概括主义行政诉讼管辖后的状况为前提的。换言之，对于公共工程（或者基于"综合性考察"的公共事业），根据"一体性构成"将请求给付金钱之外的救济纳入行政诉讼，在这一点上是相同的，但是有关"公共工程等之诉"的观点未必与前述判决采用的扩大行政处分概念相联结。

86

　　在过去的制度下，实施公行政的事实行为不符合民事诉讼的目的，因此，只能通过行政诉讼进行救济，这是因为司法法院通常对行政案件没有裁判权。但现在的法院已非如此，其有权对行政作用的违法性问题进行审理并作出判决。
　　对于自身不属于法行为的事实行为，无须通过抗告诉讼就可以认定其违法性，并可以命令禁止工程建设、要求

〔174〕 塩崎，前揭注 116，56 頁。

恢复原状〔175〕。

然而，如第二次案所示，如果将"事实行为诉讼"定位为抗告诉讼的一种类型，那么就容易受"准行政行为的事实行为"观念所左右。"禁止公共工程或恢复原状的诉讼"是 1928 年《行政法院法修改纲领》中提出的诉讼形式，是第一次案中的"公共工程等之诉"的原型。在最近，有学说〔176〕对援引"禁止公共工程或恢复原状的诉讼"以及 1932 年《行政诉讼法案》第 10 条规定的诉讼，将事实行为从撤销诉讼的对象中排除的做法提出了重大质疑。

> 即使在旧行政裁判法时代，处分概念亦包括事实行为。然而，在现行行诉法下，为何将事实行为从处分概念中排除呢？

在笔者看来，这种观点其实体现了"民事诉讼抑或撤销诉讼的二选其一"思考样式。且可以说该观点提出了解决问题的两种途径：其一，从行为形式论的角度扩大行政行为概念，回归到该概念以前的含义，"如果对以前的概念以最为自然的语言

---

〔175〕 雄川一郎『行政争讼法』77 頁。在此，涉及司法权界限的问题。"司法权的界限论"散见于撤销诉讼及其亚种的行政处分无效等确认诉讼之外的诉讼类型。如果将该界限论与德国相关讨论相叠加，则类似于"民事诉讼的界限论"。其中的"司法"概念是适合于二战前行政法院与民事法院相分立的制度。另参照、今村成和「行政訴訟—『司法権の限界』に関する諸学説の検討」日本国憲法体系（宫沢還暦）第 6 卷 31 頁以下（1965 年），宫崎良夫「『司法権の限界』についての一考察」社会科学研究 33 卷 6 号 1 頁以下（1982 年）在引用相关文献的基础上，从不同角度进行了论述。

〔176〕 南博方『行政手続と行政処分』188-189 頁（1980 年）。另外，关于行政法院改正纲要，参照美濃部達吉『行政裁判法』第一附録 4-5 頁。关于行政诉讼法案，参照田中二郎『行政争訟の法理』471 頁（1954 年）。

进行界定，则行政行为就是行政主体的所有行为"[177]——这一解释近乎放弃了技术意义上的行政行为概念；其二，切断行政行为概念在实体法与诉讼法上的对应关系[178]。

另一方面，如前所述，有见解认为，基于"一体性构成"判断得出民事诉讼不合法，同时认为，对"整体上属于行使公权力的行为"采取抗告诉讼是合法的，这一观点未必与扩大行政处分概念相关联。因为倘若维持基于"分析性考察"或者"分解性构成"从狭义上解释《行政案件诉讼法》第 3 条第 2 款规定的"行使公权力"概念，同时从广义上解释该条第 1 款的"行使公权力"概念，广泛认可"无名抗告诉讼"的适用范围，就可以避免前述问题。不过，在这种情况下，如第二款第三点的第三种学说所示，将产生有关临时救济的解释论上的难点。另外，东京地方法院国立人行天桥案决定基于前述"一体性构成"确认了无名抗告诉讼的合法性，并展示了可以通过准用或类推适用停止执行进行临时救济的解释方法。再者，该判决采取"一体性构成"的目的在于表明"与其将其委诸行政厅自律或私法法规的规范，不如使其服从公法的规范"[179]的立场。这与德国给付行政上产生"向私法逃遁"（Flucht ins Privatrecht）问题[180]时的构想相对应。根据该构想，"若定性为私法上的争讼，将无法对行政实施公法的规范，且不能有效保护原告的权

〔177〕　„Verwaltungsakt ist jede Verrichtung der staatlichen Verwaltung." K. Kormann, System der rechtsgeschäftlichen Staatsakte, 1910, S. 13. 根据科曼的观点，G. 耶利内克采用的是这种用法。

〔178〕　例如，山村恒年「行政処分概念の再検討」判例タイムズ205 号 38－44 頁（1967 年）。

〔179〕　東京地判 1970 年 10 月 14 日行政事件裁判例集 21 巻 10 号 1189 頁。与此旨趣相同的判决，参照大分地判 1979 年 3 月 5 日行政事件裁判例集 30 巻 3 号 397 頁。

〔180〕　参照本章第一节注 57 的文献。

利"。这种构想与过去以国库说为前提的理论构想，即防止"向公法逃遁"的构想相对应，主张"不定性为民事案件，将无法有效保护原告的权利"。这两种构想正好相反。

然而，在使用基于"一体性构成"的"行使公权力"概念时，"公法规制"在观念上不能被限定于金钱赔偿的制裁[181]。其原因在于，如果将行政作用的救济方式统一限定于金钱赔偿，那么会导致"忍受并请求代偿"命题的重生，这也是国库说的产生背景。因此，在理论上，"当行政作用经法院认定为违法时，就应当接受禁止或恢复原状的制裁"，这必须成为一项原则。与此相对，限制及排除禁止或恢复原状的请求意义上的忍受义务只是例外的情形，而且需要根据。因此，笔者认为，即使从"一切法律上的争讼"扣除"纯粹的民事诉讼"后的部分不仅存在介入行政行为的忍受义务问题，也涉及法院承认不成文的忍受义务问题，这与采取"私法构成"的场合是没有区别的。

综上所述，关于禁止请求的法官的多数意见及补充意见被在第三款第一点考察的关于禁止请求与公共性关系的第三种学说构想导入，并据此寻求最佳的解决方法，根据这种构想，"公共事业由于背负保障公益的使命，需要构建使其成立且保障其活动的法制度"[182]。但是，结果却令人遗憾，其动摇了通过诉讼解决诉求的框架[183]。与此相对，少数意见认为民事禁止诉讼是合法的，主张只能选择退而求其次的解决方法。对此，将在下一项进行考察。

---

〔181〕　只是，根据法治行政原理，没有必要使附加于一般行政作用的法的规制与赋予行政行为发动这种法的特权的规制具有同一性，前者应该更加宽松一些。

〔182〕　雄川，前揭注149，论文8页。

〔183〕　另外，认可本件禁止请求属于法律上的争讼的同时，可以回避实体判断，采取一种"统治行为论"的手法。

四、法院的公共性判断

根据团藤重光法官有关禁止请求的反对意见，应当积极认可法院的法形成行为，同时在实体判断方面，法院有权确定限制或排除禁止请求权意义上的忍受义务的限度。

对于具有重要公益功能的国营枢纽空港，备受其噪音困扰的附近居民，除非达到难以忍受的程度，则应当容忍。同时，需要明确的是，提出禁止请求时的容忍限度要远高于提出损害赔偿请求时的容忍限度[184]。

其设想的是根据"公共性"加重忍受义务。团藤法官的反对意见是根据"分析性考察"来把握"行使公权力"概念，并基于"分解性构成"确认民事禁止请求的合法性，关于禁止请求与公共性的观点，可以说相比于第三款第一点考察的第一种学说，更倾向于第二种学说。

另外，中村治朗法官的反对意见是以"分析性考察"或者"分解性构成"来理解"行使公权力"的概念，在这一点上具有一贯性。

行使公权力的行为是指具有行使权力权能的主体基于优越的意思，不论相对人的意思如何，单方作出意思决定并强制相对人忍受其结果的行为[185]。

在此，他虽然强调产生忍受义务的根据是法律特别授权的

89

---

〔184〕　判例時報 1025 号 57 頁。

〔185〕　同 61 頁。

"行政行为的公定力"，但并未直接提及民事诉讼禁止合法时的实体性忍受义务的范围。

同时，主张基于"分解性构成"广泛认可"民事诉讼"范围的观点面临的难点之一是，倾向于只将纷繁复杂的行政作用中的行政行为视为行政的特殊活动。而且，为了说明行政规则和营造物管理规则等在行政过程中占有的重要意义，需要运用稍有技巧的解释，例如，对外关系是私法关系，不同于对内关系等[186]。

然而，笔者认为，在现行法的解释上，作为法院能采取的框架，妥善理解"私法构成"或者"公法上的当事人诉讼"的请求的旨趣[187]并非困难。日本不存在德国采取的各种手法，即通过的形成私法关系的许可限制或者排除禁止请求权，或者根据计划确定程序压缩消除结果请求权。因此，目前日本只能依据民事法学的框架确定实体性忍受义务的范围。因此，可以重新回到第三款第二点考察的法院立场的问题。控诉法院认可 9 点之后禁止飞行的请求，对此存在以下批判：

> 即使认可禁止夜间飞行一小时，也势必会违背大多数空港利用者的意思而认可相对少数的附近居民的主张。即使该主张本身是妥当的，也会产生司法法院是否具有这种认可权限的疑问。

---

[186] 参照今村成和「空港管理権と差止請求」ジュリスト583 号 108 頁以下（1975 年），今村成和「空港管理権と差止請求—大阪国際空港事件最高裁判決批判」ジュリスト761 号 27 頁以下，原田尚彦「大阪空港控訴審判決と権力分立論」ジュリスト605 号 64 頁（1976 年）。

[187] 阿部泰隆「空港供用行為と民事差止訴訟」自治研究 58 巻 3 号 32 頁、同・『行政救済の実効性』（1985 年），该文指出存在妥善理解有关空港供用行为抗告诉讼请求旨趣的余地。另参照原田尚彦「夜間飛行差止却下判決の論理と問題点」ジュリスト761 号 41 頁。

应当如何管理全国的航空运输活动，其最终决定权限属于保护公共利益的国会，或者受国会法律授权的行政机关[188]。

如上所述，绵贯芳源教授借鉴美国判例法进行了探讨，但其难点在于，很难认可对少数人的权利保护。从政策上判断认为，由法院确定加重实体性忍受义务的程度是不妥当的，其推论是否意味着应当放任行政活动的结果呢？假设决定加重实体性忍受义务的最终权限属于国会，在其作出这种决定前，法院应当选择的路径是，不进行加重忍受义务的"公益判断"而作出决断。另一方面，如果认可法院可以作出纯粹的公益判断，那么不论该判断的结果是认可还是驳回禁止请求，其"非讼的"或者"行政的"性质在理论上是不会发生变化的。

而后，如果认为行政机关可以行使国会的决定权，那么根据依法律行政原理会产生问题。拙见认为，通过法律特别授权的行政行为确定忍受义务的情况可以另当别论，因法院没有按照受害人的请求进行合法性审查，导致放任行政活动的后果，将此解释为不存在"法律上的争讼"是很困难的。因此，基于"一体性构成"认为民事禁止不合法时，有必要通过"行政诉讼"进行实体判断。其原因在于，倘若在此采取"分解性构成"，认为不存在行政行为，因此不能审查，这将会导致"依法律行政的原理"被矮化为"依据法律的行政行为原理"。

另外，关于加重实体性忍受义务，法院有选择的余地。在采取认可积极的法形成立场时，以"公共性"为由而加重不成文的忍受义务是以私人之间的忍受义务为基准的；其根据在于下述原则，即在强调限制基本人权属于国会权限的情况下，"在

90

[188] 绵贯芳源「差止請求の適法性」判例時報 1025 号第 8 頁（1982 年）。

与公共团体的关系上至少应当与其他私人的关系一样，给予同等的保护"。[189] 拙见认为，前者在本质上意味着需要扩大公益负担法理，从程序及被侵害利益的性质的观点来看是存在一定难点的，在解释论上，笔者更倾向于后者。

91

另外，日本现行法上不存在类似德国的构成[190]，即收缩禁止请求权＝基于课予义务诉讼的利益调整。日本只是在有关防止公用机场飞机噪音损害等法律中设定了一定的手法，例如，具有规制权限的运输大臣可以向特定的机场设置者指定[191]飞机起降时间或者促成防止噪音的设施，完善工程等。

结　语

93

本章参照德国相关法制，以"撤销诉讼的负担过重"以及"民事诉讼抑或行政诉讼的二选其一的思考样式"为视点，对"行政诉讼禁止"与"民事诉讼禁止"的关系进行了若干分析。笔者在第二节已经对大阪机场诉讼及名古屋新干线诉讼阐述了自己的见解。最后，结合与所谓"抗告诉讼的禁止功能"的关系，就今后的解释论上的课题阐述自己的感想。

---

〔189〕 BVerwG, Urt. v. 2. 11. 1973, NJW 1974, 817；BVerwG, Urt. v. 26. 3. 1976, DVBl. 1977, 285，这些都是德国联邦行政法院反复强调的部分，其可以超越法制的相异，作为原理适用于日本，也是妥当的。这个原则的例外，可以通过特别法的授权而设定，因此，从长远来看，该原则不会成为通过行政实现公益的障碍。

〔190〕 德国《营业法》第 26 条和《联邦污染防止法》第 14 条都采用了形成私法关系的许可的手法。与之相比，日本不存在这样的手法。在这样的日本法制中，以私人企业为对象的禁止请求已经产生民事诉讼负担过重的问题。不管是在建筑确认纠纷还是发电站许可纠纷，在理论上都存在民事诉讼与撤销诉讼并存的情况。参照高木光「抗告訴訟と民事差止訴訟の関係」ジュリスト905 号 62 頁（1988 年）。

〔191〕 阿部泰隆，前揭注 187，论文第 22 页以下部分论证如何活用"规制飞行时间的课予义务诉讼"。

与民事诉讼相比，在公共事业领域，"抗告诉讼的禁止功能"被认为是着眼于早期阻止实施公共事业的可能性[192]。从行为形式论的立场来看，这是一种程序性权利保护的体系功能，不是介入可以产生直接侵害的事实行为，而是在早期介入行政行为。

另外，有时也存在这种说明，即"抗告诉讼的目的是排除以行政厅的第一次判断为媒介而产生的违法状态"[193]。

在此，如果将有关诉讼标的概念的问题[194]另当别论，那么，最值得关注的是，"排除违法状态"的观念与本章的"综合性考察"是相通的。因此，与其将行政行为的法效果理解为"侵害"，不如将包括执行行政行为的事实行为等活动视为整体，将其引起的事实状态的变动理解为"侵害"[195]，并在此之上对其性质进行考察。

综上所述，"排除违法状态"的抗告诉讼观对应于在德国占主导地位的撤销诉讼观，这种撤销诉讼观的构想是市民可以对公共团体主张排除请求权（Abwehranspruch）。在这种情况下，抗告诉讼是请求禁止（或者恢复原状）的诉讼，而非请求赔偿金钱的诉讼，在这个意义上可以阐述抗告诉讼的"禁止功能"。笔者认为，这可以从以下与德国消除结果请求权法理有关的用语中得到印证：贝特尔曼的 Beseitigungsanspruch[196]（消除请求

94

---

〔192〕　参照塩野宏「国土開発」未来社会と法 173 頁（1976 年）。

〔193〕　田中二郎，前掲注 119，293-294 頁。另外，塩野宏，前掲注 192，173 頁也出现同旨趣的表达，即消除违法状态。

〔194〕　参照南博方編『注釈行政事件訴訟法』293-298 頁（村井正執筆）（1972 年）。

〔195〕　在德国，一般将 Eingriff 和 Beeinträchtigung 这两个概念分开论述。最近的文献，参照 Ulrich Ramsauer, Die faktischen Beeinträchtigungen des Eigentums, 1980。同时，参照第四章介绍部分。

〔196〕　前出引言部分注 1。

权），或者 Unterlassung（不作为或禁止）和 Beseitigung（消除或排除）相叠加后形成的 Abwehr [197]（排除或者防御），以及 Störungsbeseitigung [198]（排除妨害）和 Naturalrestitution [199]（恢复实物或者恢复原状）等。

在德国，行政诉讼的实体法构成导致违法论呈现出极其复杂的状况 [200]，虽然在日本相关问题的表现有所差异，但料想也有相同倾向。例如，如果将上述抗告诉讼观适用于公共事业，将会产生以下问题：（1）如果能在观念上认为事实行为原封不动地实现了先行行政行为 [201]，即通过行政行为的法效果将事实状态的变动正当化时，那么，可以比较明确地认为相关"侵害"是由行政行为直接引起的。在此"排除违法状态"可以适用典型的撤销诉讼的模式，即"消除行政行为的法效果＝排除公定力"。（2）在需要对事实行为作出固有的法的评价时 [202]，换言之，不能对因先行行政行为的法效果以及事实状态的变动遭受侵害的相对人课予忍受义务 [203]时（在此，忍受义务是指不认可撤销诉讼以外的超过金钱给付的救济意义上的忍受义务），关于是否存在"应予排除的违法状态"的判断反倒变成判断"哪些利益应当受到法的保护"。

如第二节的考察所述，适用"分解性构成"且可以通过前述（1）阐述的典型撤销诉讼的模式进行说明的情况是有限的。

---

〔197〕　前出第一节注 36。
〔198〕　前出第一节注 81。
〔199〕　前出第一节注 47。
〔200〕　小早川光郎「取消訴訟における実体法の観念（三）」国家学会雑誌 86 巻 9・10 号（1973 年）。
〔201〕　可以认为是强制执行＝狭义执行的典型案例。
〔202〕　在认定为事实行为的情况下，有必要进行固有的法的评价，属于部分前提。
〔203〕　后注 207。

另一方面，通过"私法构成"来涵盖其他的所有情况也存在困难。因此，需要对两个本来就不一致的判断进行巧妙的调整。其一，如上述（2）所示，在维持"分析性考察"的同时，按照上述抗告诉讼观，判断行政行为的法效果是否符合授权的根据法令；[204]其二，判断是否存在应当排除的违法状态。这里可以从以下几个方面进行应对：（a）尽可能依据行政行为的根据法令确定有关后续事实状态变动的考虑义务；（b）在介入行政行为的情况下，应当注重"损害的实际情况"[205]，灵活地进行撤销诉讼的"违法性"判断；（c）对于以行政行为为媒介产生的"违法状态"不能涵盖的部分，应当比照没有介入行政行为的情况，设想"公法上的当事人诉讼"，并注重"侵害的实际情况"，从而确立"违法性"要件。

上述（a）的手法可以说是模式（1）的修正形态，但从实质上看，它与上述（2）很相似。例如，盐野宏教授有如下论述：

> 在实施必要的公共事业时，需要变更（有时是破坏）具有宪法价值的环境。在这时，保护环境是不可或缺的行为规范，即使不存在明文规定，这也是课予公共事业施行者的一项义务。
>
> 从别的角度来说，在实施公共事业过程中的各阶段，行政厅作出没有考虑环境保护的意思决定，应当是违法的[206]。

96

这部分内容大致维持了一种观念，即违反"行为规范"就意味着行政行为存在违法性，而撤销诉讼是对此给予的制裁。不过，通过这种手法实质上导入了前述（2）的理论构想。

---

[204] 后注206。

[205] 塩野宏，前揭注192，173頁指出，关注被害的实态是民事手法的特征。

[206] 同175頁。

　　行政厅作出的有关环境影响的判断是否与通常的行政
处分一样既属于撤销诉讼的排他性管辖，又适用有关起诉
期限的规定？换言之，对因先行行政处分遭受损害的相对
人课予忍受义务时，是否只能通过抗告诉讼这种手段排除
忍受义务，这是存在疑问的[207]。

　　在此采取的（a）手法是原告通过撤销诉讼请求排除违法状
态时，使"实际损害"与"违反行为规范"相联系的方法，可
以说与（b）手法具有连续性。

　　依拙见来看，如果认为（a）手法与（b）手法具有连续性，
那么（b）手法和（c）手法也能具有连续性。毋庸置疑，为此，
有必要克服"撤销诉讼抑或民事诉讼的二选其一"的思考样式。
但实际上，对"民事诉讼"这种用语进行修正，只是完成了一
半工作而已。

　　虽然行政决定授权实施公共事业，但基于该行为的工
程与第三者（例如，居民）的关系而言，它并没有解除实
施公共事业的主体的所有责任[208]。

　　这种对"分析性考察"的强调当然也适合于前述（c）的手
法。有观点认为，"请求禁止工程开工和续行时，应当采取民事
手法"[209]，这在实质上可以解释为具有这样的志向，即扩大观
念上的"作为当事人的公共团体"的情形。在这种情况下，如
何解释什么样的利益才是受到法的保护的利益？这种判断是前
述（b）和（c）手法共通的决定因素。

97

---

[207]　同 183 頁。
[208]　同頁。
[209]　同頁。

通过梳理上述问题可以看到，今后的课题是，阐明基于保护"基本人权"及受法保护的各种利益的观点课予一般行政活动的法的规范。这时就要求从行政目的及其实现手段两方面来看"对权利利益的影响"是否被正当化，从而进行违法性判断。行政主体的行为规范可以作为违法性判断的基准。目前，这种行为规范主要有以下几种：第一，类推适用 [210] 警察比例原则或者根据《宪法》第 13 条，"限制基本人权时应当遵循必要且最小限度的原则"；第二，根据依法律行政原理或者根据《宪法》第 41 条，"除非有法律的特别授权，不能将私人不认可的行政行为这种行为形式作为行政手段"；与此相反，第三，"除非有特别的理由，行政主体必须与私人服从相同的法的规范。"

　　另外，行政行为这一行为形式可以被定位为行政根据法律的特别授权而使用的一种行政手段。虽然法律对行政行为的规范基于其特殊的功能而具有特殊的形式，但其与其他行为形式之间存在诸多共通之处，具有相对性。

　　上述整理只是一种理论尝试而已，除此之外，还留有很多课题，例如，行政行为与事实行为之外的各种行为类型的定性、行为形式论与行政手段论的分离及其关联等。今后在这些研究的基础上再作考察。

---

〔210〕　同 172 頁。

第三章

事实行为与行为形式论

引　言

一、事实行为的地位

99　　作为现代行政法学上的重要论点，有不少人指出，以"行政功能的扩大或增大这种现代行政的特征"为背景，"行政手段多样化、进而是行政的法行为形式多样化"。[1]如此，在认识到"现实的行政是通过多种多样的手段来开展的复杂过程"后，[2]以"行政行为""行政上的强制执行"为首，"行政立法""行政契约""即时强制""行政调查""行政计划""行政指导"等，作为"行为形式""行为类型""行政上的制度"或者"行政手

---

〔1〕　说得最为明确的是，塩野宏「資金交付行政の法律問題」国家学会雑誌78 卷 3・4 号 1 頁（1964 年）；成田頼明「非権力行政の法律問題」公法研究 28 号 137 頁（1966 年）。另外，也较早指出的有，雄川一郎、高柳信一编『現代の行政』（岩波講座現代法 4）10 頁、27 頁（1966 年）；室井力「現代行政と行政法の理論」公法研究 30 号 118 頁（1968 年）等。

〔2〕　借用藤田宙靖『行政法（総論）』18 頁（1980 年）的表达。"行政过程"的用词以及这种理解自身并不是那么特殊，不同的学者在"行政过程论"中带入了论战性的意味。遠藤博也「行政過程論の意義」北大法学論集 27 卷 3・4 号 227 頁（1977 年）。

段"来予以说明。[3]

正如第一章开头所述,有学者指出,从行政法理论衍变的观点来看,日本的"契约"在很长时间里是作为"继子"[4]或"私生子"而存在的,[5]日本理论受到德国理论的强烈影响,有很大一部分存在这种现象。现在,"公法契约"在德国的制定法上获得了"准正",[6]而在日本,一般认为还不能说获得了稳固的地位。[7]

笔者认为,日本的"事实行为"的地位也应可谓"收养手 100
续有疑义的养子",因为其存在状况是这样的:

第一,"事实行为"的概念在制定法上(《行政不服审查法》第2条第1款)得到采用。

第二,与第一点相对应,作为《行政案件诉讼法》第3条第2款"其他相当于行使公权力的行为"的解释问题,学说上

---

〔3〕　这些是如何分开使用,或者应该如何分开使用的,是"行为形式论""行政手段论"的重要课题。这里暂且沿用藤田宙靖的说明(前揭注2,19頁、184頁、100頁)。另外,将事实行为作为"行为形式"来说明的,塩野宏「行政指導」行政法講座6卷13頁(1966年);将行政行为、行政立法、行政强制、公法上的契约表述为"行为类型"的,成田頼明「行政指導」現代の行政132頁(1966年);对将行政指导与行政行为并列定位于"行政手段"提出质疑的,山内一夫『新行政法論考はしがき』5頁(1979年)。最近,一般是将行政指导作为一种"行政手段"来表述。参见ジュリスト741号特集『問われる行政指導』所收录的各论文。另外,荒秀『開発行政法』164-170頁、200-206頁(1975年)。"行政手段"及"行政手法"的用词,参见本章第五节第二款;高木光「行政の実効性確保の手法」神戸法学雑誌36卷2号187頁以下(1986年);小高剛「現代行政の手法」公法研究49号119頁以下(1987年)。

〔4〕　山田幸男『行政法の展開と市民法』191頁(1961年)。

〔5〕　原田尚彦「行政契約論の動向と問題点(一)」法律時報42卷1号73頁(1980年)。

〔6〕　成田頼明「行政手続の法典化の進展——一九七六年西ドイツ行政手続法について」公法の理論(田中二郎古稀記念)1645頁以下(1977年)。

〔7〕　滝沢正「フランス法における行政契約(一)」法学協会雑誌95卷4号614頁(1978年)。

在讨论"事实行为的撤销诉讼"。[8]

第三，在学说判例上，"事实行为"的概念散见于"公共土木工程"或"公共事业""即时强制""行政调查""行政上的强制执行""行政指导"等的说明中。

第四，然而，在第三点中的任何一个说明中都没有看到"事实行为"的明确定义，也看不到对其性质具有一致见解的总结性叙述。

如上所述，"事实行为"虽然被认为在行政法学上具有重要意义，但对于其具有何种含义，则未必十分清楚。

二、行政行为论负担过重的原因

在本章中，以下想要阐明"行政事实行为"与"行政行为"对置、定位于"行政的法行为形式"之一意味着什么。为此，作为考察的手段或素材，将着眼于近来德国"从行政行为论到行政的行为形式论的发展"动向及与其关联的几个"理论"或"法理"的发展。因为只有在对照中，才能有效刻画日本"事实行为论"的状况。

日本"行政事实行为"的相关讨论错综复杂，起因于什么呢？大概是因为诸多学者给"事实行为"作了不同的定义或者不作定义即展开论述。然而，学者们也在期待与"事实行为论"互为表里的"行政行为论"应当同时实现种种功能。但这些期

〔8〕 柳瀬良幹「事実行為の取消訴訟（一）（二）完」自治研究 39 巻 8 号 3-14 頁、9 号 3-14 頁（1963 年）。広岡隆「行政上の即時強制の法的構造とその取消訴訟—事実行為の取消訴訟の解明のために」法学論叢 75 巻 3 号 66-112 頁（1964 年）。今村成和「事実行為の取消訴訟」現代の行政と行政法の理論（1972 年）233-252 頁（初出 1965 年）。

待在现行法制下未必能轻易实现。于是就造成了"行政行为论的负担过重"。如此，其结果是，"行政行为论的动摇"的一种表现不外乎是"事实行为"讨论错综复杂的状况。对于造成"行政行为论的负担过重"的理由或诱因，本章想从三个方面来分析：

第一，"处分性的扩大"导致行政行为概念的"内涵稀薄化"。

第二，在"依据法律行为论的行政行为论"中，"输入"德国理论之际用词不明确。

第三，现行法制难以调和"更为有效的权利保护"要求与"理论的整合性"要求。

以上三个侧面是在对照与"事实行为"相关的德国与日本讨论之际得出的。虽然想在下文中逐一详细分析，但毫无疑问这三个侧面相互关联，而且即使在德国，不用说也可以看到在学说判例上存在关于这三个侧面种种不同的说明。对于后者来说，自然应该关注这种讨论正在分化的情形以及其种种背景因素。

三、本章的叙述顺序

本章想按照如下顺序进行叙述：

首先在第一节中想就日本和德国几个判例中呈现出的"事实行为"的相关观点进行对比，大致展示前述三个侧面的具体形象。第二节、第三节将要探讨德国"行为形式论"动向及几个"理论"或"法理"的发展，从中可以鸟瞰能以怎样的视角为思考日本问题提供参考。

其次在第二节、第三节中，首先想就德国"行政事实行为"的相关讨论对"行为形式论"所具有的意义本身进行考察。不过从本章的性质来看，探讨的中心是第一节中关注的"撤销诉

102

讼对象的扩大""行政行为抑或事实行为的二选其一""事实行为中的容忍命令""撤销诉讼抑或民事诉讼的二选其一"等观点，这些论题与"依据法律行为论的行政行为论"在现在德国行政法学上以怎样的形式表现出来。前述三个侧面以"事实行为与行政行为""向行为形式论的发展"为题分成两节来考察。其中有如第一节所示的"事实行为"种种相关路径的背景，并阐明个中法制、法理的不同。

通过第二节和第三节的探讨，概述在德国行政法学上，"事实行为"以怎样的形态在"行为形式论"中得到定位。同时要确认被视为"行政事实行为"者实际上是多种多样的，产生法的问题的局面也是多种多样的。其得出的结论是，对于将"事实行为"与"行政行为"并列并定位于"行为形式"之一，有必要予以保留；或者毋宁这样说更为妥当，即"事实行为"的重要性与"行为形式论"处于不同的层面。第四节概括之前的考察，根据事实行为与行政行为的联系的观点进行整理总结。结语的第五节将根据第二节至第四节的探讨，对第一节中看到的三个侧面再度进行探讨，希望藉此为今后日本"行政行为论"的发展奠定基础。

第一节　问题的表现——与德国的对比

第一款　作为精神作用的事实行为

一、探讨的素材

104　　在本节中，首先想以日本及德国的几个判例为素材，对于被视为"事实行为"者的处理，从"行政行为论的负担过重"

的视角进行饶有趣味的对照，进而来展示在处理法的问题之际所看到的路径或观点。

被视为"事实行为"者大体可分为着眼于"精神作用"者与着眼于"物理作用"者。在日本，前者的典型可以举出行政指导，后者的典型可以举出公共土木工程、行政上的强制执行、即时强制。

最高法院关于保险医师告诫的 1963 年 6 月 4 日判决〔9〕属于前者，最高法院关于海难原因查明裁决的 1961 年 3 月 15 日判决〔10〕属于后者。下文将留意最高法院关于东京都垃圾焚烧场设置的 1964 年 10 月 29 日判决〔11〕、东京地方法院关于国立天桥的 1970 年 10 月 14 日决定〔12〕，同时对相应的同种案件且时期上相近的德国判决进行对照。

另外，作为显示日本"行政行为论的负担过重"的素材，还想一并考察"准法律行为性行政行为"的概念以及"事实行为的撤销诉讼"的相关学说。

二、行政指导的概念

"行政指导"在学术上是用"事实行为"来说明的，因而与"即时强制""公共工程"等具有不同的性质。〔13〕然而，属于"行政指导"概念者的范围以及其与"其他事实行为"的异同，因学者而异。采取较为狭义概念的学者，例如成田赖明教授认为，行政指导以与"行政行为"相对的"非权力性"、与

105

---

〔9〕　最高裁判所民事判例集 17 卷 5 号 670 页。

〔10〕　最高裁判所民事判例集 15 卷 3 号 467 页。

〔11〕　最高裁判所民事判例集 18 卷 8 号 1809 页。

〔12〕　行政事件裁判例集 21 卷 10 号 1187 页。

〔13〕　参见塩野宏，前揭注 3，第 14 页及该处所列文献。

"法律行为"相对的"欠缺（直接的）法效果""积极诱导"为特征，可分为"以完全为满足人民需求而提供服务为内容的事实行为（例如纳税证明的发行、受委托的试验调查研究）"与"统计、宣传活动等的事实行为"。[14]

另外，山内一夫教授指出了"纯化行政指导概念"的必要性，"法令解释的指示""确认性判断的表示""说明或信息的提供"等行政指导是以"（意思的）积极性"为特征，不同于以"优位性"为特征的"行政上的期望"。[15]

从上述立场出发，与以下留意的两则判决（对保险医师的告诫、海难原因查明裁决）一起考察，就变得与"行政指导"无关了。其中的问题应该从另一种视角来把握，即如何以更为一般性的形式对作为事实行为的"精神作用"进行权利保护。

三、保险医师告诫案

与保险医师告诫案判决相关联，让人想起"撤销诉讼的对象扩大"与国家赔偿救济的关系视角。

兼子仁教授"完全从救济的必要性上"主张"形式性行政处分论"，他认为，"告诫"是"行政指导"的一种表达，[16]支持肯定撤销诉讼对象性的一、二审判决。在这一案件中，告诫是否属于"行政指导"的范畴姑且不论，最高法院也认可在名誉、信用等受到侵害的可能性时，有必要予以某种司法救济。这一案件的论争在于是否为了"更为有效的权利保护"而要求解释"作为抗告诉讼对象的行政处分"。如此，在这一案件上，

---

〔14〕 成田赖明，前揭注3，131-134页。

〔15〕 山内一夫『行政指导』11-26页（1977年）。

〔16〕 兼子仁『行政争讼法』290页（1973年）。

有观点认为，有可能通过国家赔偿的方法让消除名誉、信用侵害变得容易救济。[17]

其问题在于，撤销诉讼及国家赔偿中的要件、效果处于什么样的关系中；而这也与二者各自具有怎样的性质相关。包括这一点在内，德国联邦法院 1960 年 12 月 19 日决定[18]所表达的观点就存在很有趣的地方。这里就想在下文中从事实出发去看一看。

四、运动场石灰案

原告是运输业者，根据与乡镇联合体（Gemeinde W.，下萨克森州）合同给体育设施的建设提供必要的石灰。而乡镇联合体的建筑部主管（Amtsbaumeister）对原告提出责难，原告虚假申报了搬运的石灰总量，获取了过多对价。该责难通知了乡镇联合体的各机关及管辖运输业行会的理事，据原告主张，该责难广为人知。其中，原告为了消除被告主事的持续性名誉及业务损害，恢复自己的良好评价，请求撤销（Rücknahme）原告提供比原定更少量的石灰的主张。

一审认可了原告请求，二审驳回诉讼。上告后先由民事第三庭驳回诉讼请求。大法庭也附具其他理由，支持了适格被告是乡镇联合体的判断。

在本案中，大法庭有一个旁论。对于因"职务行为"（Amtshandlung）而造成的名誉损毁，赋予"消除请求权"（Beseitigungsanspruch）。正如本案那样，在国库领域时，成为问题的是私法上的消除请求权，在高权性（hoheitlich）领域时则是公法

---

〔17〕　塩野宏，前揭注 3，31 页注 6。

〔18〕　BGHZ 34, 99.

上的消除请求权。

　　这里要注意的是，大法庭所展示的救济方法属于与《民法》
第839条官员责任（也包括国库领域）、《基本法》第34条"职
务责任"（Amtshaftung）（国库领域除外）中侵权行为法的系列
不同的系列。

　　　　请求撤回名誉损毁主张的请求权，在理论及实务上是从
　　两个法的根据发展出来的。一是侵权行为法上的损害赔偿，
　　二是物权法上的［排除妨害请求权］（negatorisch）根据。
　　　　请求消除违法性名誉妨害（Rufstörung）的物权性请求
　　权（与侵权行为相比）只需要满足很少的要件即可获得，
　　最近的实务正在逐渐排除侵权行为上的基础根据。[19]

五、抗告诉讼与国家赔偿的功能

　　如果对比上述两则判决，针对"事实行为"的权利保护方
式有下列选项可以考虑：一是扩大抗告诉讼的对象（行政诉
讼），二是强化国家赔偿的内容（国家责任）。

　　日本的保险医师告诫案在后者不充分时，体现了前者的要
求；德国的运动场石灰案为了实现后者，展示了"侵权行为构
成"之外的"权利构成"的尝试。

　　不过，"抗告诉讼对象的扩大"及"国家赔偿内容的强化"
这两种路径，必须留意因其各自的理解而可能出现相同之处。
这一点将在第二节、第三节考察德国依据种种诉讼形态和法理
进行权利保护的相互关系时予以阐明。这里仅限于指出，如何

---

〔19〕　BGHZ 34, 103.

对照把握日本"抗告诉讼"与"国家赔偿"的关系，特别是"公权力的行使"概念在《行政案件诉讼法》与《国家赔偿法》上有不同解释，两者一方属于公法、一方属于私法。[20]

　　另外，作为侵权行为的法效果，"金钱赔偿"与"禁止"或"恢复原状"之间的关系，以所谓"公共事业的禁止"的相关讨论为开端，对种种行政法上的法理的理解具有重要意义。与德国的法理对照来看，"侵权行为构成"与"权利构成"之间的关联、侵权行为中"金钱赔偿原则"与"恢复原状原则"之间的关联是复杂的（参见本书第二章）。其中，"国家赔偿"并不限于金钱赔偿，也能及于禁止或恢复原状，如果能确认其在功能上出现与抗告诉讼的共通性，就充分了。很明显，保险医师告诫案、运动场石灰案中原告请求的"撤销"救济与"消除行政行为的法效果"这种撤销诉讼的典型功能是不同的。因而，两种路径的不同在于，是将"抗告诉讼对象的扩大"与"抗告诉讼的功能"加在一起来与"典型的撤销诉讼功能"相区别，还是维持限定了的"撤销诉讼的功能"并用其他法理来填补其界限。

六、飞机事故原因调查报告案

　　在保险医师告诫案与运动场石灰案的对照中，后者被视为"民事案件"，因而并没有浮现出有关"撤销诉讼对象的扩大"的讨论。这一点在关于海难原因查明裁决的判决与下述德国联邦行政法院1962年7月20日判决[21]的对照中体现。该飞机事故原因调查报告案的案情如下：

---

　　[20]　参见下山瑛二『国家補償法』47頁以下（1973年）。

　　[21]　BVerwGE 14, 323; DVBl. 1962, 678. 另外相关事实及原审，OVGE 16, 422（OVG Lüneburg, Zwischenurteil v. 26. 1. 1961）。

原告航空公司在坠机事故上存在两起民事诉讼，即请求保险公司支付保险金，受害人请求损害赔偿。另一方面，被告联邦航空局（Luftfahrt-Bundesamt）就事故设置了调查委员会，在1958年4月的调查报告中，将升空之际飞机操作过错当作原因。对此，原告向联邦运输部提出异议，异议送达联邦航空局后，启动了再度调查程序。然而，1959年6月的补充报告又作出了同样的判断。补充报告由被告传达给其他机关、保险公司及报社。这一案件的原告认为，身为监督机关的州的行政机关也有责任。而报告的内容将导致原告在前述两个民事诉讼中处于不利立场。

原告在行政法院提出请求：（1）撤销（Aufhebung）两份报告书；（2）撤回（Widerruf）两份报告书；（3）不将报告书交付给相关行政机关及法院以外的人，进而表示报告的内容、特别是事故责任对知道报告书内容的人、将来知道的人不具有法的拘束力。

在这一事故中，为保护原告的权利所展示的路径有如下三种：第一，撤销诉讼对象的扩大＝行政行为概念的扩大；第二，抗告诉讼对象的扩大＝"准撤销诉讼"；[22] 第三，撤销诉讼之外的公法上的争讼＝一般的给付诉讼。

原审吕内堡高等行政法院认为请求（3）与请求（1）合法，采取第三种及第二种路径。而联邦行政法院则以调查报告内容没有法的拘束力为理由否定存在行政行为；既然认可通过第三种路径提起给付（不作为）诉讼或确认诉讼，那么第二种路径

---

〔22〕 Quasianfechtungsklage，在这里出具的理由是"更为有效的权利保护"的观点。法院援用艾尔曼、弗雷勒的主张，应将撤销诉讼及课予义务诉讼扩大至因"支配从属关系"所产生的争讼，这与兼子仁教授的主张类似。Eyermann/Fröhler, VwGO Kommentar 1. Aufl. 1960, S. 165. 另参见第二节第四款第三点。

是不必要的（另外，保险医师告诫案下级审判决的路径可视为第二种"准撤销诉讼"路径）。

七、撤销诉讼=权利保护的图式

在第六点中看到的路径背景中，"民事案件"与"行政案件"的区别背后是"公法与私法的区分标准"问题，是 Anfechtungsklage 与 Aufhebungsklage * 概念的问题，这一点容后再议。其中，行政行为概念既是区分是否应赋予权利保护的标志，同时也成为区分公法与私法的标志，根据曾经存在过的这种状况，应赋予各种路径以一定的意义。

也就是说，第一种扩大行政行为概念的路径与"否定行政行为的存在就是否定权利保护"这种思考样式关系密切。本书将这种思考样式表述为"行政行为=权利保护的图式"或"撤销诉讼=权利保护的图式"。

第二种"准撤销诉讼"路径与"区分公法与私法"的"权力说（支配从属说）"关系密切。在这一意义上，与第一种路径有共通之处。但它意识到行政行为概念的"内涵稀薄化"应

110

---

* 语义上，Anfechtung 是指诉请撤销，Aufhebung 是指废除或者排除。德国联邦行政程序法中予以区分，废除不仅包括当事人诉请撤销，也包括行政机关依职权撤销和撤回，以及经由诉讼外救济途径来排除行政行为。所以，Aufhebung 是客观上对于行政行为的排除，不限于通过诉请撤销的方式（Anfechtung）进行。Anfechtungsklage 严格来说是"诉请撤销之讼"，专指公民请求法院排除（Aufhebung）行政行为的诉讼，一般译为"撤销之诉"。Aufhebungsklage 字面意思是"排除之诉"，不仅用于行政诉讼中指代 Anfechtungsklage，而且也可用于民事诉讼中，比如民事诉讼中请求撤销仲裁裁决，国内也有人翻译为撤销之诉（Aufhebungsklage）。总体上，第一个专指行政诉讼中的撤销之诉，第二个更具有一般性，不仅包括行政诉讼中的撤销之诉，还包括其他诉讼中用于撤销或者排除某种行为的诉讼。另参见本章注 102 的说明。——译者注

尽可能地避免，如此可视其为第一种路径的修正形态。笔者认为，"行政行为概念"在实体法上与诉讼法上分别使用的路径、Anfechtungsklage 的概念在广义上与狭义上分别使用的路径，与日本"行政行为"与"行政处分"的概念区分使用的路径异曲同工。

德国以 1960 年《行政法院法》的施行为转机，出现了"撤销诉讼在公法争讼中比重下降"的现象。[23] 第三种路径与此关系密切。与此并行，可以看到的是，区分公法与私法的"权力说"及行政案件诉讼中"抗告争讼"与"当事人争讼"的体系性区别的观点在衰退。

另外，正如上文所见，日本与德国在诉讼形态的关联上的不同路径的表现方式形成对照，而另一方面也可以指出，双方在海难原因查明裁决案、飞机事故调查报告案存在共通的思考样式。这就是对于"精神作用"格外明显的"行政行为抑或事实行为的二选其一"的思考样式。下文再来详细说明。

八、行政行为抑或事实行为的二选其一

"行政行为抑或事实行为的二选其一"的思考样式与"行政行为=权利保护的图式"密切相关。从"依据法律行为论的行政行为论"的侧面来看，"行政行为的法效果"不充分时，这种思考样式就显示出某种理论上的不适，颇堪玩味。

日本显示这种情况的是"准法律行为性行政行为"概念。这里就来看看。

"法律行为性行政行为"与"准法律行为性行政行为"的区别在很多行政法教材中得到采用。有人指出，有必要从根本上

〔23〕 Bachof, Über einige Entwicklungstendenzen im gegenwärtigen deutschen Verwaltungsrecht, in: Staatsbürger und Staatsgewalt (1963), Bd. Ⅱ, S. 10.

对其意义再行研讨。[24]已有很多学者有意无意地将其有用性列为问题。田中二郎博士的"准法律行为性行政行为"的范畴有"确认""公证""通知""受理"，对于就这种行政活动产生争议的案件在判例上如何处理，获得认可的是"行政处分"与"单纯事实上的作用"二选其一的思考样式。这种龃龉之处在于，"准法律行为性行政行为"的范畴在现在的德国理论中是看不到的，如此对照也颇为有趣。这一点将在第三节第二点中看到，着眼于产生这种龃龉的原因，它从作出这种分类的当初就获得认可。田中二郎博士的《行政法总论》有如下叙述：

> 　　在上述行政行为中……包括以行政厅的判断、认识、观念等精神作用的发现为要素的准法律行为性行政行为。它未必在学说上获得一般性认可……有人以准行政行为等观念来说明后者。[25]

田中二郎博士与杉村章三郎[26]、渡边宗太郎[27]两位博士不同，他部分接受美浓部博士的说明，[28]认为包括"法律行为性行政行为"与"准法律行为性行政行为"两者的行政行为概念界定妥当，其理由在于，两者"在法律上，具有大抵共通的

---

　　[24]　藤田宙靖「行政行為の分類学」自治研究 53 卷 9 号 3-22 頁（1977 年）。该论文说了此中情况。

　　[25]　田中二郎『行政法総論』272 頁（1957 年）。

　　[26]　杉村章三郎博士用行政行为对应法律行为，用准行政行为对应准法律行为。『改訂行政法要義（上）』39 頁（1948 年）。

　　[27]　渡边宗太郎博士用观念性表示行为的概念对应准法律行为。渡辺宗太郎『日本国行政法要論（上）』346 頁（1949 年）。另外，博士的行政行为是非常广义的，与观念性表示行为相对者被称为行政处分。

　　[28]　美濃部達吉『行政法撮要（上）』153 頁以下（1933 年）。其中可以看到确认、公证、通知、受理等范畴。

性质，服从同一的规范"。[29]循着这一逻辑，从"是否成为撤销诉讼的对象"这一视角来看也应予以相同处理。然而，"准法律行为性行政行为"所具有的"一定的法效果"是否达到有必要以撤销诉讼才能消除的"强度"呢？在与诉讼的关系上，笔者认为：

112

法赋予某行政作用"一定的法效果"，[30]在该"一定的法效果"中只有特殊的部分是"应由撤销诉讼消除的法效果"。[31]如此理解，则行政作用以"法效果"的有无、强弱为标准至少要分成三类。[32]在"依据法律行为论的行政行为论"中，借用"法律行为""准法律行为"和"既非法律行为又非准法律行为者"三个范畴，[33]分别作为具有不同的法律性质、服从不同的规范来使用的场合，大致可满足其要求。然而，像田中二郎博士那样使用三个范畴时，第一种与第二种就变得属于同一个范畴。如此，在这一局面中，行政作用就变成了"是否为行政行为"这种二分法。

另一方面，对于学术上所说的"准法律行为性行政行为"，在实务中可以看到的是，探讨是否要通过撤销诉讼予以权利保

---

〔29〕 田中二郎，前揭注 25，296 页注 1。

〔30〕 柳濑良幹『行政法教科書』（再訂版）87 頁（1969 年）。柳濑博士将法律行为性行政行为定位于私法上法律行为的对应，将准法律行为性行政行为定位于私法上准法律行为的对应。这四者均有"一定的固有的法律效果"。

〔31〕 例如，根据南博方「取消訴訟の対象」实务民訴講座 8 卷 26 頁（1970年），法效果的"直接性"是处分概念的重要标志，最高法院对此严格解释，因准法律行为性行政行为的法效果为"附随性效果"而否定处分性。

〔32〕 正如藤田宙靖（前揭注 24）指出的那样，行为者主体性意思的内容在多大程度上反映该行为的法效果，该行为具有怎样的法效果对相对人发挥作用，这两种观点是不同立场的问题。如此，民法的法律行为论重视前者的观点，在行政作用的分类中，则应重视后者。

〔33〕 从与前述视角的差别来看，使用这种范畴并不那么妥当。第二节以下将看到，德国行政的行为形式论中尚未充分解决因这种借用所产生的问题。

护，需要对是"行政处分"还是"非行政处分"进行二分。[34]
这时，"准法律行为性行政行为"作为一个范畴的意义几乎不复
存在。将"非处分者"称为"事实行为"时，行政作用在结果
上就变成了根据"有无处分性"进行二分。因而，如果分别使
用"行政行为"概念与"行政处分"概念，易于接受"行政行
为抑或事实行为的二选其一"思考样式的状况就可以说也存在
于此。

第二款　作为物理作用的事实行为

一、"相当于行使公权力"的事实行为

在学术上以"事实行为"来说明的，其范围多种多样。狭　114
义上的"事实行为"，例如被视为"相当于行使公权力的事实行
为"，或者"对人的身体、财产下手的行为"，[35]通常主要是着
眼于物理作用的侧面。笔者认为，在研讨"事实行为的撤销诉
讼"这种日本特有的议题时，这一点就变得清晰了；这种"事
实行为"概念的特别用法在理论上是有疑问的。进而，"相当于
行使公权力的事实行为是什么？"这种问题的立场在现在并不适
当，但为了理解"事实行为的撤销诉讼"，从"行为形式论"
的角度也难以支持广冈隆教授的观点，他提倡"将即时强制作
为实力执行的事实行为并要求予以容忍之容忍命令的合成物来

---

〔34〕　南博方编『注解行政事件诉讼法』25-29 頁（1972 年）。山村恒年「抗
告诉讼の対象となる行政処分（一）（二）」民商法雑誌58 卷 5 号 666 頁、6 号 832
頁（1968 年）。另外，最近的判例有海关通知的判决，最判 1979 年 12 月 25 日最高
裁判所民事判例集 33 卷 7 号 753 頁。

〔35〕　柳瀬良幹，前揭注 8，自治研究 39 卷 8 号 6 頁。

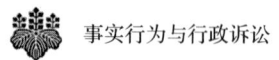

看待"。〔36〕

　　广冈隆教授认为，"事实行为" 能根据《行政案件诉讼法》作为 "相当于行使公权力的行为" 之撤销诉讼的对象，具有即时强制或应与此类似的 "含容忍命令的事实行为" 等内容，区别于河川工程、道路工程等 "单纯的物理性事实行为"。〔37〕然而，要支持这种构成，就要采纳 "合成性行政处分" 的理论，它不外乎是 "行政行为＝权利保护的图式" 的表达。因而，在承认撤销诉讼以外的权利保护的场合下，这种构成就落得个被抛弃的命运。今村成和教授的批评就可理解为触及了这一点。〔38〕在德国，近来也有人说，合成性行政处分理论已经是过去的理论，对于即时强制，有人说可以通过一般给付诉讼、确认诉讼去救济。〔39〕不过，对于即时强制，在社会学意义上 "忍受命令" 的构成并不是让人感觉那么奇怪的事情，因而，在考虑它的时候，与德国状况相对照，能说完全仅限于 "行为形式论" 的理论兴趣吗？

　　另一方面，从沿革的角度来看，〔40〕作为 "相当于行使公权力的事实行为"，学说上首先要举出的就是 "公共工程"。对此，今天也很难在社会学意义上假定其为 "忍受命令" 吗？它以其他形式在实务上也形成了极为有趣的思考样式的对照。这将在下文中探讨。

---

〔36〕　広岡隆，前揭注 8，67–68 頁。

〔37〕　同 112 頁。

〔38〕　今村成和，前揭注 8，250 頁。

〔39〕　参见第二节第三款。

〔40〕　広木重喜「事実行為に対する行政訴訟」実務民訴講座 8 巻 27–43 頁（1970 年）。

二、撤销诉讼抑或民事诉讼的二选其一

与东京都垃圾焚烧场案判决相关，"撤销诉讼抑或民事诉讼的二选其一"的思考样式浮现出来。

在这种思考样式的背景中，存在的状况是"行政案件"被大致限定为撤销诉讼，亦即"行政行为=权利保护的图式"。在这种状况下，给原告提供权利保护的路径就变成了扩大"抗告诉讼的对象"，或者扩大"民事案件"的范围，[41]并强化其内容。

在行政案件诉讼法之下，将"公共工程"视为"事实行为的撤销诉讼"对象的学者并不多见，[42]这是基于何种原因呢？

在《行政案件诉讼特例法修改纲要试拟稿》的审议过程中，有"公共工程等之诉"的提案。[43]这种观点在行政法院 1926 年判决中能看到，[44]针对河川工程的诉讼以"行政处分"含有"事实上的行政行为"为由而合法。[45]当时的有力学说对于这种路径大致都采取支持的立场，但在这种评价中有下述三个条件：[46]

116

―――――――

[41]　所谓国库理论具有这种意义。山内一夫「国庫説の歴史的発展（一）～（三）完」国家学会雑誌 55 卷 4 号、5 号、56 卷 5 号（1941、1942 年）在二战前处理这一问题。

[42]　有人指出，并不相当于行使公权力的行为，但从停止执行必要性的目的论角度有加以肯定的余地。今村成和，前揭注 8。

[43]　広木重喜，前揭注 40，31 頁。

[44]　行判 1926 年 11 月 1 日行録 37 辑 1261 頁："……该条（《河川法》第 60 条）中所谓行政处分，其法意不仅仅是作为意思表示的行政处分，还包含像本案工程这样的事实上的行政行为。"

[45]　参见第一章注 64。

[46]　岡垣学「行政庁の事実行為について」判例タイムズ 50 号 9–15 頁（1955 年）。详述了行政法院时代及行政案件诉讼特例法时代的学说判例状况。另外，塩崎勤「行政庁の事実行為と仮処分の許否」判例タイムズ 307 号 52–67 頁（1974 年）参照。

（1）在行政法院与司法法院的管辖区分之外，禁止公共事业及恢复原状的请求也不可能成为民事诉讼的目的。

（2）行政裁判事项服从于列举主义，而且仅限于"行政厅的违法处分"。

（3）在河川法、防砂法等中，就损害赔偿提起民事诉讼，以（在行政法院）确定工程的违法性为要件。[47]

上述三个条件后来均有变动，与各自的变动相应，原告的权利保护也可能有不同的路径。[48]二战后法院一元化，在行政案件诉讼特例法之下得到倡导的柳濑良干博士之（民事诉讼）说变动了第一个条件，熊野法官之（公法上权利关系诉讼）说及雄川一郎教授之说变动了第二个条件。在特例法时代，曾支持行政法院撤销诉讼路径的田中二郎博士也在之后的教科书中明言，公共工程不是撤销诉讼的对象。[49]

近来的判例动向显示，扩大"民事案件"范围、强化其内容的路径带来了法制上和理论上的困难。[50]这在第二章探讨过，在其与本章的关系上，一方面在"公法与私法"的区分中采用"权力说"，扩张"民事案件"的范围，另一方面通过"侵权行为构成"或"权利构成"广泛承认金钱赔偿以外的救济，这时与

---

〔47〕 一般而言，与可否提起行政诉讼无关，1916 年所谓德岛圆木秋千案判决以来对于非权力性行政作用、也像在国家赔偿法之下对于"权力性行政作用"那样承认金钱赔偿。大判 1916 年 6 月 1 日，民录 22 辑 1088 页。美浓部达吉『評释公法判例体系（下）』313-314 页（1933 年）。今村成和『国家補償法』45-48 页（1957 年）。但是，民法上的损害赔偿并不限定于金钱赔偿，如果基于侵权行为的请求权与所谓物权的请求权的关系成为问题，第三个条件无视与第一个条件的关联就无法考察。

〔48〕 冈垣学，前揭注 46，首先分为民事诉讼说与行政诉讼说，接着将后者分为抗告诉讼说与公法上权利关系诉讼说。哪一个学说更为有力，评价各异，也参见兼子仁『行政争訟法』268-269 页（1973 年）。

〔49〕 田中二郎『新版行政法（上）』（全訂二版）330 页注 1（1974 年）。

〔50〕 对于民事诉讼与行政诉讼的比较，详见淡路刚久ほか「研究会、公害予防訴訟（上）（下）」ジュリスト 584 号 60-88 页、585 号 96-124 页（1975 年）。

"权力说"具有相同背景的"忍受并请求代偿"（Dulde und liqui-diere）法理［前述条件（1）是其表达］的冲突是严重的问题。

参照德国联邦法院 1964 年 3 月 18 日判决，可以明确的是，"撤销诉讼抑或民事诉讼的二选其一"的思考样式与"公法与私法"的区分中"权力说"密切相关。这将在以下项中说明。

117

三、教会布施会案

教会布施会案判决[51]是德国"单纯高权行政"（Schlichte Hoheitsverwaltung）领域关于污染纠纷的重要判例。案件是召开教会布施会（Kirmesveranstaltungen）造成的噪音、恶臭的禁止之诉，一审判决否定普通法院的管辖，而控诉法院撤销一审判决，将案件发回重审。在德国，最上级审判决花费了大部分判词来讨论是行政法院管辖还是普通法院管辖的"公法与私法的区分"，从判例集来看纠纷自身的解决着墨不多。在这一案件中，也看不清原告的禁止请求是否得到认可，其与前述"忍受并请求代偿"法理是怎样的关系。[52]不过，与日本的东京都垃圾焚烧场案判决相比，其中有如下几点值得关注：

（1）与联邦行政法院形成对照，联邦法院强调，"单纯高权行政"[53]领域的行政活动也是私法上的活动。

（2）但同时在本判决中显示，在公法与私法的区分上，采用的不是权力说，而是 H. J. 沃尔夫的学说。

本判决的上述路径包含着一个矛盾：即使是"公法案件"，也承认"民事法院"管辖。德国在之后的判例果然显示出一种

---

〔51〕　BGH，Urt. v. 18. 3. 1964，BGHZ 41，264.
〔52〕　参见第二节第三款及第二章第一节。
〔53〕　详见第三节第二款第三点及第二章第一节第三款第一点。

动向，即在民事法院请求禁止是不合法的，而要在行政法院通过一般给付诉讼（不过是在没有行政行为介入时）来处理。[54]

与教会布施会判决对照来看，东京都垃圾焚烧场判决将行政过程分解为各个行为来考察，在是否采取民事诉讼的径路上，与（1）的手法具有共通之处。但在另一方面，"权力说"的衰退与"给付行政""现代行政中行政功能的扩大或增大""行政手段的多样化，进而是行政的法行为形式的多样化"等说法有共通的背景，这时就产生了新问题。在民事诉讼径路中就必然伴有一个论点，即将公共事业纠纷视为"纯然民事纠纷"是否妥当。[55]正如已经考察过的那样，[56]在探究日本的情况时还要进一步附加上"临时处分的界限"等法制上的解释难题。

四、公共事业与临时处分的排除

众所周知，有人主张日本法与德国法相比并不完备，缺乏"临时救济"。[57]在关于"禁止公共事业"的纠纷中，"临时处

---

〔54〕 Wolfgang Martens，Negatorischer Rechtsschutz im öffentlichen Recht，1973. 该书概述了判例，颇为方便。

〔55〕 雄川一郎「公共事業と環境問題管見」自治研究 50 卷 5 号 3－16 頁（1974 年）。另外，要留意用"公共工程"来把握问题的情形，与用"公共事业"来把握问题的情形在视角上稍有差异。前者容易适合"分析性考察"，后者容易适合"综合性考察"。

〔56〕 参见第二章第二节第二款第三点。

〔57〕 临时救济领域的一般文献有広岡隆『行政強制と仮の救済』（1977 年），阿部泰隆「抗告訴訟における仮救済制度の問題点（一）～（三）完」判例評論 162 号 2 頁、164 号 2 頁、165 号 2 頁（1972 年）；東条武治「行政事件における仮処分（一）～（五）完」自治研究 49 卷 1 号 13 頁、2 号 69 頁、3 号 137 頁、4 号 127 頁、5 号 117 頁（1973 年）；植村栄治「行政訴訟における仮の救済（一）～（四）完」法学協会雑誌 93 卷 7 号 1007 頁、9 号 1403 頁、11 号 1644 頁、94 卷 2 号 226 頁（1976 年、1977 年）等。

分的界限"讨论颇为受到前两项中看到的"撤销诉讼与民事诉讼的二选其一"思考样式的支配。这在国立人行天桥案中东京地方法院对申请停止执行的决定及其评价中能明显看到。

行政案件诉讼法以"抗告诉讼"为中心编成体系，"公权力的行使"应为其中的核心概念。但"公权力的行使"是什么，也未必明确。其中，在"行政厅的处分以及其他相当于行使公权力的行为"＝广义的处分＝撤销诉讼的对象的讨论、"无名抗告诉讼"范围的讨论中，是否将作出（或者不作出）"行政处分"或"行政行为"与"公权力的行使"等量齐观，很多结论是不清晰的。

这种情况在《行政案件诉讼法》第44条的解释中特别明显。首先，如果追溯到行政案件诉讼特例法时代来探讨，问题点就是清楚的。在第二点触及的对于"公共工程"的种种路径，对于临时处分就有下列不同见解：[58]

根据第一种柳濑良干博士（民事诉讼）路径，不承认行政行为的存在，适用民事诉讼法上临时处分的规定。

根据第二种熊野法官（公法上权利关系诉讼）路径及雄川一郎教授（准抗告诉讼）路径，不承认行政行为的存在，但也不能将其看作"纯然的民事诉讼"，在结论上倾向于排除临时处分。

笔者认为，后者的情形，所谓"行政处分的公权力性"是从稍有不同的角度来立论的，这一点应值得关注（参见下一点后半部分）。

在现行行政案件诉讼法之下的所谓"环境行政诉讼"中，关于停止执行或临时处分的种种下级审判例显示出多种路径。[59]其

119

---

[58]　参见塩崎勤，前揭注46。

[59]　作为实务家的整理，白井皓喜「公害訴訟における執行停止と仮処分」自治研究51卷1号27-40页（1975年）。

中，东京地方法院对国立人行天桥案的决定具有下述意义。

从目的论解释的角度看，要支持该决定需要有两个条件：（1）不能对"公共工程"作出民事诉讼法上的临时处分；（2）行政案件诉讼法上的临时救济仅限于"停止执行""行政厅的处分以及其他相当于行使公权力的行为"。其中，可以从改动上述两个条件的解释论中看到不同于该决定的路径。作为一种尝试，应当探讨第一款中也看到的"扩大撤销诉讼的对象"这种"形式性行政处分论"的一个侧面。

五、形式性行政处分论

"形式性行政处分论"有种种面向，[60]一般在志在扩大抗告诉讼对象和原告资格的学说判例上可以理解为，"某种行政决定或行政活动原本能作为行政的非权力作用来把握，但通过在形式上、技术上将其理解为行政厅'行使公权力'（《行诉法》第3条第1款）的行为，而成为抗告诉讼的对象"。[61]在用词上应当注意，"抗告诉讼"的对象在这一语境中是作为"处分的撤销之诉"（《行诉法》第3条第2款）对象的同义词来使用的。也就是说，"形式性行政处分的问题就是将行政厅的某种非权力性行政活动视为《行诉法》第3条所说的'行政厅的行使公权力'的行为，亦即处分，从而使其成为抗告诉讼的对象。行政立法、权力性事实行为、权力性内部行为等在一定情况下成为抗告诉讼的对象，两者大致在逻辑立场上是不同的问题"。[62]因为

---

[60]　室井力尝试着整理各种各样的讨论。室井力「形式的行政処分論」『公法の理論』（下Ⅰ）1727-1753 頁（1977 年）。

[61]　同第 1729 頁。

[62]　同第 1740 頁。

"抗告诉讼对象的扩大"与"处分性的扩大"是两个并行的主张。[63][64][65]

　　上述情况很大程度上取决于行政案件诉讼法对于临时救济的态度[66]。也就是说,《行政案件诉讼法》明确规定,通过停止执行赋予临时救济,但仅限于撤销诉讼与无效等确认诉讼。其诱因在于,这两种诉讼形态被认为比其他抗告诉讼更能提供"更有效的权利保护",抗告诉讼的对象及临时处分的排除同样是用"行使公权力"的语言来划定的,因而笔者认为,部分"形式性行政处分论"提倡承认原告对抗告诉讼和临时处分的选择可能性,[67]但这种解释在实务上一般不容易得到采用。

　　如果再来看作为"事实行为"的公共工程,就能看到"更有效的权利保护"的"形式性行政处分论"的目标未必约定了成果。在靠承认民事诉讼的临时处分以及本案诉讼的禁止诉讼[68]的方向就可能解决时,"形式性行政处分论"就失去了一个重要的存在意义。判例上说"相当于行使公权力的事实行为",多数

---

　　〔63〕　原田尚彦「取消訴訟の対象は『行政行為』に限られるべきか―取消訴訟と不可争力との関係」判例タイムズ205号32-37頁（1967年）;「抗告訴訟の対象について――処分性の拡大要因と縮小要因」判例タイムズ263号2-13頁（1971年）,『訴えの利益』（1973年）所収。

　　〔64〕　山村恒年「行政処分概念の再検討」判例タイムズ205号38-44頁（1967年）。

　　〔65〕　兼子仁『行政争訟法』273-287頁。最为明确地说到"处分性的扩大"。

　　〔66〕　是否应当假定所谓"法律的客观意思",这也是有疑问的。姑且从文字上假定"解释的边界",采取了正文中的表达。

　　〔67〕　兼子仁『行政争訟法』273-274頁。白井皓喜（前揭注59）认为,"并用说"是多数说。

　　〔68〕　例如,村田哲夫「横断步道橋設置決定の処分性」增刊判例タイムズ2号199頁（1976年）。他认为,民事诉讼更为直接。室井力前揭注60（1747頁）也持同一观点。另外,民事法学者一般认为,在公共事业上,根据侵权行为或者物权请求权的损害赔偿及禁止的法理也应是妥当的。作为民事法领域的参考文献,方便的是沢井裕『公害差止の法理』（日本評論社1976年）。

是在排除临时处分的语境中。[69]这时就变成说"处分性的扩大＝权利保护的限制"，就变得违反前述"形式性行政处分论"的目标。

这种状况如果与第二点看到的对行政法院判决的评价关联起来看，该判决的撤销诉讼路径与（柳濑博士的）民事诉讼路径可以说是二律背反的，因而将应同时实现两种学说目标的使命赋予"形式性行政处分论"时，就会给自身造成过重的负担。如此，前述"原告对撤销诉讼与民事诉讼的选择"这种主张自身也能看作这种"负担过重"的体现。

其中，在行政案件诉讼法之下，不同于行政案件诉讼特例法时代，民事诉讼路径会应被认为是妥当的吗？对此有必要在具体案件中探讨实际是认可禁止请求还是临时处分。[70]一般可以看到，比起撤销诉讼路径，更倾向于民事诉讼路径。不过，姑且不论民事诉讼的容许性，应当看到，能在多大范围承认当事人请求内容的问题还没有解决。这在下面的观点中得到启发。[71]原田教授针对公共事业指出"三权分立"或者"行政处分与民事诉讼"[72]的论点，同时批评"三权分立"论，他认为在"环境权"与法院功能上，撤销诉讼比民事上的禁止诉讼更适合在公共工程中发挥功能。

---

〔69〕　例如，大津地判 1965 年 9 月 22 日行政事件裁判例集 16 卷 9 号 1557 頁。

〔70〕　根据沢井裕前揭书（注 68）第二次印刷（1979 年 4 月）序言，第一次印刷后裁判例的动向多数是"停滞的"，居民的禁止请求多数被裁定或判决驳回。近来的判决有名古屋地判 1980 年 9 月 11 日判例時報 976 号 43 頁；最大判 1981 年 12 月 16 日判例時報 1025 号 45 頁（最高裁判所民事判例集 35 卷 10 号 1369 頁）。

〔71〕　大阪机场案的国家主张及其批判，原田尚彦「大阪空港事件控訴審判決と権力分立論」ジュリスト 605 号 60 頁（1976 年）；下山瑛二「行政処分と民事訴訟」法律時報 46 卷 5 号 38-39 頁（1974 年）。

〔72〕　原田尚彦「『環境権』と裁判所の役割」判例タイムズ 265 号 6 頁（1971年），『環境権と裁判』（1977 年）所収。

其中，经营公共事业、实施公共土木工程并不是"行政处分"，能否解释成不同于纯粹的民事诉讼者，必须予以探讨。首先让人想起的是行政案件诉讼特例法时代的熊野法官之（公法上权利关系诉讼）说。不过，在与排除临时处分的关系上，该说未必比撤销诉讼路径更能实现"更有效的权利保护"。[73]这一状况到行政案件诉讼法之下也是一样的。《行政案件诉讼法》第44条是"关于适用临时处分的某诉讼、例如争点诉讼等的临时处分权的限制规定"，[74]"本案诉讼是民事诉讼还是行政案件诉讼在所不问"，[75]反过来，在没有提供停止执行的诉讼类型中，则大致有实施临时处分的余地。但不可否定的是，就很难理解其"与作为行政案件诉讼法基本意图的行政案件诉讼的体系构成"[76]或"公法与私法"[77]的关系。

122

也就是说，可以确认的是，"撤销诉讼抑或民事诉讼的二选其一"的思考样式具有强大的影响力，以此为背景，就出现了前一点中看到的条件（2）（行政诉讼中临时救济仅限于停止执行的观点）。[78][79]

---

[73]　冈垣学，前揭注46，14頁；広木重喜，前揭注40，30頁。

[74]　浜秀和「行政訴訟に対する仮処分の排除」実務民訴講座8巻315-330頁。

[75]　塩野宏「無効確認訴訟における訴えの利益」実務民訴講座8巻119-120頁。

[76]　雄川一郎「行政行為の無効確認訴訟に関する若干の問題」裁判と法（菊井維大先生献呈）228頁（1967年）。

[77]　参照南博方編『注解行政事件訴訟法』361頁（1972年）。当事人诉讼中不承认停止执行，承认作为临时处分的给予支付时，有人认为，其背后的给予请求权能作私法上的请求来构成。

[78]　冈垣学，前揭注46。另外，山村恒年「抗告訴訟の対象となる行政処分（四）」民商法雑誌59巻2号44頁（1968年）将雄川一郎说归类为"公法上的权利关系诉讼"说。

[79]　在解释论的方向上，像第二章第二节第二款探讨的那样，狭义解释公权力概念，认为在当事人诉讼中以《行政案件诉讼法》第7条为媒介有适用临时处分的余地，这是适当的。

第二个让人想到的是也被称作准抗告诉讼说的雄川一郎教授的说明。雄川教授的路径不同于"撤销诉讼抑或民事诉讼的二选其一"的思考样式，比熊野法官更加倾向于排除临时处分。

> 在过去的制度下，作为公行政的事实行为并不适合民事诉讼的目的，仅能通过行政诉讼争议，这是因为司法法院对行政案件并没有一般的裁判权。而现在的法院并非如此，对于行政作用的违法性问题一般有审理裁判的权限，因而同样思考就未必妥当。也就是说，要通过抗告诉讼的程序使行政行为失去法的效力，而其他情形也可以判定行政行为的违法性，因而，对于其自身并非法行为的事实行为，不必通过抗告诉讼，也能认定其违法，命令禁止工程、恢复原状等。[80]

> 然而，如果将针对事实行为的诉讼视作纯粹的民事诉讼，其问题是，该诉讼以受公法规范的公的行政作用为直接对象，应被认为是一种公法上的诉讼。在这一点上，有一点特例法规定的适用空间，在攻击发动公权力违法上，在其性质允许的限度内应当准用抗告诉讼审理裁判的规定。也就是说，将这种诉讼理解为独特的（sui generis）公法上诉讼，是最合乎现行制度的。

其中，"发动公权力"这样的表达显示着关于"排除临时处分"根据的观点。但是，这一点也显示出它混淆了"公法与私法"区分中"权力说"与"利益说"的观点。

也就是说，无论是熊野法官的路径还是雄川教授的路径，都能在公共工程纠纷上看到不同于"纯粹的"民事诉讼的性质。

---

〔80〕 雄川一郎『行政争讼法』77 頁。

对于其特殊性，不采用将"行政处分"属性及于"事实行为"的说明，这一点值得关注。不过，在其特殊性上，两种学说在考虑什么样的东西，稍有不清。很多情形旨在考虑行政案件诉讼特例法规定与公益的关系，[81]但与"行政处分"的特殊性未必一致，因为两种学说在结论上倾向于排除临时处分，根据的却是"行政处分"的特殊性。

如此，要摆脱"撤销诉讼抑或民事诉讼的二选其一"的思考方法仍然是有困难的。因为对于"事实行为"，在解释论上区分服从于撤销诉讼的"相当于行使公权力的事实行为"与服从于民事诉讼的"单纯的事实行为"，在现行法之下一般也能得出这种解释。

其中，在"公共工程"上的这种区分是可能而且必要的吗？对此笔者是有疑问的，但先搁下不论。在判例和学说上，"相当于行使公权力的行为"与"单纯的事实行为"是类型或行政领域上的区别，"公共工程"属于后者的见解能说占据优势吗？但是，"行政行为与临时处分"乃至"三权分立"的讨论也不可无视。表明这一点的是大阪机场案最高法院判决。这里想回头去讨论在国立人行天桥案东京地方法院决定中看到的路径。

124

六、一体性构成与分解性构成

如果对比国立人行天桥案东京地方法院决定的路径与东京都垃圾焚烧场案最高法院判决的路径，就能看到"一体性构成""综合性考察"与"分解性构成""分析性考察"的对照。

"现实的行政是以多种手段来开展的复杂过程"，在这一认

---

〔81〕　雄川一郎「行政事件訴訟特例法」国家学会雑誌 62 卷 8 号 50-51 頁；雄川一郎，前揭注 55。

识之下，设想"行政厅为实现公益目的的行为，并不仅仅是通过单纯的一个公法行为来做的，而是经过不同于公法行为和私法行为等性质的多个行为组合在一起的程序发展来完成的"。[82] 在处理这种"公法行为"和"私法行为"混在的所谓复合行为时，东京都垃圾焚烧场案最高法院判决采取的方法是将其分解，根据各个组成行为的性质来处理，该判决代表过去主导性的路径。而国立人行天桥案东京地方法院决定则显示出下述观点：

> "这种复合行为作为行政厅的行政活动也是为实现本来的行政目的而作出的，有时对市民日常生活的深刻影响不亚于权力行政。""这种情况下，与其将其分解为各个行为，委诸行政厅自律或私法法规来规范，不如将其理解为行政厅的一体性行为，应使其服从于公法的规制。"[83]

在这种"一体性构成"的背景中，并不是将行政的特质视为作出"行政行为"的"法的特权"，而是着眼于整体功能的"综合性考察"。不过，这里要留意的是，该"一体性行为"的构成目标具有如下两点意义：

（1）在作为前述"撤销诉讼=权利保护的图式"的延长线上，让"停止执行"成为可能。

125

（2）更为一般性的是，确保"法治行政的原理"，避免因所谓"向私法形式逃遁"而流失。[84]

当然，并不是必须始终同时满足这两点目标。也就是说，

---

〔82〕 渡部吉隆「抗告訴訟の対象となる行政処分の範囲」行政法の争点 197 頁（1980 年）。

〔83〕 行政事件裁判例集 21 巻 10 号 1189 頁（着重号引者所加）。

〔84〕 成田頼明，前揭注 1，141 頁。其他的概述，園部逸夫「給付行政」行政法の争点 10–13 頁。

第一点与撤销诉讼在"权利保护整体中的比重"相关，而第二点则（假定能在实定法上区分公法与私法时）与比较"公法上的争讼"和"私法上的争讼"的一般理论相关。因而，如果像德国那样"撤销诉讼以外的公法上争讼"发达，第二点目标能藉此实现，就没有必要为了第二点目标而在解释论上承认"行政行为"或（广义）"行政处分"的存在。另外，也有必要注意"国库说"的意义，它与"撤销诉讼抑或民事诉讼的二选其一"的思考样式关系密切，通过扩大"民事案件"实现救济。亦即，在德国，之所以"向私法形式逃遁"现象重新成为问题，并不是因为过去那种状况导致的，即以"国库说"为前提，"作民事案件构成，对原告而言是更为有效的权利保护"，毋宁说是反过来的状况产生之后的问题，一般而言，"如果成为私法上的争讼，就不能施以公法的规制，原告就难以得到有效的权利保护"。[85]

　　被认为是"公法的规制"者，不必与对"行政行为"的法规制是同一的。因为作出行政行为是"法的特权"，其反面是，作出行政行为时对行政课予法的限制，这应该比课予一般行政作用的"法治行政原理"的法的限制更强。如此，如果认为"行政行为"这种法的系统是用于行政过程中某种限定的局面，其属性就原则上与下述事项相适应，就能确立"行政行为概念"：（1）抗告诉讼这种特殊的诉讼形态，（2）起诉期限，（3）临时处分的排除，（4）职权撤销和撤回的限制，（5）行政上的强制执行，（6）事前程序（7）行政上的不服申诉等。然而，如果从"行政行为＝权利保护的图式"中导出并扩大"行政行为概念"，相当一部分不具有刚才举出的种种属性者就有必要包含在该概念中。这就是导致"引言"中所示"行政行为论的负担过重"的

126

---

〔85〕　对于两阶段说、行政私法的意义，参见成田赖明，前揭注1，142页、154页以下。

诱因的第一个侧面，"因处分性的扩大而导致行政行为概念'内涵的稀薄化'"。

与此相对，在德国行政法学的应对中认可的路径仍然是限定行政行为概念，并强化对行政作用整体的"公法的规制"。这时，在采取"一体性构成"或"综合性考察"这一点上，与在第三点看到的教会布施会案判决形成对照，以下来看看联邦行政法院1971年判决。

七、斜坡案

在"公共事业"领域，联邦行政法院第四庭的1971年8月25日判决，[86] 是承认对"事实行为"的消除结果请求权的重要判决。该判决的定位与日本国立人行天桥案东京地方法院决定的定位两相对照，意味深长。从纠纷中类型的角度来看，要注意其与占据"公共事业"纠纷中相当一部分的污染纠纷有稍异之处（对其带有特殊性的意义在第五节第一款第四点涉及）。

案件如下：

> 原告是建有一家人用房屋的土地所有者，土地是急斜坡，从正面约30米与道路相接。该道路——到诉讼时还是尚未整备的乡村道路（Feldweg）——1964年由被告共同体建设。被告在修路时作出了一个准备性表示（vorbereitete Erkläung），因为邻接土地的需要，不向沿道者（Anlieger）全体征收建设道路的开发负担金（Erschließungsbeiträge），而代之以要求同意无偿出让土地（Landabtretung）。对此，沿道者除原告外全体表示同意，被告要求实施建设。在实

---

〔86〕 BVerwG, Urt. v. 25. 8. 1971, DVBI. 1971, 858; DöV 1971, 857.

施该措施途中，人行道设置在原告的部分土地上，这时，
斜坡平均挖掘 50 厘米。原告为保障斜坡上方居住的安全，
防止土地倾斜的缺陷，要求被告在道路上设置防护墙。被
告予以拒绝，原告遂提起诉讼。诉讼中，原告聘请了律师，
变更请求的目的，要求课予被告恢复过去的斜坡 45 度义务。

127

一审以不合法为由驳回诉讼请求。控诉驳回诉讼。控诉法
院认为，消除结果请求权仅发生于存在行政行为的场合。在上
告审中，原告不服控诉法院关于消除结果请求权的见解，此理
由能否成为上告理由，这是第一个争点。联邦行政法院第四庭
认可上告理由，认为诉讼合法。法院对于消除结果请求权与行
政行为的结合问题判决如下：

　　原告提起的消除结果请求权一般（allgemeine）打开了
通往行政法院之路。
　　消除结果请求权的发生不以违法行政行为作出、确定
前得到执行为前提。

在该案中，未经相关人同意（或者不经征收等方式）利用
土地，是"违法的""行政事实行为"，对其适用"消除结果请
求权"的法理，这是从"法治行政原理"派生出的一种"公法
的规制"。联邦行政法院判示如下：

　　对于消除结果请求权的根据所在有不同见解。但是，
尽管有见解的差异，作为原则和请求权的消除结果可追溯
到联邦宪法，对此并无争议。
　　本法庭倾向于认为，在法制上，消除结果请求权是由
自由权（Freiheitsgrundrecht）——就此在原理上不作区
分——和法律保留一起赋予的。

对于本案，也有人指出，成为问题的是该行为应理解为"高权性事实行为"还是"私法上的事实行为"。在本案这样所谓"单纯的高权行政"领域，围绕裁判管辖容易在学说判例上产生争议，这在教会布施会案中也看到了。当理解为"事实行为"时，在定性时如何区分使用"分解性构成""分析性考察"与"一体性构成""综合性考察"，会成为难题。霍夫曼-贝金[87]在评论中基于"分析性考察"指出，可以推测的是让道路建设工程自身在共同体和私企业的私法上承包合同框架内实施；而另一方面，原告主张的请求权是针对"违法的高权性事实行为"的排除请求权（Abwehranspruch），对法院的"综合性考察"结论表示赞成。

从上述状况可预想到下列问题：

（1）对于"事实行为"，是定性为"公法上的"还是"私法上的"事实行为，发生争议的可能性是很大的。

（2）进而将"行政事实行为"理解为一种"行为形式"，这也可能发生争议。[88]

小　结　行政行为论的负担过重

日本关于"行政事实行为"的讨论为什么会出现"错综复杂的状况"呢？正如迄今为止的探讨所示，与其说是因为学者给"事实行为"下不同的定义，或者不作定义就展开讨论，不如说是因为学者期待着与"事实行为论"互为表里的"行政行为论"应实现种种作用。由此导致"行政行为论的负担过重"，发生"行政行为论的动摇"，其表现之一就是"事实行为"讨

---

〔87〕　M. Hoffman-Becking, JuS 1972, 509-514.

〔88〕　对于这些问题，想在第二节以下（特别是第三节第二款）的考察之后，在第五节中再作考察。

论"错综复杂的状况"。

那么，这种"错综复杂的状况"如何整理、如何消解呢？要阐明这一点，有必要分析导致"行政行为论的负担过重"的理由和诱因，必须思考这些理由和诱因中哪一个是前提条件，反过来还要探讨在种种讨论前提中哪一个能够有用。

本章着眼于以下三个侧面：（1）因"处分性的扩大"而导致行政行为概念"内涵的稀薄化"，（2）在"依据法律行为论的行政行为论"中"输入"德国理论时用语上的不明确，（3）"更有效的权利保护"要求与"理论的整合性"要求难以调和的日本现行法制；使用了在"事实行为"上让德国与日本讨论相对照的手法。

从上文来看，上述三个侧面有怎样的关联，这是有所启发的。这里想再度总结，并从"行政法理论的课题"角度来谈一点上述三个侧面所具有的意义。

近来学界对"行政法学的对象与方法"有种种形式的讨论，[89]其中之一是关于"行政法总论"的可能性与意义。其中，笔者感到有一种一般性倾向的论调是，以"传统理论"不能应对"现代行政的课题"为例证，导出"新行政法理论"的必要性。

对于"行政法总论""行政法各论"的"体系构成"自身也受到质疑。[90]"行政行为论"被视为"行政法总论"的核心，分配给它的功能最具特征地表现出体系指向。也就是说，除了对具有种种名称的处分分别论述外，之所以用"行政行为"的概

133

---

〔89〕　遠藤博也「行政法学の方法と対象」公法の理論下Ⅰ（田中二郎古稀記念）1605-1643 頁（1977 年）。室井力「行政法学方法論」現代行政と法の支配（杉村敏正還暦）1-25 頁（1978 年）。

〔90〕　对于近来的状况，塩野宏「行政法の対象と範囲」行政法の争点 5-9 頁（1977 年）参照。

念来讨论，就是"为了体系性地认识行政作用法"。[91]其中的
"行政行为概念"是作为"行政作用＝人的行动的体系分
类"[92]的结果来把握的。[93]

由此得来的"行政行为概念"让"探究行政作用的总则性
规律"成为可能。也就是说，如果在行政作用的过程中一定的
行为被定位为行政行为，该行为的性质及对其应当有效的法的
规范，就要通过适用"行政行为论"的内容——"行政行为的
分类学""行政行为的瑕疵论""行政行为的公定力论""行政
行为的撤销与撤回论""裁量论"等考察。

让这种"行政行为论"的功能分配成为可能，即（1）行
政作用框架的横断性体系认识，（2）一般理论适用于具体行为
的法的规范的探究，这具有怎样的意义呢？

笔者关注的是"行政法学"被意识到与"民法学"在体系
上并列，亦即"行政行为论"与"法律行为论"一样，被赋予
的意义是一个学问体系的"总论中的核心部分"。

然而，这种意义不得不处于被种种外在条件歪曲的命运中，
理论构建者的内心还姑且不论。之所以如此，是因为即使说"行
政行为论"以"法律行为论"为模型，但如果从"理论的转用或
继受"角度来看，其影响也不能单纯地把握。首先，德国的行政
行为论来自德国的法律行为论，日本的行政行为论来自日本的法
律行为论这种可谓"横向的联络"，其次是日本的法律行为论来
自德国的法律行为论，日本的行政行为论来自德国的行政行为论

134

---

〔91〕　田中二郎『行政法総論』261 頁（1957 年）。杉村敏正『全訂行政法講義
総論』173 頁（1969 年）。

〔92〕　柳瀬良幹『行政法教科書（再訂版）』86-88 頁（1969 年）。柳瀬良幹
「行政行為」行政法講座 2 巻 59 頁（1964 年）。

〔93〕　对于行政行为论的这种意义，小早川光郎「行政行為」山田幸男＝市原
昌三郎＝阿部泰隆編『演習行政法（上）』135-143 頁（1979 年）。

这种可谓"纵向的联络"，进而，日本的行政行为论来自德国的法律行为论这种可谓"斜向的联络"，分别在不同时期成为问题。在"横向的联络"中，特别是"诉讼法"与"实体法"相互关系[94]的因素，在"纵向的联络"和"斜向的联络"中在其时点上各自法制差异的因素，再加上对象上社会关系性质的不同，料想"转用"或"继受"的"理论"的本来样态是受到歪曲的。[95]

　　以上推测未必容易验证，但就笔者参照的部分而言，"行政行为论"的说明与"法律行为论"说明之间有意味深长的不整合（第一款第八点中看到的"准法律行为性行政行为"概念就是一例），更为一般性地说，日本"依据法律行为论的行政行为论"不仅有德国的相应缺点，还有因"输入"德国理论时用语上不明确（或译语的不适当造成一定混乱）而造成的很大缺陷。[96]

　　在这种"理论"自身的缺点之外，从该理论与裁判实务的不整合角度来说，"行政行为论"也是批判的对象。依拙见而言，这是因为"行政行为论的展开"不能与"行政诉讼"和"行政案件"的发达和展开步调一致。"依据法律行为论的行政行为论"是所谓"实体法层面"的理论，因而并不直接与"什么是撤销诉讼对象的行政处分"这样的"诉讼法层面"的理论发生联动。山村恒年指出，"行政行为论是从法律行为论中引出来的"，因而"并没有划定抗告诉讼对象的功能"。[97]这种批评就显示了上述表达的状况。

---

　　〔94〕　小早川光郎「取消訴訟における実体法の観念（一）」国家学会雑誌 86巻 3・4 号 108-118 頁（1973 年）。参见其关于"诉讼法思考"的说明。『行政訴訟の構造分析』（1983 年）所收。

　　〔95〕　本章作为"理论"提出来的是依存于这种种因素的意义上具有极为相对意义的内容。

　　〔96〕　参见第五节第一款第一点及第一章。

　　〔97〕　山村恒年，前揭注 64，38 頁。

由此看来，日本之所以出现"行政行为论的负担过重"，是因为"行政行为论"一方面被赋予划定"是否要权利保护"或者至少"是否要更有效的权利保护"的功能，另一方面还被赋予依据民法上的法律行为论在体系上给"作为法律事实的行政作用"分类的功能。这种功能设定自身应该认为是"前见"吧。

对于第一个侧面，已如所受启示的那样，有人质疑，"为了更有效的权利保护，应当扩大撤销诉讼的对象"，这种主张能以一般的形式成立吗？即使"行政行为论"应当担负"确定撤销诉讼对象"的任务，撤销诉讼也未必始终是"更有效的权利保护"，这将在"公共工程"上作出说明。如果对"作为精神作用的事实行为"也否定撤销诉讼，至少在理论上并不是同时也否定权利保护，这在"告诫"问题上已经看到了。进而，正如对"准法律行为性行政行为"概念所作的考察那样，即使是"行政行为"，也不是撤销诉讼的对象，至少在理论上不妨碍作出这样的假定。这一点有必要慎重探讨，从沿革上来看，在列举主义之下曾有过即使是"行政行为"也不是"抗告诉讼的对象"的情况；相反在现在的概括主义之下，也能看到有人主张"撤销诉讼的对象不应限于'行政行为'"，[98]行政行为可以说未必具有与诉讼制度相关的功能。

对于第二个侧面，依据民法上法律行为论展开行政为论的必要性未必是不言自明的（正如依据法律行为论意味着什么，原本也是不明确的）。进而，虽说依据法律行为论，但正如探讨"准法律行为性行政行为"的说明所示，民法学上的分类与行政法学上的分类未必对应，存在"说明不彻底"的状况。

不论如何，笔者认为，很明显应当尽可能满足"更有效的权利保护"要求与"理论的整合性"要求。例如，"概念法学

---

〔98〕 原田尚彦，前揭注63，判例タイムズ5号36頁。

式"的表达是在批评未充分满足前者要求的理论"僵硬性";
"不那么便宜"的表达是在走向牺牲考虑后者要求的解释论。从
其背后来看,"行政行为论的负担过重"只能导出"便宜论"或
者"概念的僵硬性"中的某一个吗,这是不幸的状况。

　　如此,"行政法理论"应当如何应对呢? 遗憾的是,这是今
后的课题,从迄今为止的考察可以得到如下启发:

　　为了消解"行政行为论的负担过重",必须重新考虑对"行
政行为论"的功能分配。其中,有必要参照各自的理论背景、
法制背景,分析迄今的功能分配的意义。意识到过去理论的缺
点并尝试加以消解是任务所在,当然,作为其前提作业,分析
制约着理论的法制也具有重要意义。理论层面的缺陷当然不是
用一句"法律的不备"就可以免责的。但只要不承认、讨论解
释论具有局限性,理论的健全发展就是无望的。在本章中,笔
者认为,导致日本"行政行为论的负担过重"的第三个理由或诱
因是,日本现行法制难以调和"更有效的权利保护"要求与"理
论的整合性"要求,之所以想着眼于这一侧面,理由就在于此。

　　已如上述,"行政行为论的负担过重"的结果是产生"更有
效的权利保护"要求与"理论的整合性"要求之间的对抗关系。
但这两个要求并不是始终对立的,需要调和两者,而在一定条
件下这种调和是可能的。因而,根据以上探讨,"行政事实行
为"中讨论的"错综复杂的状况"暗示着,阻碍调和这两个要
求的"条件"在日本与在德国是以不同的形式存在的。

　　那么,与德国相比,日本的现行法制能被评价为"不完善"
或者"低劣"吗? 对此,笔者认为,无法作出一般化的回答。
诚然,本章的探讨被定位于显示德国行政法学应对"行政事实
行为"的一种可能性。但是,在其应对中,德国理论所背负的
困难,也有受德国现行法制这种"条件"规定的原因。因而,

136

137

吸收"优秀的外国法制"的"立法解决"有时只不过是将理论应予解决的困难转移到其他局面而已。

在留意以上诸点的同时，要评价本节所示的从法上把握"事实行为"的种种路径，首先就有必要探讨这些路径在德国具有何种相互关系。这是第二节以下的课题。这里想留意的是理论层面与法制层面的关联。

另外，与此相关，对于本章中判例的处理还想说明一句。

今天，无论哪一个实定法部门，判例研究都是不可或缺的工作。用"判例的状况""判例的走向"等对各种各样的判决予以定位，其重要性在"实定法学"上无疑是受到承认的。在本章中，虽然不充分，但也以"判例的状况""判例的走向"为背景，尝试着对学说和"理论"作出探讨。不过，对于德国的判决，是在与日本讨论相对照的关注之下进行分析的，其定位稍有片面之虞。因而，笔者的上述关注有学理的倾向，本章对象"行政事实行为"原本是学说上的用语，因而，分析的焦点是与学说和"理论"相合，判例毋宁说是与这些相并列的，或者是作为素材来处理的，期待今后能够补充。

第二节　事实行为与行政行为
——德国行政法学的应对之一

第一款　探讨的指针

一、行为形式论与诉讼形态论的整合性

138　　德国行政法学是如何讨论"事实行为"的呢？如本章第一节的考察所示，在日本，关于"行政上的事实行为"的探讨呈

现出"错综复杂的状况"，也存在引发"行政行为论的负担过重"问题的理由或诱因，那么，德国是否也存在这种状况呢？这是在以下部分探讨德国行政法学应对的重要视点。下述探讨将以日本的探讨状况为基点而展开，同时，为了尽可能避免武断，目前只是沿着德国行政法学的关注点追溯理论探讨的脉络。

最近，在德国行政法学上，"事实行为"问题引起了诸多学者的关注。这与其对传统行政行为论的反思相关联。从这个意义上说，其与日本的状况存在相似之处。另一方面，在德国，行政行为论被更为一般性地定位于"行政的行为形式论"，同时，其显著特点是，在理论上努力保持与权利保护的诉讼形态之间的整合性。在这一点上，日本与德国的状况稍异其趣。

在日本，导致"行政行为论的负担过重"的理由或者诱因有三个备受关注的方面，如果加以对照，可以梳理如下：

第一，在"扩大撤销诉讼的对象"方面值得关注的是，1960 年《行政法院法》实施以来，提倡通过撤销诉讼之外的诉讼形态，尤其是一般给付诉讼（allgemeine Leistungsklage）保护原告权利的解释论取得优势地位，而主张扩大撤销诉讼对象的行政行为概念的解释论呈现出倒退的趋势。

第二，在"依据法律行为论的行政行为论"方面值得关注的是，德国的学说受到民法上法律行为论的强烈影响，同时在"行政作用的体系分类"中，有一种说明是，广泛认可"行政行为"与"事实行为"之间存在"法的行为"（Rechtshandlung）这一范畴。

第三，在"更为有效的权利保护"要求与"理论整合性"要求之间的对抗关系方面，值得关注的是，为了支持上述第一种及第二种应对方法，学说和判例将"行政—市民"的关系界定为"法律关系"，并竭力确立市民享有诸多"请求权"的构

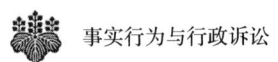

成，借此使上述两种要求互相协调并使现状得到改观（笔者将这种倾向视为"行政实体法"或确立"实体权"的路径，"消除结果请求权"法理的发展体现了这种特征）。

140 　　以上整理使德国与日本的理论状况的差异更加突出。在德国，学说上存在诸多争议，毋庸置疑，随着时间的推移，占主导地位的学说及"理论"也不断发展变化。与日本的理论探讨相对照，德国的学说论争及"理论"推移颇堪玩味。

　　在以下部分，将分两节探讨德国行政法学如何应对"事实行为"问题，同时考察这种应对的意义。

　　本节概述"行政上事实行为"涉及哪些行为，同时，探讨将"事实行为"这种表述与"不属于行政行为的行为"同义使用的原因及其批判。

　　本节阐述的"事实行为抑或行政行为的二选其一"思考样式的背景中存在着"传统行政行为论"的作用分担，下一节首先概述对这种作用分担的反思以及相关学说的应对。尔后探讨在"从行政行为论向行政的行为形式论的展开"中，是如何定位"事实行为"的，这也被视为是学说上的一种应对。

　　通过本节和下一节的阐述可以得到印证的是，德国对"事实行为"的定位与一定的要素相关联，即"撤销诉讼在权利保护中比重的降低"和"核心概念的地位已经由行政行为转变为法律关系"。由此可知，为了明确"事实行为"在行政法学上的意义，有必要概述通过撤销诉讼之外的诉讼形态寻求权利保护的状况，尤其值得注意的是，为了准确理解包括撤销诉讼在内的"公法上的争讼"，"消除结果请求权"法理是不可或缺的探讨素材。

　　本章与"事实行为"的法的处理相关联，并以此为限度阐述"消除结果请求权"法理展开的意义。在此，可以明确的是，

"事实行为"的权利保护问题与"撤销诉讼=权利保护的图式"
具有双重意义上的关联。

　　另外，在概览德国行政法学中"事实行为"存在哪些问题
后，产生的问题是，以关注"行政上的事实行为"的方式论述
问题的意义，以及探讨"行政上的事实行为的概念"及其"本
质"的意义。但是，如引言所述，通过本章可以展望，基于
"行政的行为形式论"的视点考察"事实行为"时，不得不说
难以对"行政上的事实行为"采取统一的处理。这里仅根据
"事实行为与行政行为的联结"的观点进行梳理，尔后将回归到
日本面临的问题。

141

二、克劳泽对行政行为论的批判

　　与日本相同，在德国，虽然"行政上的事实行为"概念在
很多场合使用，却没有明确的界定。但是，最近有教科书专设
一节对这个概念进行阐述[99]，这表明德国已经开始意识到"行
政上的事实行为"这一概念的重要性。不过，也存在将"事实
行为"解释为"不属于行政行为的行为"的情形，有学者对此
不满并尝试准确界定这个概念，克劳泽[100]便是其中之一。本节
将以克劳泽的有关论述为线索，探讨事实行为的定位问题，该
问题与对传统上的行政行为论的反思相关联（将在下一节第一
款进行具体探讨），因此，有必要事先概览其论述。

---

　　〔99〕　H. U. Erichsen/W. Martens（Hrsg.），Allgemeines Verwaltungsrecht，3. Aufl.
1978. 以下引用为 Erichsen/W. Martens。

　　〔100〕　Peter Krause，1936 年出生。在 Hans Friedrich Zacher 的指导下，开始研究
社会法。参照 Die Willenserklärung des Bürgers im Bereich des öffentlichen Rechts，Ver-
wArch. 61（1970），297–341。

克劳泽在 1974 年发表的教授资格论文 [101] 中，对行为形式论的意义阐述如下：

在现今的德国行政法总论中，行为形式问题占据突出地位。诸多法律问题都可以归结为行为形式的问题，或可以基于行为形式而得到解决。但是，不可否认大家都被表面的形式所迷惑。为了保护权利，行政法总论的教义将主要对象放在明确所有具有行政行为形式的行为、可撤销（anfechtbar）的行为的合法性要件及有效要件上，这时，注意力始终聚焦于有瑕疵的行为，这是由撤销诉讼 [102]（Anfechtungsklage）在行政诉讼中的支配性作用引起的。从历史沿革来看，德国是从 1946 年后才产生这种支配性作用的。

142

---

〔101〕 P. Krause, Rechtsformen des Verwaltungshandelns. Überlegungen zu einem System der Handlungsformen der Verwaltung, mit Ausnahme der Rechtsetzung, 1974（Schriften zum öffentlichen Recht, Band 229）, S. 409. 以下引用为 Krause, Rechtsformen。

〔102〕 究竟应当将 Anfechtungsklage 翻译为撤销诉讼还是抗告诉讼呢？对此无法作出一般性判断。因为诉讼类型涵盖的范围会随着诉讼类型的梳理而发生变化。再者，由于现行德国《行政法院法》将 Anfechtungsklage 与 Verpflichtungsklage（课予义务诉讼）概念相对照，因此，在此选择使用撤销诉讼（Anfechtungsklage）这一翻译。根据乌勒的观点，现行法制已经放弃了以往的对抗告诉讼事项（Anfechtungssachen）与其他公法上争讼（andere Streitigkeiten des öffentlichen Rechts）进行区别的体系（并且，撤销诉讼被定性为形成诉讼，而课予义务诉讼被界定为给付诉讼）。参照 C. H. Ule, Verwaltungsprozeßrecht, 6. Aufl.（1975）, § 5 II, § 32 II. 另一方面，在日本行政诉讼中，包括不服行政厅的不作为的诉讼以及对拒绝处分提起的"拒绝处分撤销诉讼"在观念上是为了实施权利保护时，通常将其界定为抗告诉讼（《行政案件诉讼法》第 3 条），在德国，对这种形式的诉讼的确也使用 Anfechtungsklage 进行表述。参照 Menger, System des verwaltungsgerichtlichen Rechtsschutzes, 1954；Bachof, Die verwaltungsgerichtliche Klage auf Vornahme einer Amtshandlung, 1951（2. unveränderte Aufl. 1968）。在以前法制下，两篇教授资格论文对这些诉讼与抗告诉讼（Anfechtungsklage）和撤销诉讼（Aufhebungsklage）这两个翻译语的关系有详细解释。参照雄川一郎『行政争讼法』50-57 页（1957 年）。

即使在（1960 年）《行政法院法》排除撤销诉讼的独占性后，诉讼法理论及诉讼实务也没有努力摆脱这个问题[103]。

克劳泽将这种过分关注有瑕疵的行政行为的倾向称为是"行政行动的诉权法（aktionenrechtlich）考察"的优位，并将原因归结于通过裁判实务形成德国行政法总论的传统（Tradition）[104]。同时，他指出由此产生的问题[105]：

如此，行政是适当调整利益的手段（Instrument），某法制御行政的情况并不多见。在裁判针对行政的权利保护意义上，法被消极地理解为是一种限制。

实际上，有关行为形式的诸多功能（Funktionen）大多是从裁判控制的关系中发展而来的。

诉权法考察的优位会导致两种危险情况。首先，在没有赋予市民请求权的场合，让人误以为在此开展行政活动不受法的拘束。由此，可能导致摈弃法治国家的、民主的行政控制等本质观点[106]（贝克尔、巴霍夫和鲁普等学者也强调不受法院拘束的自由不等同于不受法的拘束的自由[107]）。

再者，诉权法考察的优位的第二种危险是，通过诉讼法强行挤压（Überwucherung）实体法及行政程序法。详述之，将行政法以及行政程序法制度（Institute）的各种行为形式，强行纳入僵硬的诉讼法，使之就寝于普罗克斯泰斯（Procrustes）的铁床，同时，不是为诉讼法应当服务的任务

〔103〕　Krause, Rechtsformen, S. 102.

〔104〕　对此存在不同观点。参照塩野宏『オットー・マイヤー行政法学の構造』序文 4 頁（1962 年）。

〔105〕　Krause, Rechtsformen, S. 103.

〔106〕　ebd. S. 103-104.

〔107〕　ebd. S. 104 Anm. 10.

着想，让诉讼法灵活地适应所应当遵守的法，而是为了实现"最佳的（optimal）权利保护"的目的，对实体法及程序法进行不合理的拉伸或者裁剪[108]。

接着，克劳泽对学说上以行政行为为中心的体系化论述如下：

143　　　　　后来，法学家逐渐意识到有必要让行政法迅速具备发达的体系，成为与民法相对等（angleichen）的法，这种必要性支撑着通过行政行为的抽象概念（Abstraktionsbegriff）使行政行动体系化的倾向[109]。

　　　　然而，行政法通过类推适用（Analogie）民法的制度，就可以省略（überspringen）私法通过设定具体问题而形成抽象法制度（Rechtsinstitute）的漫长过程。民法上的法律行为不是以未细分的行为形式突然产生的，而是反映了买卖、交换、借贷、继承和收养等契约以及悬赏广告、解约通知（Kündigung）、选择、解除（Rücktritt）和撤销表示（Anfechtungserklärung）等行为本身的复杂发展过程[110]。

　　　　从形式上进行把握并不能保证可以充分解决实体上的问题。民法并不满足于确定特定场合是否存在契约关系，也未将任务限定于煞费苦心地取出形式要因（契约）的构成因素（Elemente），而是专注于契约会形成怎样的实体性法律关系问题。但是，行政法从形式的区分（Einordnung）撤退，并忽略了一个问题，即通过宣告某一行政活动是行政

---

[108]　ebd. S. 105－106.

[109]　ebd. S. 107.

[110]　ebd. S. 107－108.

行为，完全不能解决"规范"（Regelung）的内容问题。[111]

行为形式欠缺细分化（Ausdifferenzierung），其危险在于，实体法内涵（Implikationen des materiellen Rechts），尤其是具体的法律关系不是以细分化的行为形式呈现并展开，而是在"行政行为"的行为形式框架内被同时处理（mitbehandeln）。

这时，实体法内涵没有从正当评价的观点得到审视，同时，在法的形式及区分问题上也会出现错误——会基于与其没有任何关系的观点分析解决问题。因此，面临的一个重要课题是，将行为形式问题从实体问题（Sachproblemen）中解放出来（entlasten）——使实体问题从与行为形式无关的实体（Sache）中产生，即通过行为形式形成的法律关系的一般或特殊构造中产生[112]。

综上所述，克劳泽梳理了以往的行政行为论需要实现的作用，并指出应当消解行政行为论负担过重的问题。具体而言，他重视行政行为在实体法以及程序法上的功能，强调这些功能因"扩张解释行政行为概念"而受阻，并说明这种解释只重视行政行为的诉讼法上的功能——保障通过撤销诉讼进行救济的途径。那么，克劳泽对行政行为的实体法和诉讼法上的功能持有什么样的观点呢？还有，实体法上和程序法上的行政行为概念与撤销诉讼对象的行政行为概念有什么样的关系呢？以及克劳泽是如何整理其主张的"实体问题"与行政行为之间的关系呢？对于这个问题的考察是"行政上的事实行为"在"行政的行为形式论"中定位时面临的课题。在下一节将对以上问题进

144

[111]　ebd. S. 108-109.

[112]　ebd. S. 109.

行探讨，本节的课题主要是考察"行政上的事实行为"与"行政行为"的关系。

第二款　行政上的事实行为概念

一、教科书的说明

145
146
　　即便是在德国，"行政上的事实行为"概念也未必确立，并且对其性质也没有进行系统的总结和考察。不过，最近有教科书专设一节对此进行阐述。本款以此为素材，考察"行政上的事实行为"概念。

　　埃里克森和马滕斯承担编著教科书[113]的第三部分行政作用[114]（Verwaltungshandeln），该部分专设一节解释行政上的事实行为（Verwaltungs-Realakt），并将其与行政行为、计划、行政法上的契约和采取私法形式的行政活动[115]（Handeln der Verwaltung）等相并列，具体内容如下：

　　　　与行政行为及意思表示相对照，通过行政上的事实行为[116]（Verwaltungs-Realakt）［事实行动（Tathandlung）］、事实性行政活动（tatsächliches Verwaltungshandeln）和单纯

---

　　[113]　Erichsen/W. Martens.

　　[114]　Verwaltungsrechtshandeln 与 Verwaltungstätigkeit 两个术语应当分别翻译为"行政活动""行政作用"，译语差异的适当性取决于上下文。另外，美浓部博士曾经对奥托·迈耶使用的后者用"行政作用"来翻译。参照塩野宏「行政作用論」公法研究 34 号 180 頁注 1（1972 年）。

　　[115]　本章为了将 Verwaltungshandeln 与 Verwaltungshandlung 分开翻译，原则上，将 Handeln 翻译为"活动"，将 Handlung 翻译为"行动"。

　　[116]　同样，为了区分翻译 Realakt 与 Tathandlung，以及 Verwaltungsakt 与 Verwaltungshandlung，将 Akt 和 Handlung 分别翻译为"行为""行动"。

行政活动（schlichtliches Verwaltungshandeln）等表述可以概括地表达公行政主体的行动形态，其不以产生一定法效果（Rechtsfolgen）为目的[117]（final），仅直接引起事实上的结果（Erfolg）。在行政实务中，存在很多这样的事实行为，且表现为多种形式。在此，对完成内部勤务的措施（例如，制定方案、出纳和决定的准备）不进行过多考察。另一方面，对涉及行政与市民关系的事实行为值得给予更高的关注。具有这种性质的措施（Maßnahmen）可以分类为"知识表示"[118]（Wissenserklärung）和其他技术上的"业务"[119]（technische und sonstige Verrichtung）。例如，提供信息（Auskünfte）、报告（Berichte）、鉴定（Gutachten）以及行政的宣传活动（Öffentlichkeitsarbeit）都属于知识表示。而公共交通制度、公共供给设施、建设及维持行政建造物、授课、诊疗、出差（Dienstfahrten）等属于"业务"。很明显，在以社会国家为导向并得到正当化的给付行政中，上述列举的"业务"及其他多数事实上的"业务"的重要性不断增强[120]。

在霍夫曼的学位论文[121]中，也可以找到与埃里克森和马滕

---

〔117〕　这里参照了刑法学上的翻译术语，在刑法学上，die finale Handlungslehre 被翻译为"目的性行为论"。参照福田平/大塚仁訳『ハンス・ヴエルッエル目的的行為論序説』（1962 年）。

〔118〕　对于这个概念，可以参照第三款第八点，第三节第二款第八点，第五节第三款。

〔119〕　没有其他合适的译语，翻译为"业务"。但有时在"举止""经营"或"行为"的语义上使用。参照 Karl Kormann, System der rechtsgeschäftlichen Staatsakte, 1910, S. 13, S. 52。

〔120〕　Erichsen/W. Martens, S. 261.

〔121〕　M. Hoffmann, Der Abwehranspruch gegen rechtswidrige hoheitliche Realakte, 1969. 以下引用为 Hoffmann, Abwehranspruch。根据论文内容判断，Michael Hoffmann 与第一节注 87 的 Michael Hoffmann-Becking 是同一人，可能由于结婚而改姓。

斯相同的解释：

　　长期以来，虽然行政行为作为"古典的"公行政行为支配行政法的学术探讨，但是，现在越来越多的具体的[122]高权性行政活动的其他形式也成为考察的对象。W. 耶利内克使用"单纯高权行政"的表述与"高权性"[123]行政行为进行区分，并将这种行为形式与行政和市民之间缔结的行政上的契约相并列，同时，该研究也对高权性事实行为和"形成事实的"（tatsachengestaltend）行政活动进行了考察。

　　根据通常的定义，事实行为也被称为"事实行动"，从特征上看，它既可以直接产生事实上的结果（Erfolg），也可以成为某法效果（Folgen）的条件。因此，事实行为不同于法律行为的表示[124]，通常不以产生法律效果为目的。即使事实行为可以引起法效果，这种法效果与引起法效果的表示也是没有关系的[125]。

埃里克森和马滕斯的说明与霍夫曼的说明区别在于，源于W. 耶利内克的"单纯行政活动"用语与事实行为、事实行动、事实性行政活动和形成事实的行政活动等用语是同义，还是以更为宽泛的含义使用，即包括行政法上的契约。究竟哪种说明更为恰当？一方面，这可能只是兴趣的问题，另一方面，上述用语的背景中也存在伴随时代产生的"理论推移"。第二章已经分析了20世纪60年代出现的"单纯高权行政"概念的意义。

---

　　[122]　hoheitlich 在以下部分翻译为"高权的"，有时也会翻译为"权力的"。

　　[123]　obrigkeitlich 在以下部分翻译为"高权性"（日文原文为"官宪的"，与德语一样都是过去的用语，有当局、官署、权威、警察等含义——译者注）。

　　[124]　rechtsgeschäftliche Erklärung 这个翻译可能未必准确，在民法学上将 Rechts-geschäft, Willenserklärung 分别翻译为"法律行为""意思表示"。

　　[125]　Hoffmann, Abwehranspruch, S. 15.

在此，对该概念产生之前的状况进行考察（另外，也可参照下一节第二款第三和第四点）。

二、耶利内克的说明

众所周知，W. 耶利内克认为，只有在例外情况下才认可公法上的契约或者行政上的契约，并且他为了说明官员任命行为等而使用了双方行政行为的概念。同时，他认为在公法契约中双方当事人的意思表示处于对等关系，与此不同，在双方行政行为中，国家和私人的意思表示处于不对等关系[126]。另外，他对"单纯高权行政"论述如下：

在行政体系中，只要国家或其他公权力主体发动固有权力，就应当称为高权（obrigkeitlich）行政。在高权行政中，公权力相对于个人具有优越性（Überordnung）。148

这种权力手段就是行政行为，其比私人意思表示拥有更大效力（Wirkungskraft），有时会具有强力的有形权力[127]。

虽然以否定句界定某个概念是很麻烦的事情，但在此只能将"单纯高权行政"定义为非高权性的公行政。有的学者称之为"利益社会的行政"或者"社会行政"[128]——在这种行政中，国家不再高高在上，也不涉及国库问题——由于"利益行政"概念的多义性以及"社会的"这个用语

---

[126]　Walter Jellinek，Verwaltungsrecht，3. Aufl. 1931. 以下部分简化引用为 Jellinek，Verwaltungsrecht。

[127]　ebd. S. 21.

[128]　参照 Georg Jellinek，Allgemein Staatslehre，3. Aufl. 1921（1960），S. 622。在论文中，将 obrigkeitliche 与 soziale Tätigkeit 以及 herrschaftlich 与 gesellschaftlich 进行了比较。

的特殊含义而容易招致误解[129]。

国家或者乡镇联合体为了公共福祉，不动用固有权力而能实施活动的根据有很多性质。有些活动原本不需要与市民接触，或者未必需要与市民产生联系，可以由国家或者乡镇联合体实施。建筑以及技术领域的"业务"（Verrichtung）就属于这种情况。

与发动国家权力相比，更容易达到目的时，才使用其他不具有高权性质的各种措施。

例如，可以对土地所有人单方课予警察上的义务以实施驱除蝮蛇的行为，但现在通过驱除蝮蛇的条数确定赏金的方式就能产生更好的效果。

再者，单纯高权行政常常具有辅助高权行政的作用。即使制定了道路警察法（Straßenpolizeiordnung），仍会发生交通事故。因此，警察可以通过口头或者书面形式实施教导（Belehrung）活动，例如，可以向学校发放交通规则手册等[130]。

149　　综上所述，W. 耶利内克的观点没有完全厘清"单纯高权行政"概念与行政法上契约之间的关系。例如，对驱除蝮蛇的奖赏性质[131]就存在这种问题，根据他有关公法契约的观点，将此视为契约是有疑问的。

---

　　〔129〕　Jellinek，Verwaltungsrecht，S. 21~22.

　　〔130〕　ebd. S. 22.

　　〔131〕　由此想到了法国的泰里耶（Terrier）判决，参照山田幸男『行政法の展開と市民法』289 頁（1961 年）。

三、租税指导手册案件

可以认为，引用中出现的发放交通手册相当于埃里克森和马滕斯所称的宣传活动（Öffentlichkeitsarbeit），在裁判上存在争议的发放租税指导手册（Steuerfibel）的行为与此相类似。

柏林高等法院 1956 年 9 月 18 日判决[132] 的案情如下：

> 申请人是销售所得税法解释手册的经营者，15 年来在每个纳税期都对手册进行了修订。然而，1955 年后，联邦财政部制作并低价发放租税手册。因此，申请人的营业活动遭受重创。申请人认为，联邦无视成本低价销售租税手册的行为构成不正当竞争，于是，以联邦为被申请人，请求禁止低价发放手册的行为（临时处分）。地方法院认可上述申请，被申请人提出控诉，控诉法院认可控诉请求，同时认为上述申请禁止发放行为不合法。

法院的判决理由具体如下：

> 发放租税手册的行为不是真正的高权行政措施。因为该行为无论是从基础还是样态上，都不是以行政厅与市民间的优位劣位关系为前提的。但是，制作及发放租税手册的行为属于受国家保护（Fürsorge）的单纯高权行政，因此，不受普通法院的管辖。
> 这种法的判断与发放行为是否是依据民法规定作出没有关系。

---

[132] KG, Urt. v. 18. 9. 1956, NJW1957, 1076.

150　　　　决定因素是争议中的措施是否在功能上（funktionell）
属于高权行政，而不是表现形式[133]。

关于这个判决有几种评释[134]，学说上如何定位"单纯高
权行政"或者"单纯行政活动"以及其与"事实行为"概念
之间的关系引人关注。在以下部分将详细考察鲁普和加姆的
学说。

四、鲁普的见解

鲁普在1958年发表的杂志论文[135]中提及了上述判决，但
并没有将行政法上的契约问题纳入视野。该文考察惯例意义上
通过什么样的诉讼形式消除不属于行政行为的国家行动或请求
其不作为才是适当的。

　　　根据拙见，基于立法、判例及法理论，将撤销诉讼推
到行政诉讼的前面，在这种情况下，毋庸置疑的是，即使
某一学者推崇类推适用撤销诉讼，通常对这种行政活动是
无法提供权利保护的。因为高权性行政机关（hoheitliche
Stelle）的单纯行政作用（schlichtverwaltende Tätigkeit），即
单纯"行政活动"（Verwaltungshandeln），是不能产生法效
果的（auf Rechtsfolgen gerichtet）决定，换言之，不能对这

---

[133]　S. 1077.

[134]　Hans Schneider, Anmerkung, NJW1957, 1076-1077, 除此之外，参照后注
135 及 140。

[135]　H. H. Rupp, Die Beseitigungs und Unterlassungsklage gegen Träger der
öffentlichen Gewalt, Eine Untersuchung zur prozeßrechtlichen Behandlung des schlichten
Verwaltungshandelns, insbesondere im Bereich der staatlichen Daseinsvorsorge, DVBl.
1958, 113-120.

种决定采取撤销程序这样的手段。如果用民法的表达来说，大部分"行政活动"表现为以事实行为为内容的措施（Maßnahmen mit Realaktsgehalt），也就是说，该措施一旦被作出，即使通过判决也无法撤销[136]。

如上所述，鲁普在论文中通过对比行政行为，论述了"单纯行政活动"，这大概与论文的目的有关。该论文的目的是对判决所采纳并被联邦普通法院用来区别公法和私法的权力说（Subjektionstheorie）提出质疑[137]。因此，通过这篇论文，无法获知鲁普是如何考虑"单纯行政活动"与"行政法上的契约"之间的关系。

151

然而，在鲁普近来的论文[138]中，对行政法上的契约与单纯高权性行政活动作出了如下区分：

> 行政选择公法上的行为形式的问题，并不是仅在行政行为与行政契约两者之间进行选择，也存在其他维度的选择。众所周知，作为行政法上的制度（Institut），行政行为基于高权（kraft Hoheitsrechts）而具有存续力（Bestandskraft）和可执行性。它与"单纯高权性行政活动"，即不同于行政契约的其他行为形式相区别[139]。

---

[136]　S. 117.

[137]　S. 113-115.

[138]　Rupp, Formenfreiheit der Verwaltung und Rechtsschutz, in: Verwaltungsrecht zwischen Freiheit, Teilhabe und Bindung（1978），S. 539-550.

[139]　S. 548.

五、加姆的观点

鲁普认为，加姆是"推崇类推适用撤销诉讼"的学者。加姆在论文[140]中以同一高等法院的判决为例，论述如下：

> 学说及判例并没有对"单纯行政活动"作出积极界定，这与存在于两个概念界线的诸多制度（Institutionen）一样，除了例示性列举外，只进行消极的区分。换言之，将没有介入高权性活动或者私法活动领域的行政作用概括为"单纯行政活动"。而且，在这种情况下不容忽视的是，"单纯行政活动"处于高权性活动的前一阶段（Vorstufe）。只有在高权性处置（发布行政行为）前达到浓密化（verdichten）时，才存在单纯行政作用[141]。

加姆也将行政法上契约的问题置于考察范围之外，他结合行政行为，论述"单纯行政活动"。与鲁普的观点不同，他认为，即使是单纯高权性活动，只要产生了权利侵害，就可以向行政法院请求撤销[142][143]。

152

再者，加姆将"单纯行政活动"和"行政行为"的关系与非诉案件中"准备性处分"和"实体决定"之间的关系并行考虑。暂且不论这种理解的妥当性，他将编集及发放手册的行为放在整个税务行政中进行考察，这一点与判决的理由部分有共

---

[140]　v. Gamm, Das Verwaltungshandeln und Rechtsweg, NJW1957, 1055–1057.

[141]　S. 1057.

[142]　S. 1056.

[143]　但是，加姆认为在这个案例中，租税手册的作成和发放不属于单纯行政活动，并以此为由反对判决的观点（修兰达持有相同观点）。S. 1057.

通之处。如第一章所述，这种"综合"考察的方法并不适合于
重视行政行为单方性的权力说。关于这一点，将在后文（第三
节第二款）中通过探讨"单纯高权行政"概念与"行为形式"
的关系进行明确。根据此前的考察可知，"单纯高权行政"概念
的轮廓不明确与公法上契约或行政法上契约的争论呈现出错综
复杂的状况有一定的联系。同时，可以认为，这是由于对公法
和私法的区别以及应当如何认识"行政行为的单方性"等基本
问题的认识不一致引起的。"高权的"（hoheitlich）以及"权力
性"（obrigkeitlich）等语言存在多种用法[144]，霍夫曼认为，使
用"高权的"这一修饰词表明有关行政活动的问题应当依照公
法而非私法进行判断[145]，这种用法与 W. 耶利内克及 H. J. 沃
尔夫相共通[146]。因此，如马尔曼[147]和胡贝尔[148]所述，如果
不是只有发布行政行为才被称为高权性行政活动，并对"行政
行为的单方性"使用"高权性"（obrigkeitlich）的修饰词，那
么，作为非权力的高权性行政，"单纯高权行政"或者"单纯行
政活动"包括"公法上的契约"或者"行政法上的契约"。

　　起初"单纯行政活动"被消极地界定为"不属于行政行为
的活动"，可以说，最近设想着以"既不是行政行为又不是契

---

　　[144]　参照 VVDStRL 19（1961），S. 165-281. Schranken nicht hoheitlicher Verwal-
tung，以及成田頼明「非権力行政の法律問題」公法研究 28 号 137-165 頁（1966
年）。

　　[145]　Hoffmann, Abwehranspruch, S. 15.

　　[146]　ebd. S. 15 Anm. 1.

　　[147]　参照 W. Mallmann, Schranken nicht hoheitlicher Verwaltung, VVDStRL 19
（1961），S. 165-207。马尔曼以最狭义使用"高权的"这一形容词，因此，霍夫曼
（前揭注 146）并非很正确。

　　[148]　参照 E. R. Huber, Wirtschaftsverwaltungsrecht, 2. Aufl. Bd. I, S. 51-55（1954）。
胡贝尔对 W. 耶利内克的用语方法提出质疑。

约"的形式进行界定的情况比较多[149]。

六、归纳

153　　通过以上考察可知，即使在德国，也未必对行政上的事实行为作出了明确定位。

　　首先，在第一点考察的埃里克森和马滕斯的说明中，与行政行为以及意思表示（Willenserklärung）进行对照，界定事实行为，且从第三点可知，将事实行为表述为"单纯行政活动"时，只是与行政行为进行对照。

　　其次，在第二点考察了耶利内克的"单纯高权行政"（schlichte Hoheitsverwaltung）概念，但耶利内克并没有明确这个概念与"契约"这种"行为形式"之间的关系。同时，从第三点，尤其是加姆的主张可知，在"租税指导手册案件"中，将"单纯行政活动"与行政行为从观念上视为相同层级的行为是否适宜是需要保留的问题。

　　另外，对照行政行为界定事实行为的思路与前述克劳泽的"诉权法考察"存在密切关联。换言之，在分析某个行政作用"是否属于撤销诉讼的对象"时，首先需要搞清楚该行政作用属于"行政行为"还是"非行政行为"。

----

　　[149]　这与"单纯性高权行政""单纯行政活动"和"单纯行政行动"在不同层面使用是相关联的。具体而言，在"行为形式"层面，会谈及"单纯行政行动"这个用语，并将其与契约相区别（霍夫曼）。与此相对，"单纯高权行政"不是行为形式，而是表述"行政目的"的概念，通常其与生存照顾（Daseinsvorsorge）这一用语并列使用。另外，单纯行政活动这个用语介于上述两个用语之间，例如，通常，鲁普在"行为形式"层面使用它。参照 Rupp（Anm. 37）DVBl. 1958, 113–120 及 P. Badura, Daseinsvorsorge als Verwaltungszweck der Leistungsverwaltung, DÖV 1966, 624–633。

七、克劳泽的批判

事实行为被解释为是"非行政行为"或者"既非行政行为也非意思表示"的行为，这种界定的共同特征表现在，只是将事实行为消极界定为不属于行政行为（意思表示）的活动，而没有积极描述事实行为概念的性质。关于这一点，鲁普提出的"具有事实行为内容（Realaktsgehalt）的措施"值得关注。同时，克劳泽对事实行为的消极界定进行批判时也使用了相同的表述。首先，他对学说上的"履行行为"（Erfüllungsgeschäft）以及"履行行动"（Erfüllungshandlung）的说明，批判如下[150]：　154

> 即使认为行政越来越受到义务的拘束，并存在将所有行政的行动视为履行公义务的倾向，但是至今，并未将行政行动作为履行行动纳入视野。同时，有时甚至可以看到有关行政的履行行动的阐述互相矛盾。有些学者将履行行动界定为给付确定后实施的事实行为（科曼[151]、沃尔夫[152]等），而有些学者持有不同见解，认为履行行动可以使义务消灭，所以不属于事实行为（特迈[153]）。即使暂且不讨论"没有法效果的事实行为"概念是否明确，对于可以成为行政法上义务的对象的各种行政活动，履行义务就会成为问

---

〔150〕　Krause, Rechtsformen, S. 52-53.

〔151〕　克劳泽的这个引用是不恰当的。理由在于，在他引用的部分，科曼的确阐述了履行义务的事实行为，但是，科曼指出在一般形式上，提出履行或者偿付属于法律行为、准法律行为还是事实行为的问题是不妥当的。参照 Kormann,（Anm. 21）S. 121。

〔152〕　Krause, Rechtsformen, S. 53 Anm. 22.

〔153〕　ebd. S. 53 Anm. 23.

题。因此，毋宁说问题在于，履行行政活动是否附加性地依照特定形态的行动形式并具备实施履行的特殊要素[154]。

接着，克劳泽阐述了行政活动的如下特征[155]：

不同于制定规范和裁判，行政没有被限定于创造有规范效力的规范行为（Regelungen）。裁判以及立法活动在准备阶段有时不是为了作出决定，而是以产生其他效果为目的[156]。与此不同，行政则是在无法期待市民实现（Erfüllung）国家意思的情况下的实体性执行（reale Exekution[157]）。行政的行为形式范围已经超越了向导行为以及决定行为，这同样适用于给付行政和侵害行政。再者，按照文义，行政不仅存在于非实体性的法的世界，而且活跃在事物互相冲撞的实体性领域[158]。

---

[154] ebd. S. 53.

[155] ebd. S. 54-55.

[156] 在 S. 54 Anm. 34 引用的贾科梅蒂的有关说明的内容如下："在立法以及裁判中，意思（Wollen）通常极具支配性，事实性活动（faktisches Handeln）只不过是意思的准备，是为了达成目的的手段而已。另一方面，事实性行政活动具有第一次性的意义，它可以确定行政的本质。因此，实质性行政与其他两个国家作用相比，更加动态。" Z. Giacometti, Allgemeine Lehre des rechtsstaatlichen verwaltungsrechts, 1960, S. 54.

[157] 在 S. 55 Anm. 35 部分并列引用了贾科梅蒂和弗莱纳的观点。在引用弗莱纳的部分，没有出现"实体执行"的表述。其内容与下述行政观相对应："行政的生命要素（Lebenselement）是活动，通过积极介入，直接产生一定的实质性成果。" Fleiner, Institutionen, S. 7. 这种行政观通过着眼于"行动"或者"活动"的侧面，确立行政不同于立法及司法的特征。但这种观点未必是新出现的观点，可从克劳泽到弗莱纳再追溯到拉邦德。如此理解的意义需要结合历史性观点进行探讨，本章正是以这样的行政观为前提进行考察的。另外，参照塩野宏『オットー・マイヤー行政法学の構造』349-377 頁（行政概念的回转、行动的行政概念）（1962 年），鵜飼信成『行政法の歴史的展開』8-80 頁（行政概念的现实性功能）（1952 年）。

[158] 在这篇文章之后，克劳泽的论文引用了拉邦德的阐述。

八、"规范"与"履行"

以上述行政观为背景，克劳泽认为仅仅从"规范"（Rege-lung）的角度来考察"行政活动"是不充分的。如此，事实行为的消极定义与有关"规范"和"履行"的观点一起受到批判。

155

  事实行为或者"单纯行政活动"时常被纯粹地消极记述，实际上不存在这种活动，即以某种形式直接介入实在的状态（Realität）同时没有间接地对其施加影响。"形成事实的行政行动"这种表述完全没有阐明本质特性，因为所有的规范行为（Regelung）都以现实的行动（Agieren）为前提，且包括现实的行动。尽管如此，如果这种规范行为不能被视为事实行为，是因为该规范行为具有某种特殊构造不能仅仅被看作事实行为。这也可以用来判断事实行为与其他行为类型的区别。通常认为，事实行为并非基于这一点而显得突出，即通过其使用的"实体的"（real）这一修饰语被推测具有的特殊性，而是由于其与特殊的行为类型相比，没有呈现出特殊构造而显得很特别。这种"事实行为"概念是为了表述行政活动中没有被区别的各种现象，属于一种欠缺特性的集合概念（Sammelbegriff）。其与行为形式论中有关行政行为概念的说明的收缩相关联。换言之，在这种情况下，行为形式论偏向于粗略作出"是否属于行政行为"的二选其一的判断，如此，将陷入互相定义的循环，将行政行为界定为非事实行为，又将事实行为界定为

非行政行为 [159]。

九、与法律行为论的联结

综上所述，克劳泽着眼于"是否属于撤销诉讼对象"的观点，对"行政行为抑或事实行为的二选其一"的思考样式进行批判之后，又参照民法学上的法律行为论，对这种思考样式进行了批判 [160]。

将事实行为定义（鲁普 [161]）为不以产生法效果为目的的措施，是错误的。因为根据这个定义，所有的履行行动均不能被视为事实行为，从行政或多或少要遵守法律命令的原则来看，实际上，这会导致事实行为丧失发挥功用（funktional）的余地。同时，有的学者尝试从事实行为概念中有目的地排除有关"规范"意义上的法效果的行为，这种消极定义（霍夫曼、弗卢梅 [162]）也是错误的。其原因在于：首先，根据这个定义，事实行为概念包括不以产生法效果为目的，以狭义的准法律行为（Rechtshandlung）形式存在的所有行为。其次，即使某事实行为的作出可以与法律行为的表示相联结，这种事实行为仍然具有事实行为固有的功能。换言之，将某一行为积极定性为事实行为与将其和"规范"等相区别是互不排斥的。

在民法学的要物契约（Realvertrag）中，交付标的物的"事

---

[159]　Krause, Rechtsformen, S. 55-56.

[160]　ebd. S. 56.

[161]　ebd. S. 56 Anm. 42.

[162]　ebd. S. 56 Anm. 44.

实行为"被解释为是"法律行为"的组成部分。引用的最后部分是以这种解释为念而展开的（参照本章第三节第三款第六点）。

如上所述，克劳泽对事实行为的消极定义提出了质疑。与此同时，他基于事实行为与行政的特质之间的关系，对事实行为的法的问题进行了如下论述：

> 对事实活动（Realhandeln）而言，即使不考虑它的法效果，只要属于纯粹事实性的、在法上是重要的关注对象，就是行政的活动（Handeln der Verwaltung）。因行政活动而直接产生的实在变动（Wirklichkeitsveränderung），呈现出极其特殊的问题。这种实在变动不能通过判决被撤销，但并非不能引起权利变动（Rechtsveränderung）。实在变动必须通过反向的实在变动恢复原状[163]。

有必要慎重探讨这样界定事实行为的意义，对此，有观点认为，基于"规范"以及"行政行为的法效果"的视角是无法充分解决事实行为的法的问题。这种主张很有说服力。

第一节考察的"行政行为论的负担过重"是因通过"行政行为"概念的操作，谋求解决克劳泽提出的"实在变动引起的特殊问题"而产生的。

下一个课题是探讨"事实行为向行政行为的转化（Umdeutung）[164]"现象，这种现象是学说和判例所采取的的手法，或者是这种手法的结果。

157

---

[163]　ebd. S. 57.

[164]　ebd. S. 343, C. F. Menger, DÖV 1955, 591.

第三款 事实行为中的忍受命令

一、合成性行政处分理论

160

161

从"规范"的角度出发，站在谋求解决有关"事实行为"的法的问题的立场，在观念上倾向于将"行政行为抑或事实行为的二选其一"问题与有无权利保护相关联。换言之，属于撤销诉讼的对象就意味着同时被赋予了权利保护的手段，或者至少可以说，能够提供更为有效的权利保护。本书通过"行政行为=权利保护的图式"或者"撤销诉讼=权利保护的图式"来阐述这种观点。

"行政行为=权利保护的图式"的影响力依存于"撤销诉讼在整个权利保护措施中的比重"，根据这个模式探讨事实行为的法的问题时，遇到的问题之一是，克劳泽提出的"警告及其他事实行动（Tathandlung）"中的忍受命令（Duldungsbefehl [165]）构成。

根据他的主张，这种构成是在"事实上的结果中（tatsächliche Folgen），没有从法的角度充分尝试掌握一目了然的行为（Tat）"时产生的一种尝试，即"为了保障最小限度的法的规制，将行动（Handlung）解释为决定（Entscheidung）"[166]。具体而言，《普鲁士警察行政法》第 44 条第 1 款第 3 句 [167] 的规定是这种尝

---

〔165〕 Krause, Rechtsformen, S. 58.

〔166〕 ebd. S. 57- 58.

〔167〕 （preußisches）Polizeiverwaltungsgesetz v. 1. Juni 1931. § 44 （1） Polizeiliche Verfügungen können mündlich, schriftlich oder durch Zeichen erlassen werden. *Die unmittelbare Ausführung* einer polizeichen Maßnahme *seht* dem Erlaß einer polizeichen Verfügungen *gleich.*

试的例证之一。根据该规定，直接实施警察措施等同于"发布警察处分"。因此，这种立法（1931 年）继承了普鲁士高等法院提出的"合成性行政处分理论"。

二、事实性质的行政行为理论

上述判例及立法是学说上主张"扩大撤销诉讼对象"论的佐证。例如，根据耶利内克的忍受命令基准，不仅行政强制等有形的事实行为，而且警告这种无形的事实行为都应当成为撤销诉讼的对象。

有必要对具有事实性质的行政行为（Verwaltungsakte tatsählicher Art）做进一步说明，它既可以是作为有形活动（körperliche Betätigung）的侵害市民权利的行为，也可以是赋予市民利益的行为交付人命救助功劳勋章等。在法上，重要的是侵害（Eingriff）行为。显而易见，强制带走酗酒的人或卖淫妇女，约束保护具有危险的大众指导者，驱逐不受欢迎的外国人，强制接种，强制医疗，强制驱虫，强行进入住宅、私人土地上的作业和啤酒瓶栓的封印等行为都属于上述事实性侵害。在主张违法性时，行政官厅的忍受命令使相对人甘愿承受隐藏于侵害中的事实性侵害，并使这些侵害成为可以适用规范的行政法院的撤销程序的行政行为。

例如，警察官厅向特定商人作出有关营业政策的警告，这是具有侵害名誉性质的告诫，因该告诫中的忍受命令而成为行政行为，可以由相关人在行政法院请求撤销[168]。

---

[168] Jellinek, Verwaltungsrecht, S. 258.

如上所述，W. 耶利内克通过"忍受命令"将事实行为"转化"为行政行为，在此，通过"撤销诉讼＝权利保护的图式"导入"目的论解释"的特征很明显。在此前引用（第二款第二点）的有关"单纯高权行政"的阐述中，他将"权力性高权行使"和"单纯的高权行使"的区别与官吏法上官吏和雇员（Angestellte）的区别问题、职务责任（Amtshaftung）问题相并列，同时指出，这与相关行为是否属于行政法院撤销对象的问题相关联[169]。换言之，原则上，提供信息（Auskunft）、督促（Mahnung）以及委托（Ersuchen）等属于"单纯的高权行使"，不是撤销诉讼的对象。他指出，以下情况属于例外：

> 在否定权力性质时，慎重是必不可少的。根据法律的明确规定或者法治国家的考虑，适才列举的行为也需要服从撤销程序[170]。
>
> 被警告人能否对警告（Warnung）提出撤销请求呢？或者说，被警告人可否提起撤销诉讼？例如，在警察关于 A 实施的银行交易向公众发出警告的案件中，联邦最高法院认为，如果认为 A 以国家为被告提起的诉讼与以任何私人为被告提起的诉讼（民事诉讼）相同，那么，在这种情况下，即使不认可行政法院的撤销权，权利保护的观念也是充分保障的。不过，更确切地说，对 A 的警告中存在对 A 的命令，基于这种命令迫使 A 容忍并接受对其作出的警告。在判例上，将警察强制进入住宅的行为解释为忍受命令，并属于行政裁判程序中的撤销对象。这与上述警告的情况

163

---

[169]　ebd. S. 23.

[170]　ebd. S. 23-24.

是完全相同的[171]。

三、忍受命令构成的难点

对于上述"撤销诉讼 = 权利保护的图式"导入的"目的论解释"，有人批判其牺牲了"理论的整合性"。对此，克劳泽阐述如下[172]：

> 根据规范性观点可以将事实行为等同于"规范"行为，如果不想使其附带事实行为的法的意义（rechtliche Relevanz），就不应该对此有任何不满。然而，在强制施加实体性影响（reale Wirkung）因素或者将实体性影响理解为法效果的情况下，将这种事实行动解释为"规范"行为是错误的。
>
> 有的学者（W. 耶利内克等[173]）从警告或者其他事实行动中，牵强地读出（hineinlesen）忍受命令，并认为还应当对忍受命令欠缺告知的情况以及在实行时完全没有产生效力的情况进行充分检视。只有对不在现场的相对人实施介入（einschreiten）行为时，这种问题才会显现。再者，在对在场的当事人进行即时执行（sofortiger Vollzug）的情况下，只有在执行后，才能获知发生了什么，或者说才知晓应当容忍什么。

关于"告知"等问题，将在之后结合"行政行为的功能"（第三节第一款第五点）进行阐述，值得关注的是，除基于上述

---

[171]　ebd. S. 24.

[172]　Krause, Rechtsformen, S. 58.

[173]　ebd. S. 58 Anm. 53.

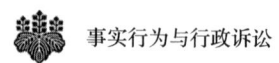

"理论的整合性"要求进行批判外，也存在根据"更为有效的权利保护"要求进行的批判。

164

　　将直接执行视为忍受命令进行处理有悖于许多学者的观点，而且绝不会更有益于权利保护。换言之，在许多情况下都认为，行政行为因执行而"处理完成"（ist „erledigt"）。另外，对利害关系人（Betroffene）而言，相比于除去忍受命令，执行结果或者继续执行的问题更为重要[174]。

如此，克劳泽指出了在撤销诉讼之前已经处理完结的行政行为的权利保护问题，[175]与此相关联，他在消除结果请求权之后接着谈及"对行政行为的权利保护"和"对事实行为的权利保护"之间的关系。值得注意的重要事实是，对"事实行为中的忍受命令"构成的评价依存于"撤销诉讼之外的权利保护"状况。具体而言，克劳泽的这种评价有两个前提，一是可以通过撤销诉讼之外的其他方式对被侵害人进行救济，二是如果采取这种忍受命令构成，行政行为的存续力（Bestandskraft）或者不可争性可能妨碍结果的消除或者执行的排除。

　　通常，执行行为的正面意义是微乎其微的，相关人请求撤销的对象是使执行行为正当化的高权性决定。然而，这并不意味着需要走弯路，即在相关人直接对执行行为提出异议之前，仍然需要提出撤销忍受义务的请求[176]。

---

　　〔174〕　ebd. S. 59.

　　〔175〕　参照 E. Schober, Anfechtungsklage und erledigter Verwaltungsakt, DÖV 1966, 552-554 以及 BVerwG, Urt. v. 9.2.1967, BVerwGE 26, 161, L. Renck, Jus 1970, 113-118（评释）。

　　〔176〕　Krause, Rechtsformen, S. 59.

四、撤销诉讼之外的权利保护

如上所述，对于"事实行为中的忍受命令"构成的评价依存于"撤销诉讼之外的权利保护"状况，这表明对具体纠纷的评价也可能是不同的。"撤销诉讼之外的权利保护"具体能提供怎样的保护，对此无法给出一般性的回答。

不过，在理论上，"事实行为中的忍受命令"构成不限于前述行政强制及警告，可能包括一般的物理或者精神作用的活动。在这种情况下，"公共工程"或者"公共设施"排污纠纷中的"忍受并请求代偿"（Dulde und liquidiere）的命题属于前者；而一般的"信息"（Auskunft，Information）则属于后者。在类型上，两者分别对应于埃里克森和马滕斯所作的"业务"（Verrichtung）及"知识表示"（Wissenserklärung）的分类。

然而，如第一节所述，采取"忍受命令"构成的场合不是一般情况，而是特定情况。首先，这取决于一定的背景，即社会学意义上的"忍受命令"在观念上是否易于被接受？笔者认为，如果认可这种背景，则可以更好地理解将即时强制定位为"行政上的强制执行"的亚种的法构成。

其次，从法的角度看，即时强制和行政上强制执行的确具有类似的性质。即便不能将这两种行为都视为"执行行政行为"的事实行为，也可以将即时强制从制度上定位为有别于单纯社会学意义上的"物理性强制"的活动。

在消除结果请求权法理的展开中，概述"对行政行为的权利保护"和"对事实行为的权利保护"之间的关系是有所裨益的，因为"行政行为与事实行为的联结"的视点有助于理解"即时强制"以及"行政上的强制执行"的构造，这个视点的

165

启示就来自上述两种权利保护之间的关系（关于其与禁止公共工程的关系，参照第二章第一节）。

五、巴霍夫的消除结果请求权

下文将简要考察有关事实行为的权利保护意识的转变。具体而言，起初，在消除结果请求权法理的展开中，对事实行为的权利保护是为了补充对行政行为的权利保护制度，但在后来的法理展开中，随着实体法上基础的变化，前者与后者呈现出并驾齐驱的状况。对事实行为的权利保护法理体现了事实行为的权利保护问题与"撤销诉讼=权利保护的图式"双重意义上的关联，以及"事实行为与行政行为的联结"的视点对诉讼形态问题的重要意义。

消除结果请求权（Folgenbeseitigungsanspruch）是在第二次世界大战后的20世纪50年代初期，随着实务的需要，由巴霍夫创设并随着理论及实务的发展而逐渐扩张、提炼而成的一项独立的请求权制度（Anspruchsinstitut）[177][178]。

从对事实行为的权利保护和对行政行为的权利保护的关系来看，消除结果请求权法理的发展耐人寻味。具体而言，消除结果请求权被有意识地限定于补充以撤销诉讼为主的权利保护体系；而且，在制定法上，有关"消除结果"的内容都存在于有关撤销诉讼的规定中。

---

〔177〕 Fritz Ossenbühl, Staatshaftungsrecht, 2. Aufl. 1978, S. 193. 以下部分引用为 Ossenbühl, StHR。

〔178〕 Wolfgang Martens, Negatorischer Rechtsschutz im öffentlichen Recht. dargestellt anhand der gerichtlichen Praxis zum Unterlassungs- und Beseitigungsanspruch gegen hoheitliche Realakte 1973,（Materialien zum öffentlichen Recht 7）S. 12. 以下部分引用为 W. Martens, Negatorischer。

1960 年《行政法院法》第 113 条第 1 款第 1~3 句规定如下：

（1）因行政行为违法，使原告遭受权利侵害时，法院应撤销该行政行为，存在复议决定的，一并撤销复议决定。（2）行政行为已经执行的，法院可以根据当事人的申请，宣告行政机关应当恢复原状的事项及其方法。（3）在行政机关可以恢复原状且具备作出判决的成熟条件时，才能作出宣告。

该款第 2 句及第 3 句规定被认为是以"消除执行结果请求权"（Vollzugsfolgenbeseitigungsanspruch）为理论前提的。"消除执行结果请求权"是请求法院对已经执行的行政行为的结果进行复原（Rückgängigmachung）的请求权。它是对高权性（公法上的）权利侵害的对抗性请求权（Reaktionsanspruch）的一种，是逐渐发展而来的消除结果请求权（Folgenbeseitigungsanspruch）的出发点或者"古典"形态[179]。

下面要说明的"古典的"事例是住宅强制划拨案件：

行政机关将 X 的住宅强制划拨给某避难人，并且避难人搬了进去。其后，行政法院基于 X 提起的撤销诉讼请求，以划拨处分违法为由予以撤销。那么，在这种情况下，X 能否请求行政机关腾空住宅[180]？

巴霍夫在 1951 年发表的教授资格论文中[181]，首次对这个

---

[179] Ossenbühl, StHR, S. 191；W. Martens, Negatorischer, S. 7；Gunter Schwertfeger, Öffentliches Recht in der Fallbearbeitung, 3. Aufl. 1976，（Jus – Schriftenreihe Heft 5），S. 100–101.

[180] Schwertfeger,（Anm. 81）S. 100.

[181] Bachof, Vornahmeklage,（Anm. 4）.

问题进行了深入探讨，在该论文中，他基于实务上的需要提出问题。

> 笔者从 1947 年担任法官以来，不断对著作中设定的问题深入探究[182]。

巴霍夫在第二版（1968 年）序文中，回顾了当时学问尚未开拓领域的研究，同时阐述如下：

> 起初课予义务诉讼是根据法律规定而导入的制度，就要件和效果而言，是完全不成形的法制度。从现状来看，消除结果请求权是法律上完全不存在的制度，只是在判例及学说上，出现了发展的端倪，并被发现而已[183]。
>
> 读者期待笔者在著作中阐述现在对该问题持有的立场。笔者认为，对第一个论题的课予义务诉讼不应担忧。因为在著作中详述的很多问题以及作为立法论而提出的建议都在之后的法律中得到规定。
>
> 消除结果请求权的情况却并不相同。虽然之后的法律对消除结果请求权也作了些许规定（《行政法院法》第 113 条第 1 款第 2 句以及第 3 句等），但这并不意味着没有必要对这种请求权进行详细规定[184]。

168

从上述论述可知，"消除结果请求权"是以"消除执行结果请求权"为出发点的。并且，巴霍夫设定的问题是，有关"事实行为"的权利保护是对"行政行为"的权利保护的补充。换

---

[182] Bachof, Vornahmeklage, Vorwort zur 2. Auflage, VI.

[183] ebd. VI.

[184] ebd. VIII.

言之，巴霍夫着眼于"行政行为的确定前执行"以及"通过判决撤销行政行为"等情况，其考虑如下：

> 然而，尽管起诉原则上可以产生停止执行的效力，但在一定的情况下，在这种具有行政力的行为产生行政行为的形式确定力之前，行政机关已经具有执行的权限。因此，撤销已经执行完毕的行政行为，将会发生什么样的事态呢？假设行政机关已经执行完违法的行政行为，在这种情况下，如果行政机关认为可以通过形式性撤销解决案件并悠然自得，那么，这与法治国家的理念是完全不相符的[185]。

在前述"古典"案例中，对住宅所有人而言，仅凭行政撤销诉讼撤销划拨住宅的处分是远远不够的，为了对因行政违法行为遭受侵害的市民提供有效的（Effectiv）权利保护，还应当对接受住宅划拨的避难人作出腾空的命令（Exmittierung）。换言之，有效的权利保护不仅要损毁行政机关的命令，还应当还原该命令的事实性执行（realer Vollzug）[186]。

巴霍夫考察了以"（不当得利）返还请求权（Erstattunganspruch）"的形式呈现的消除结果请求权的情况[187]后，提出了下述引人关注的观点，为还原执行提供了依据：

> 即使在没有产生上述返还请求权的情况下，大多数学说和判例都认可利害关系人享有请求行政机关恢复（Wiederherstellung）合法状态的权利。在这种情况下，学说以及判例通常引入以下考虑，即包含命令及禁止的行政行为及

169

---

[185]　ebd. S. 98.

[186]　Ossenbühl, StHR, S. 191.

[187]　Bachof, Vornahmeklage, S. 98-106.

其执行可以视为是一个事实性的、法的统一体，执行也即
"事实行为"（Realakt）只不过是将含有命令或者禁止的
"形式行为"（Formalakt）向事实的世界进行转换（Umset-
zung in die Wirklichkeit）而已。因此，形式性行为的撤销与
以消除被撤销行为的结果为实质内容的事实行为的"撤销"
存在逻辑上的必然联系[188]。

如此，巴霍夫的理论基础在于，认可基于撤销诉讼的权利
保护，却不对"执行行政行为的事实行为"提供权利保护，是
不符合逻辑的。

另外，在消除结果请求权的基础上，巴霍夫提及了权利保
护有效性视点以及行政的合法律性原则。由于在当时仅有这些
还不够充分，所以他援用了民事诉讼上的有关规定。在这种基
础中，他将判决的确定前执行与行政行为的确定前执行相提并
论，这成为强调消除结果请求权中的"消除执行结果请求权"
的特殊性立场的源流。但同时，对此也存在强烈的批判。随着
此后判例法理的展开，巴霍夫自身也寻求在一般情况下确立消
除结果请求权的基础。

六、贝特尔曼的消除结果请求权

如上所述，可以说"消除（执行）结果请求权"设想的是
"事实行为"作为"执行行政行为"的形式而呈现的场合。然
而，随着学说和判例的发展，消除结果请求权已经不限于"消
除执行结果"这种情况，其法理得到了进一步发展，即将其纳
入概括性的不作为以及消除请求权（Unterlassungs－und Beseiti-

---

[188] ebd. S. 106-107.

gungsanspruch）中，或者细分为各种请求权〔189〕。

笔者认为，在这种过程中，对事实行为的权利保护与对行政行为的权利保护的关系受到关注，不是出于"消除执行结果"中存在的前者对后者的补充，而是前者与后者相并列。

消除结果请求权，以民法上的不作为和消除之诉（Unterlassungs-und Beseitigungsansklage）的判例法理、公法上的自由权理论以及沃尔夫的法原则论为基础〔190〕，并且，其要件及效果通常以《民法》第 1004 条，即以"物权请求权"为范本而确定〔191〕。可以说贝特尔曼的观点对该理论的发展产生了重大影响。他将撤销诉讼视为请求实现"消除请求权"（Beseitigungsanspruch）的诉讼，这为并行考虑对行政行为的权利保护与对事实行为的权利保护奠定了基础。下面将以魏奥特尔的解释〔192〕为线索，与巴霍夫的理论相比较，以简要考察贝特尔曼观点的特征。

　　《基本法》第 19 条第 4 款第 1 句确认的事项（这个规定不能为消除结果请求权提供基础）同样适用于行政裁判上的概括主义，对此不必赘述。然而，消除结果请求权与行政裁判上权利保护的关系不限于这些。除此之外，有必

　　〔189〕　参照 Bachof, Vornahmeklage, Vorwort XVI. Hans Heinrich Rupp, Grundfragen der heutigen Verwaltungsrechtslehre. Verwaltungsnorm und Verwaltungsrechtsverhältnis 1965, S. 173 Anm. 216。

　　〔190〕　参照 Ossenbühl, StHR, S. 193-195 以及 Thomas Rösslein, Der Folgenbeseitigungsanspruch 1968。

　　〔191〕　Ossenbühl, StHR, S. 196-202. 不同的学说有 M. 霍夫曼的立场。参照前揭注 121。

　　〔192〕　Verhandlungen des 47. DJT 1968, Bd. I（Gutachten）, Teil B 1968, F. Weyreuther, S. B13-187, Bd. II（Sizungsberichte）Teil L, 1969, S. 17-145, „Empfiehlt es sich, die Folgen rechtswidrigen hoheitlichen Verwaltungshandelns gesetzlich zu regeln "（Folgenbeseitigung, Fogenentschädigung）. 以下部分引用为 Weyreuther, Gutachten。

要对撤销诉讼（Anfechtungsklage）进行独立的详细考察，理由很简单，因为撤销诉讼本身就是一种请求消除的诉讼。同时，撤销诉讼也是实现请求权（anspruchserfüllend）的形成诉讼。诉讼类型的整理是基于程序经济（Verfahrensökonomie），而不是直接由实体本身决定的〔193〕。

魏奥特尔指出，撤销诉讼是寻求消除结果的诉讼。在教义学方面，这种理解与采取撤销诉讼的"主观诉讼"构成、持有"撤销诉讼的实体法观念"的学者具有一定的共通性，对此已经介绍过〔194〕。笔者认为，贝特尔曼的撤销诉讼观鲜明地体现了这种立场，此后的判例学说也认可这种观点的优位性。

再者，需要注意的是，根据贝特尔曼的解释（Deutung），消除结果请求权与行政行为撤销请求权的关系始终在发生变化〔195〕。换言之，根据贝特尔曼的概括性"消除请求权"（Beseitigungsanspruch）的观念〔196〕，消除请求权不只是请求消除行政行为的执行结果，也包括撤销行政行为本身，他对此论述如下：

> 严格地说，这里存在的问题是，不是消除结果（Folgen-Beseitigung），而是消除行政违法活动给原告造成的持续性权利侵害，借此恢复到该行为发生前的状态（Zustand）。换言之，消除的不是违法活动产生的结果，即违法行为产生

---

〔193〕 Weyreuther, Gutachten, S. 46.

〔194〕 小早川光郎「取消訴訟における実体法上の観念（一）～（四）完」国家学会雑誌68巻3・4号59-118頁。7・8号1-63頁、9・10号54-90頁、11・12号30-87頁（1973年），小早川光郎『行政訴訟の構造分析』（1983年）所収。

〔195〕 Weyreuther, Gutachten, S. 66.

〔196〕 Karl August Bettermann, Zur Lehre vom Folgenbeseitigungsanspruch, DÖV 1955, 528-536.

的损害，而是应当消除违法性状态本身。

在此，恢复原有状态，即恢复到损害前的状态（restitutio in integrum），不是以消除结果即损害赔偿的方式，而是根据排除妨害（Störungsbeseitigung）的法理进行主张。因此，在排除妨害时，不需要还原或者已经不能还原时，物权性（negatorische）还原请求权将消灭[197]。

上述贝特尔曼主张的"消除请求权"与巴霍夫提出的"消除结果请求权"相比，其特征在于前者的适用范围更广：

第一，因行政行为及其执行而遭受权利侵害的相关人（基于上述请求权），"不仅可以请求复原执行措施，还可以在违法侵害的范围内请求撤销行政行为本身。在结果上，消除请求权与撤销权（Anfechtungsrecht）是一致的"[198]。

如上所述，贝特尔曼的"消除请求权"包含"撤销诉讼"，并且需要留意的是，在"事实行为"的权利保护与"撤销诉讼"没有关系的情况下，这种观点可以为其奠定基础。换言之，与巴霍夫主张的"消除结果请求权"相比，贝特尔曼的"消除请求权"的适用范围更广。具体而言，其被认为可以广泛适用于以下领域：第二，在诉讼上撤销已经执行的行政行为以外（失效）的场合；第三，因行政行为以外的行政措施（职务行动，Amtshandlung）遭受侵害的场合[199]。

如本章所述，上述第三种适用领域极其鲜明地体现出"事实行为"的权利保护与"扩大撤销诉讼对象"的关系。因此，从克服"行政行为＝权利保护"图式的意义而言，贝特尔曼的

172

---

[197] S. 535.
[198] S. 535.
[199] S. 535.

消除结果请求权对"事实行为中包含忍受命令"的构成给予了致命打击。

七、忍受命令构成的界限

如果比照上述消除结果请求权法理的展开来看，"忍受命令"构成具有通过打通撤销诉讼的救济途径实现权利保护的功能，而与此相比，其所具有的使事实行为的侵害正当化的功能，则更加引人关注。在"事实行为"以"执行行政行为"的形式出现时，这种"事实行为"的侵害可以通过先行"行政行为"中的忍受命令正当化，除此之外，对相对人课予高于法律规定的"忍受义务"构成当然是不妥当的。

如第四点所述，将"事实行为中的忍受命令"构成一般化，在"公共工程"或者"公共设施"的相关纠纷中，认为"忍受并请求代偿"命题具有妥当性，这种立场受到了强烈批判。或许在排污纠纷中，在观念上很难构建"忍受命令"，相关讨论主要集中于法院的权限分配和实体性排除请求权（Abwehranspruch）的基础所在。

八、精神作用与忍受命令

173　　另一方面，对于一般的"信息"而言，虽然存在之前考察过的情况，但在判例和学说上，"行政行为抑或事实行为的二选其一"思考样式根深蒂固。这究竟是由什么原因引起的呢?

对于这个问题将在下一款进行讨论，在此之前，有必要考察蔡德勒[200]对耶利内克的主张所做的评论。虽然蔡德勒[201]批判通过解释认可行政行为的做法，但是，如后所述，他在其他场合仍然拘泥于"行政行为抑或事实行为的二选其一"的思考样式。

根据耶利内克的观点，提供信息（Auskunft）原则上不属于行政行为。但是，在警告（Warnung）的场合，可能存在例外。

我们将有关食用蔬菜沙拉的案例视为非由市民主导的提供信息的典型案例。在该案中，由于怀疑种植蔬菜的农地是传播沙门氏菌的媒介而向关系人发出了"警告"。联邦行政法院[202]以及原审都认为，不能将这种警告定性为一般处分（Allgemeinverfügung），在这里只是希望进行修正。的确，如果按照耶利内克主张的构成，对于这样的变种，设定忍受命令使所有的蔬菜经营者容忍该警告并非是困难的事情。因此，如果认为存在有关警告的忍受命令，那么就等同于禁止买卖制作沙拉的蔬菜。如是，倘若此处阐述的是一般性禁止，便不能对"警告"属于行政行为的性质提出置疑。因为在事实上（faktisch）具有相同效力的行为应当给予相同的法的评价。

然而，等同视之还是存在疑问的。因为以警告的形式实施的提供信息行为既没有进行任何规范，也没有规范的意思。警告这种行为形式是为了表明没有拘束性而有意识地选择的行为。例如，怀疑病原体可能引起疾病但无法确信时，有必要选择警告这种形式。当然，不允许行政机关

---

[200]　Verhandlungen des 44. DJT Hannover 1962, Bd. I（Gutachten）1962；K. Zeidler. 以下部分引用为 Zeidler, Gutachten。

[201]　S. 36-37.

[202]　BVerwG, Urt. v. 28. 2. 1961., BVerwGE 12, 87.

通过肆意选择提供信息的形式，骗取（erschleichen）法的优位。但是，客观地说，作出错误警告（zu Unrecht）的风险是存在的。在这种情况下，只要选择的警告不构成形式滥用（Formenmißbrauch），就可以被认为是消除危险的正当手段。

综上所述，蔡德勒反对为寻求权利保护而将警告视为行政行为的观点，并强调，警告"并非规范行为"，但具有独特的功能。由此可知，这种观点在观念上侧重于将消除结果请求权视为权利保护的手段。

另外，蔡德勒将警告界定为是"提供信息（Auskunft）"的一种方式。对第二款埃里克森和马滕斯所述的报告（Berichte）、鉴定（Gutachten）、证明（Bescheinigung）、通知（Mitteilung）和教示（Belehrung）等概念之间的相互关系的理解，不同学者持有不同观点。下面拟使用提供信息（Auskunft，Information）这个概念，作为"精神作用"更为一般性的表述。在对一般信息的法的理解中，"行政行为抑或事实行为的二选其一"的思考样式根深蒂固，因此，下一款的课题是探讨这种思考样式及其批判。

第四款　事实行为向行政行为的转化

一、精神作用中的二选其一思考

176　　如前所述，"事实行为抑或行政行为的二选其一"思考样式
存在的倾向是，基于"撤销诉讼＝权利保护的图式"，判断是否
177　存在权利保护。这与以下做法相联系，即为了对"负担性"行

政作用给予权利保护，通过解释认可存在撤销诉讼的对象，即行政行为。毋容置疑，这种做法会导致"事实行为向行政行为转化（Umdeutung）"的现象。具体而言，这种"转化"是指"重新解释"，即意味着通过解释认可存在行政行为。

前款考察的"事实行为中的忍受命令"构成也可以产生这种"转化"。本款主要考察在学说、判例上存在的"事实行为抑或行政行为的二选其一"的思考样式对"一般信息（Auskunft）"产生的影响。

在以下部分值得注意的是，"事实行为向行政行为转化"的现象没有在其与撤销诉讼的关系上进行限定。具体而言，以下做法可以得到确认，即使对于"授益性"行政作用，为了通过"课予义务诉讼"的形式进行权利保护，或者为了奠定"行政自我拘束"的基础，也在解释上确认存在"行政行为"。

对"一般信息"而言，"事实行为抑或行政行为的二选其一"思考样式也是被强烈认可的。从时间推移的观点来看，在一定情况下，存在以下对照：在比较早期就已经开始批判并尝试摆脱对负担性信息持有的这种思考样式，而且，这种倾向甚为显著。与此相比，对授益性信息而言，摆脱上述思考样式的动向相当迟缓。在下文，首先阐述公证（öffentliche Urkunde）和鉴定（Gutachten）问题。然后，将"提供信息（Auskunft）"和"允诺"（Zusage）的问题分为"提供信息"产生"负担性"作用的情况、请求提供授益性信息的情况以及"允诺"的法的性质的探讨，依次进行论述。

二、公证与鉴定

178

公证（öffentliche Urkunde）及鉴定（Gutachten）被认为是

无法通过"行政行为抑或事实行为的二选其一"思考样式进行充分理解的行政的精神作用。这两者之间的相互关系，以及与通称的"准法律行为性行政行为"范畴下的"公证"和"确认"之间的关系都不明确。这虽然是一种反说，但也反映了上述情况。

在行政法学上，并未对交付证书以及行政上的鉴定程序进行一般性的阐述[203]。但是，由于它们具有的证据价值以及在法律或者事实上的证据力，使人意识到有必要对其产生的不利提供权利保护。

首先，福斯特霍夫在教科书[204]中，对行政行为进行了分类，其中"公证性（beurkundend）行政行为"范畴具有代表性，具体内容如下：

> 在公证性行政行为中，记入公薄（例如，户籍簿、土地台账）是否包括公证（Beurkundung），或者是否需要交付特别的证书？对此，并没有明确区分。在非诉案件程序法以及户籍法中，可以看到公证的范例。这种行政行为不包括有关权利状态的处分，不会成为其他行为的基础，也不会引起任何变更，只是作为证据方法加以规定。公证有很高的证据力，就此而言，有直接源于公证性行政行为的法的效力。但是，无论何时都可以主张公证内容错误[205]。

并不清楚福斯特霍夫在上述论述中是否意识到撤销诉讼。对于这一点，笔者的推测是否定的。与此相比，西蒙1956年发

---

[203] Krause, Rechtsformen, S. 344.

[204] E. Forsthoff, Lehrbuch des Verwaltungsrechts, Bd. I, 10. Aufl. 1973.

[205] ebd. S. 210.

表的杂志论文[206]明确阐述了保护权利的观点。他认为，对抗告诉讼（Anfechtungsklage）的容许性而言，行政机关的证明（Bescheinigung）是否属于行政行为是非常重要的问题，并阐述如下：

> 英国占领区 165 号军命令第 25 条有关行政行为的法律 179
> 定义（Legaldefinition）[207]是分析的出发点。
> 本文提到的证明［主要是指有报告（berichtend）及证据效果的证明］既非处分（Verfügung）也非命令（Anordnungen），通常也不是决定。但是，这种证明属于上述命令第 25 条定义中的"其他措施"。这样的证明不能直接引起权利状态的变更，只是公示或者确认权利状态或者事实上的状态，并且，都是形成权利状态变动的要件之一。因此，如果该证明原本就是行政行为，则属于通常所说的确认性行政行为。但未必能断定证明一定属于"其他措施"[208]。

再者，西蒙认为，"公法上的""规范"行为和"权利侵害"是上述第 25 条要求的行政行为要素，他结合判例问题，对行政机关的各种行为进行了探讨。他用"拘束性"（Verbindlichkeit）概念替代表述"规范"行为的要素，并且认为行政机关在以下场合作出的证明具备该要件：第一，行政机关的证明本身是（私人行使权利的）法律上的要件的场合；第二，允许（从法律上）推定证明的内容且可以引起举证责任转换的情况[209]；第三，一般公众（die Öffentlichkeit）接受特定证明的内容是适当

---

[206] Jürgen Simon, Bescheinigungen als Verwaltungsakte, DVBl. 1956, 355–358.
[207] S. 355.
[208] S. 355–356.
[209] S. 356.

的，且放弃提出其他证据方法的场合 [210]。例如，警察出具的品行证明、户籍部门的居住证明以及证明国籍的国籍证（Heimatschein）都属于第三种证明的典型事例。

如何理解上述第三种情况是很困难的问题。换言之，西蒙认为，虽说行政机关的所有言明或多或少附随一定的事实上的权威（Autorität），但是仅凭这种权威就断定其属于"拘束性规范"行为是不充分的 [211]，因为这很难与上述第三种情况进行法的区别。在第一节第一款第六点分析的海难事故中，对这种证明的事实上的不利问题也是认可的。同时，根据联邦法院的见解以及最近的学说，航空事故的"鉴定"不存在拘束性。

> 海难厅以及联邦航空厅的调查程序是法规定的典型的鉴定程序。
> 鉴定不具有法的拘束性，可以根据所有的证据方法进行反证 [212]。

从当时的状况来看，西蒙的立场未必被认为是不当的，这可以从以下事实得到印证，即从当时的判例对诉讼法规定的解释中可以窥见将拒绝证明视为行政行为的立场 [213]。并且，不能认为对缺少"规范"或者"拘束性"的行为没有必要考虑"权利保护"或者法的规制，这一点并无不同。

> 证书没有拘束性意图，只是具有证据功能的单纯知识表明或者知识表示而已。在这一点上，证明与行政行为相

---

[210]　S. 356–357.

[211]　S. 357.

[212]　Krause, Rechtsformen, S. 345.

[213]　BVerwG, Urt. v. 28. 9. 1955, BVerwGE 2, 212.

区别。证明不同于正式的确认，不是"规范"行为，也不能以"规范"的形式成为撤销诉讼的对象。虽说存在反证的可能性，但公证可以削弱反对者的法的地位[214]。

应当如何规制上述行政上的证书以及鉴定问题，揭示了"撤销诉讼＝权利保护的图式"的界限，同时也映射了裁判控制本身的界限。

另外，引人关注的是，沃尔夫、巴霍夫[215]的解释从行政形式论的立场克服了"行政行为抑或事实行为的二选其一"的思考样式。根据该解释，通常，公证不属于行政行为，只是"准法律行为（类似法律行为）（rechtsgeschäftsähnlich）的表示"[216]。但需要留意的是，如第四点所述，公证有时与确认性行政行为相结合的解释[217]体现了两阶段说的构想。

根据沃尔夫、巴霍夫的观点，"公证"和一部分"通知"（Mitteilung）以及后述的"允诺"（Zusage）一样，既非"行政行为"亦非"事实行为"，而是"法的行为（法行动）（Rechtshandlung）"[218]（参照第三节第二款第八点）。对于"一般信息（Auskunft, Information）"应当如何进行法的分类，存在诸多争议。下一项将以"提供信息（教示）（Auskunft）"和"允诺"（Zusage）的问题为例进行探讨。

181

---

[214]　Krause, Rechtsformen, S. 345.

[215]　Hans J. Wolff/Otto Bachof, Verwaltungsrecht I, 9. Aufl. 1974. 以下部分引用为 Wolff/Bachof I。

[216]　S. 366.

[217]　S. 391.

[218]　S. 365–367.

三、提供负担性信息

通常认为，一旦撇开行政是"国家作用＝法的作用"的一部分的认识，考察行政作用的特质时，不容否定的突出事实是，收集、处理和提供信息等一系列过程产生的重大社会 [219] 影响。

各种信息产生了形式多样的法的问题，从行为形式论的角度来看，按照以下顺序对问题进行阐述引人关注。首先，尝试按照"行政行为抑或事实行为的二选其一"的思考样式进行分类。根据克劳泽的观点，行政法学中的"单纯行政活动"或者"事实行为"等范畴是用来描述"提供信息（Information）"或者"诉求"（Appelle）等不具有"规范"功能的行为的，是"非行政行为"概念的另一种表述。这种分类不是有目的地（final）为法效果奠定基础，其存在的缺陷是，不但忽略了被视为"准法律行为（Rechtshandlung）（法的行为）"的"表示"的特殊性，而且忽视了"表示"这种"事实行为"的典型问题 [220]。

其次，对"行政行为抑或事实行为的二选其一"的思考样式的批判首先出现在有关提供负担性信息的"撤销诉讼＝权利保护的图式"的探讨中。在早期，已经对这种过分偏重以行政行为的存在为要件的诉讼形态的倾向进行了批判。例如，门格在 1955 年的杂志论文 [221] 中阐述如下：

　　在实务中，这些诉讼形态（给付诉讼、排除妨害诉讼

---

　　[219]　参照 P. Badura, Die verwaltung als soziales System. Bemerkungen zu einer Theorie der Verwaltungswissenschaft von Niklas Luhmann, DÖV 1970, 18–22。

　　[220]　Krause, Rechtsformen, S. 329–330, S. 56.

　　[221]　C. F. Mgenger, Rechtssatz, Verwaltung und Verwaltungsgerichtsbarkeit, DÖV 1955, 587–592.

和不作为诉讼）并未占据重要地位——这大概归结于没有 　182
正确理解现行法制，正因理解不足，即使完全不妥当，但
为了通过撤销诉讼或请求采取措施诉讼（Vornahmeklage）
进行处理，仍然将事实的现象（wirkliches Geschehen）重新
解释（Umdeutung）为发布了一个或者数个行政行为[222]。

　　门格在同时期的其他论文[223]中指出，因行政机关的鉴定或
者有关交易行为（Geshäftsleben）的警告产生权利侵害时，不能
直接适用撤销诉讼的规定。学说上，一般对提供负担性信息的
行为"从事实行为向行政行为的转化"存在批判。关于这一
点，如下文第五点所述，可以从蔡德勒在其他场合采取"行政
行为抑或事实行为的二选其一"思考样式的以下论述中得到证
实[224]：

　　　　沃尔夫和奥伯迈尔[225]明确表示，依据柏林高等行政法院
　　的见解[226]，以犯人名薄（Strafregister）摘录（Auszug）的形
　　式提供信息属于行政行为。对此，笔者认为，这种见解只是基
　　于权利保护的观念，它依据的是近时被艾埃尔曼、费雷勒[227]

---

[222]　S. 591.

[223]　Menger, Über die Identität des Rechtsgrundes der Staatshaftungeklagen und einiger Verwaltungsstreitsachen, in: Gschr. f. Jellinek（1955）, S. 347–359.

[224]　Zeidler, Gutachten, S. 36.

[225]　K. Obermayer, Verwaltungsakt und innerdienstlicher Rechsakt 1956, S. 52.

[226]　OVG Berlin, Urt. v. 19. 3. 1952, DVBl. 1952, 771. 另外参照 Obermayer,（Anm. 127）S. 69。

[227]　Eyermann/Fröhler, Verwaltungsgerichtsordnung Komm. 1. Aufl. 1960, S. 165. 主张应当将撤销诉讼及课予义务诉讼扩大为"支配从属关系"产生的诉讼，这个观点在 1977 年第七版中得到维持，可以说这是该学说的典型代表。对此立场，巴霍夫、克劳泽等人的批判参见后注 283，第三节第一款第二点。

称为"结论先行"（petitio principii）[228]的构成，即行政行为是指法院可以审查的所有行为。在这种行政行为概念中，只有努力寻求满足学理要求的学者才会反对在此受到支持的结论。我本人不反对上述扩大裁判权限的观点。不过，学者应当使用正确的名称表述事物，因此，不能将上述扩大裁判权的判决结论牵强地嵌入传统学理的普罗克斯泰斯（Procrustes）铁床之中。

通过权利侵害基准使"事实行为"转化为"行政行为"的观点是不充分的，[229]确立了贝特尔曼的消除结果请求权法理后就失去了"转化"的必要性（第三款第六点），综合起来就不难理解为什么艾埃尔曼、费雷勒的学说是少数说。

与上述状况相比，对于提供"授益性"信息，在判例及学说上与课予义务诉讼相关联，要求存在行政行为的倾向根深蒂固，对此，将在下一项进行详细阐述。

四、提供信息和课予义务诉讼

1969 年联邦行政法院在有关被怀疑人请求联邦宪法保护局披露告发人姓名及告发内容的案件中，判决 [230] 如下：

根据《行政法院法》第 42 条第 1 款，可以通过诉讼请

---

[228] petitioprincipii 这一逻辑学用语在拉丁德语词典 Langenscheidt, Handwörterbuch（Lateinisch-deutsch）中被解释为谬论，指以一个未经证实的前提作为依据进行证明（Beweisfehler, der in der Benutzung eines unbewiesenen Satzes als Beweisgrund liegt.）。通常具有贬义，有时也被翻译为"不当前提"或"循环论证法"。在此由于该术语是 Eyermann/Fröhler 本人所用，因此本文按照中性词进行了翻译。

[229] P. Fichtmüller, Doppelnatur von Verwaltungsakten? JuS 1965, 350-355（353）.

[230] BVerwG, Urt. v. 25. 2. 1969, BVerwGE 31, 301.

求撤销行政行为（撤销诉讼）或者请求责令作出被拒绝的或者未作出的行政行为。这个规定中的行政行为概念是否与该法第113条第4款规定的职务行动（Amtshandlung）概念有相同的含义？或者是否应当认为，只有在请求作出行政行为的情况下，才应当由法律规定课予义务诉讼？对于其他所有的职务行动是否可以采取一般给付诉讼？在学说上，上述问题存在很大争议。本法庭认为，课予义务诉讼只能用于责令发布有关职务行动的行政行为[231]。

　　申请提供信息是否意味着请求作出行政行为？对此，一般而言，既不能肯定，也不能否定。例如，户籍部门根据户籍簿提供信息或提供法的信息（Rechtsauskunft）与宪法保护局（Verfassungsschutzamt）向行政机关披露告发人姓名的提供信息行为不能等同看待。

　　宪法保护局在履行职务时，要求相当程度的秘密调查。

　　在申请人请求行政机关提供对被怀疑人不利的信息是从何人、以何种方法获得时，行政机关应当审查是否有必要以及应当在什么样的范围内对申请人给予答复。但户籍部门在行政职责范围内提供信息时不需要这种审查。

　　在法律没有规定时，这种考虑就属于行政机关的裁量事项。这时，需要进行公共利害与私人利益的比较衡量[232]。

184

　　从法的立场来看，重要问题是上述行政机关的裁量行为，而不是提供信息或者拒绝提供行为本身。

　　宪法保护局的决定并非仅是事实性的行政活动（事实行动）。[233]

---

[231]　S. 302-303.

[232]　S. 306.

[233]　S. 307.

综上所述，联邦行政法院认为，原告请求提供信息的诉讼属于课予义务诉讼，同时，支持原审法院以诉讼时效期间届满为由驳回原告诉讼请求的判断。但学者从不同角度对该判决事项进行了评论和批判。

贝特尔曼在评释 [234] 中将课予义务诉讼的对象限定于行政行为的判例立场称为概念法学、条文法学，并认为，在课予义务诉讼中不存在将行政行为与其他职务行动相区别的合理理由。他从这个立场对判决要旨进行了批判 [235]。并且，在有关行政行为与单纯职务行为的区别上，他依据两阶段说的思维模式及其背后存在的民法的附义务行为（Verpflichtungsgeschäft）和处分行为（Verfügungsgeschäft）、约定（Versprechen）和履行（Eufüllung）的区别理论，认为应区分提供信息的行为与对申请作出的决定予以分析。如此，通常认为提供信息属于"单纯职务行动"而不是行政行为，只有在拒绝等不接受申请的情况下，才能使提供信息前的决定成为行政行为 [236]。

判决基于提供信息是否属于裁量以及被请求信息的种类，判断特定的提供信息是否属于行政行为。贝特尔曼批判了这种做法，认为其缺少两阶段说的构想。对此，门格、埃里克森 [237] 却做出了不同的评价：

> 学者应当对这样的事态提出质疑，即既然在后来通过两阶段说再次将公法领域的行政机关的其他所有职务行动都纳入这一权利保护的形态之中，那么起初法院为何还要花费很大精力限定行政法院法规定的有关课予义务诉讼的

[234]　K. A. Bettermann, DVBl. 1969, 703-705.

[235]　S. 704.

[236]　S. 704.

[237]　Menger/Erichsen, VerwArch. 60（1969），385-390.

"行政行为"概念呢？[238]

如上所述，门格、埃里克森认为"提供信息"终究属于"事实行为"，并主张适用一般给付诉讼（allgemeine Leistungssklage）这种形式。在佩尔施埃对 1965 年联邦行政法院判决 [239] 的评释中 [240] 可以看到这种分析。在该案件中，原告因近邻运输营业遭受侵害提出复议。于是，在警察管区（Polizeirevier）的调查书中，原告被列为"臭名远扬的复议狂"。因此，原告要求公开将该信息提供给行政机关的人的姓名。

> 本案（与法院的见解不同）没有适用撤销诉讼和课予义务诉讼的余地。但是，这种结论完全不能改变行政法院对信息要求者进行权利保护的权限[241]。

经过分析，可以对上述问题状况整理如下：为了对提供授益性信息进行有效的权利保护，首先考虑的是提起课予义务诉讼的方法。为此，有三种方法：第一，扩大行政行为概念；第二，在认可提供信息本身是事实行为的同时，将拒绝提供信息的行为认定为行政行为；第三，将事实行为纳入课予义务诉讼的范畴。在具体案件中，判例通常根据"拘束性"或者"规范性"的基准进行具体判断，因此，从表述上看，判例采取了第一种方法，这受到了贝特尔曼的批判。但是，事实上，判例是基于两阶段说的思考，并且在结果上接近于第二种方法。

贝特尔曼指出，第二种方法与第三种方法是相并列的，如

---

[238] S. 389.

[239] BVerwG, Urt. v. 30. 4. 1965, DÖV 1965, 488.

[240] W. Perschel, Der geheime Behördeninformant, JuS 1966, 231-237.

[241] S. 231.

果采取他主张的第三种方法，将拒绝提供视为行政行为的实益将荡然无存。同时，根据门格、埃里克森的阐述，提供和拒绝提供信息不存在具有相同法的性质的必要性，但他们无意用这种方法给拒绝提供信息打开课予义务诉讼的救济之路。再者，有关拒绝处分的问题在程序权利以及裁量控制等方面存在诸多值得注意的问题点。

第三种方法是贝特尔曼 [242] 采取的方法，是一种目的论解释的方法，认为课予义务诉讼比一般给付诉讼更能有效地保护权利。

与此相对，门格、埃里克森以及佩尔施埃持有不同立场，认为提供信息无非是事实行为，因此，可以通过一般给付诉讼实现权利保护的目的。这些学者从狭义上将撤销诉讼对象的行政行为和课予义务诉讼对象的行政行为概念进行相同解释，并反对为了权利保护扩大行政行为的概念。因此，他们的立场可以被评价为具有强烈的学理志向。

沃尔夫、巴霍夫的立场介于上述两种观点之间。详言之，从前述有关公证行为的分析可知，这种立场虽然对扩大行政行为概念以及"事实行为向行政行为转化"进行了批判，但是，对有关提供信息与课予义务诉讼的 1969 年判决并未进行明确的批判。沃尔夫、巴霍夫将有关具体事实信息和户籍员提供信息等视为事实行动的事例进行列举，之后引用上述判决并认为，其属于已经先行作出了是否提供信息的（规范性）决定的情况 [243]。因而，可以认为这部分内容采取了贝特尔曼的两阶段说构想。

---

[242] Bettermann, Die Verpflichtungsklage nach der Bundesverwaltungsgerichtsordnung, NJW 1960, 649-657.

[243] Wolff/Bachof I, S. 365.

如上所述，与课予义务诉讼相关联，"授益性"与"负担性"的"提供信息"存在的状况不同。再者，"授益性""提供信息（教示）"中存在特有的问题，其中，有关"允诺"（Zusage）的法的性质的探讨引人关注。对此，将在下述第五点至第七点进行探讨。

五、提供信息与允诺的关系

在"允诺"[244]的法的性质的探讨中，"事实行为抑或行政 187
行为的二选其一"思考样式的影响也是根深蒂固的。但需要注意的是，在此"二选其一"并没有与之前考察的诉讼形态问题相关联，而是涉及观念上的"法的拘束性"基准这一实体法层面上的问题。

通常，在考察"允诺"时，将其与"提供信息（教示）（Auskunft）"相比较。并且，"允诺"被界定为"提供信息"的特殊形态，关于它的法的性质的探讨产生了很多颇为复杂的问题。在行政法学上，最近才意识到提供信息及允诺问题的重要性，但这些用语在很早就已经出现[245]，并且可以说，它们在租税法、社会保障法、建筑法和官吏法等领域有独特的意义。再者，即使将明确允诺的意义视为行政法总论的问题，可以推测它与

---

〔244〕"允诺"及其相似表述的用法，参照乙部哲郎「行政上の確約の法理（一）」神戸学院法学 10 卷 1 号 77-78 頁（1979 年）。本章将 Zusage 和 Zusicherung 都翻译为"允诺"，但对这两者进行区别时，将它们分别翻译为"保证"和"允诺"（在这一点上，刚好与乙部教授的用语法相反）。另外参照本章第三节第一款第六点。

〔245〕Auskunft, Zusage 这个表述以及用其描述的现象并非是新近才产生的。参照 Kormann,（Anm. 21）S. 125, S. 92-93，在该文中作者提及了有关"关税税率教示""官吏法允诺"的国家最高法院的判决。另外，参照有关瑕疵担保责任的民法典的规定（第 459 条第 2 款），虽然分野不同，但具有一定的参照意义。

在日本尚且没有充分研究的"公法上的契约"及课予义务诉讼等问题有密切联系。1976 年德国《行政程序法》对"允诺"以及"公法上的契约"进行了规定，所以，这也可能会推动有关这些问题的新的理论探讨。

因此，本章主要确认"事实行为抑或行政行为的二选其一"的思考对"允诺"的法的性质的探讨的影响，关于"允诺"本身的探讨 [246] 留待他日完成。

下文首先探讨 1962 年德国法曹会议 [247] 提出"允诺"问题时的状况，主要探讨当时学说上根据"事实行为抑或行政行为的二选其一"思考样式对"允诺"的法的性质的讨论状况。其次，探讨其后的若干文献。在此之上，与"公法上的契约"及行政诉讼上的和解问题相关联 [248]，阐述根据"允诺"的固有功能确定其意义的尝试。

首先，在有关"允诺"的法的性质的探讨中，"拘束性"基准处于中心地位。那么它是以什么样的形式呈现的呢？关于这个问题，1962 年法曹会议决议解释如下：

> 本分会讨论的出发点在于，在提供信息（Auskunft）的概念之下理解行政机关作出的个别性事实通知或者非拘束

---

[246] 日本的文献参照：乙部、前揭注 244 论文，乙部哲郎「行政法における教示・確約と信頼保護の原則（一）（二）完」神户学院法学 3 卷 2・3 号 64-108 頁，4 卷 1 号 51-100 頁（1972 年、1973 年），乙部『行政上の確約の法理』（1988 年）所収，菊井康郎「西ドイツにおける行政法上の確約」公法の理論下 I（田中古稀記念）1757-1820 頁（1977 年）。

[247] 参照前揭注 200，及 Bd. II（Sitzungsberichte）1964, Referat：W. Hartz, S. 3-35；Vorbereitene Diskussionsbeiträge：H. Langkeit, S. 37-45；Referat：Kellner, S. 47-73；Diskussion, S. 74-89；Beschluß, S. 106-107. 以下部分引用为 Hartz, Referat。

[248] 参照 BVerwG, Urt. v. 17. 10. 1975, DVBl. 1976, 220，及本章第三节第一款第六点。

性的法的通知。

从特性来看，允诺是行政对特定的表示受领人作出的高权性自我拘束。现在还无法一般性地解答其法的形态（例如，行政行为、需要协作的行政行为或公法上的契约）问题[249]。

联邦行政法院、联邦社会法院以及联邦财政法院的判例基本上根据以下观点作出判断，即允诺是有权机关基于拘束的意思，承诺作出某种合法措施，并且，按照诚实信义和信赖保护的观点，其具有拘束性。

允诺约定的措施违反实定法（geltendes Recht）时，则不具有拘束性[250]。

上述决议反映了对"允诺"的法的性质的探讨存在分歧，但其特征在于，明确了"允诺"属于"拘束性"的行为，而"提供信息"是"不具有拘束性"的行为。

下一点将具体探讨将"拘束性"基准与行政行为性质相联系的学说，以及将允诺定性为行政行为的学说。

六、允诺=行政行为说

如本款第三点所述，在法曹会议阐述鉴定意见（Gutachten）的蔡德勒对认为"提供信息"可以适用"事实行为向行政行为转化"的观点进行了批判。并且与西蒙相反，他认为，仅凭事实上的拘束性将证明行为当作行政行为是不充分的[251]，并强

189

---

[249]　Beschluß, S. 106.

[250]　S. 107.

[251]　Zeidler, Gutachten, S. 30.

调，是否属于行政行为与是否给予权利保护是没有关系的 [252]。
同时，蔡德勒将提供信息与允诺的关系梳理如下 [253]：

> 与以下格式保持一致允诺是特殊性质的提供信息行为。
>
> 事实信息（Tatsachenauskunft）（信息内容）与规范没
> 有关系，因此，绝对不是行政行为。
>
> 法的信息（Rechtsauskunft）的标识是不具有拘束性以
> 及信息内容与规范相关联。
>
> 通知不具有拘束性，因此"法的信息"不是行政行为。
> 在行政法上，"法的信息"与"事实信息"在性质上都属于
> 事实行动。
>
> 通知在具有拘束性且可以体现与规范的关系时，可以
> 纳入允诺的概念范畴。即使因法律（的文字）错误将其规
> 定为提供信息（Auskunft）时，也是妥当的。
>
> 允诺意味着在法律适用上受拘束。
>
> 允诺属于行政行为。

据此可以认为，蔡德勒采取"事实行为抑或行政行为的二
选其一"的构想，并按照拘束性标准，将区分后的行为分别命
名为"提供信息"和"允诺"。在此，产生的疑问是，这种分
类是否仅基于"权利保护的观念"呢？也就是说，蔡德勒自身
能否让观点满足学理要求呢？

同样，在1962年的法曹会议上，克尔纳认为，通过允诺将
国家与市民关系具体化是由行政机关对特定市民负有特定义务
的方式决定性实现的，即采取一定方式的具体行动而不能采取

---

[252] S. 32.

[253] S. 51.

其他行动，因此，他得出的结论是，蔡德勒的限定性定义意义
上的"允诺"是表示负担具体义务的行政行为[254]。如此，他　　190
也将产生公行政上义务的行为形式命名为行政行为。关于这个
问题，以下论述应当引起关注：

> 但是，根据拙见，行政行为不是接受义务的道具（In-
> strument），而是技术性道具。
> 将允诺界定为行政行为，并不是让允诺拘束性理论正
> 当化的基础。行政行为只是辅助性的手段而已，允诺的拘
> 束性应当从典型的特殊的允诺行为（Zusagegeschäft）的实
> 体制度导入[255]。

如上所述，即使采取允诺＝行政行为说的学者，在具体表述
方面也存在差异。同时，前述决议表明，有些学者对是否采取
允诺＝行政行为的观点感到踌躇不定。

在克尔纳做报告之前，朗凯特曾暗示，如果实体的（in der
Sache）判断可以一致，那么概念的区别就没有太大的意义[256]，
因此，如果要认定违反法律的允诺无效，那么将允诺定性为行
政行为的意义就会弱化[257]。同时，在讨论中，韦尼克认为，根
据联邦社会法院的立场，允诺是单纯的行政表态。联邦财政法
院也持有相同的观点[258]。再者，伊普森阐述如下[259]：

> 我要强调的是，如果从允诺固有的特质确定它的内容，

---

[254]　Kellner, Referat, S. 53.

[255]　S. 54.

[256]　Langkeit, S. 41.

[257]　S. 41-42.

[258]　Wernicke, S. 75.

[259]　Ipsen, S. 79-80.

那么其可以被定性为是一种自律制度。因此，仅从形式上将它归入行政行为抑或非行政行为的范畴，是无法完全明确这种制度的本质的。

191　　除此之外，伊普森主张应当将公法上的契约这种法形式考虑进来[260]，泽尔曼也赞成这一观点[261]。

综上所述，1962 年当时有关"允诺"的法的性质的讨论，虽然存在些许犹豫不定，但可以认为，除公法上的契约说之外，其他学说也受到"行政行为抑或事实行为的二选其一"的思考样式的深刻影响。豪艾森[262]在法曹会议前的杂志论文中指出，"从诉讼法的观点来看，在很多情况下，'允诺的拘束性'问题的特征是，不是以固有问题（Einzelfragen），而是以前提问题（Vorfragen）的形式呈现[263]"。并且，此后的学说认为，"允诺"不属于行政行为，而是法的行为，这也是以此为着眼点的。下一项将考察确定"允诺"固有意义的学说。

七、允诺的固有意义

在阅读法曹会议之后的文献时，暂且不下结论，会发现一个特征，即不是倾向于从一般的"行政行为"的法的性质，而是从其他角度解释"允诺"的法的性质。基于本章的角度可知，这是解决"行政行为论的负担过重"问题的一种尝试。在以下部分，将顺次对皮珀、门格及埃里克森、沃尔夫及巴霍夫的学

---

[260]　S. 80.

[261]　Sellmann, S. 83.

[262]　F. Haueisen, Die Bedeutung von Zusagen im Verwaltungsrecht, NJW 1961, 1901-1905.

[263]　S. 1905.

说进行考察。

皮珀在 1968 年发表的杂志论文 [264] 中，援引德国法曹会议的一对定义，即提供信息＝非拘束性、允诺＝拘束性，论述如下：

> 在法上不认可实际存在的允诺具有拘束性意思的场合，或者相反，将实际上不具有拘束意思的提供信息认定为具有法的拘束性的行为的场合，允诺与提供信息的明确区分将引起纠纷 [265]。

皮珀认为，在论述允诺的拘束性时，"信赖利益" [266] 与 "计划利益（Dispositionsinteresse）" [267] 是应当考虑的市民利益，这与行政在最终决定前保留合法性及合目的性的利益是相对立的 [268]。并且，他从上述三种利益中的哪一种处于优先地位的视角出发，对《关税法》第 23 条规定的关税税率教示（Zollitarifauskunft）、《建筑法》上的预备决定（Vorbescheid）和《联邦官吏法》第 183 条等有关允诺的规定进行了讨论，同时探讨了这些制度以及规定的主旨与上述利益状况在多大程度上是契合的，以及这些规定在多大程度上可以类推适用 [269]。

如上所述，皮珀不是采取 "单纯的二选其一" 的模式，而是按照 "允诺" 固有的利益状况进行考察。对于 "允诺" 的法

192

---

[264]　G. Pieper, Zur öffentlichen Zusagen, VerwArch. 59（1968），217-251.

[265]　S. 218.

[266]　"信赖利益" 设想的状况是行政对作出允诺，市民信赖行政允诺并作出处置（Disposition）。S. 219.

[267]　计划利益（Dispositionsinteresse）设想的状况是，从收到拘束性通知开始，市民就已经在允诺作出的时间点获得了进行处置的基础。S. 219-220.

[268]　S. 219-220.

[269]　S. 227-246.

的性质，在结论上，他采纳行政行为说。但是，如下所述，他的观点脉络并没有与后述的"非行政行为说"存在本质上的对立。

通过行政行为的性质为允诺的拘束性奠定理论基础的观点是令人怀疑的[270]。行政行为是行政法体系中应实现特定功能的纯粹目的性概念（Zweckbegriff）。允诺产生自我拘束的效果，并且，最终的决定依存于允诺，因而失去了独有的法的意义。因此，产生的归结是，允诺与所允诺的行为应当服从相同的法形式。但是，对此存在的疑问[271]是，无论最终决定采取什么样的法形式，对所有的允诺都赋予相同的法的性质是否更为妥当呢？原则上，允诺被视为行政行为，行政行为的效力（Geltungskraft）以及效力消灭的一般理论可以适用于允诺，这些原理都符合允诺的实质性目的。如果允诺的实质目的可以通过行政行为这种行为形式实现，就没有必要对允诺适用公法上契约的形式[272]。允诺是单方行为，不需要相对人协作，就产生自我拘束的效果，因此，将其视为以当事人的合意为基本要件的契约将以失败而告终。但是，在例外情况下，允诺不仅拘束行政机关也拘束相对人，并且相对人的同意是产生允诺拘束性的必要条件，这时，相对人的同意行为可以与受诺（Unterwerfung）做相同考虑[273]。

193　　上述皮珀论述的妥当性与有关行政行为、公法上契约的一

---

[270]　S. 246 Anm. 107.

[271]　S. 247.

[272]　S. 278.

[273]　S. 248—249.

般探讨具有密切关系，也受到如何理解行政行为"单方性"的
影响（按照皮珀的观点，允诺属于公法上的契约的学说只存在
于官吏法领域[274]）。对此暂且不论，在此耐人寻味的是，皮珀
认为，允诺和允诺的对象没有必要采取相同的法的形式，并且
认可允诺的对象未必是行政行为。

　　再者，根据皮珀的观点，在判例及学说上，认为允诺属于
行政行为的观点占主导地位[275]。对此，门格、埃里克森在同一
杂志同卷的判例评释[276]中，阐明了反对意见。

　　联邦行政法院 1967 年 1 月 19 日判决[277]：按照法律规定，
联邦人事委员会有权作出有关勤务年数要件的例外许可。某部
长未经该例外许可，就俸给作出了任用的允诺。于是，关于任
用允诺的法的拘束性产生争议。关于该案，门格、埃里克森阐
述如下：

　　　　虽说将允诺定性为是"为自己设定高权性义务"与将
　　其视为行政行为的前提并不矛盾，但从联邦行政法院的判
　　旨可以推测，法院并不希望将允诺的性质认定为行政行为。
　　具体而言，法院并不以此为出发点，并不认为违法的允诺
　　如同违法的行政行为是有效且具有拘束性的。再者，为了
　　解除允诺产生的拘束性，法院并未肯定需要反向的行为
　　（actus contrarius）。因此，即使有的学者为了赋予允诺以行
　　政行为的性质，列举了诸多理由，但是最终结果与联邦行
　　政法院的结论并无太大出入[278]。

---

[274]　S. 246, S. 219 Anm. 4.

[275]　S. 246.

[276]　Menger/Erichsen, VerwArch. 59（1968），167-172.

[277]　BVerwG, Urt. v. 19. 1. 1967, BVerwGE 26, 31.

[278]　Menger/Erichsen,（Anm. 178）S. 169-170.

如上所述，门格、埃里克森表达了允诺"不是行政行为"的观点。这种观点克服了"行政行为抑或事实行为的二选其一"的思考样式，最终得出允诺"既不是行政行为，亦不是事实行为"的结论。那么究竟应当如何解释允诺的法的性质呢？

194   沃尔夫、巴霍夫的下述说明与门格、埃里克森的上述观点相同：首先，行政活动分为"事实性行政行动"与"行政上的法行动"（Verwaltungs-Rechtshandlungen）[279]，后者又可以分为私法上的行动和行政法上的（高权性）行动[280]。同时，"高权性法行动"被界定为行政法上的主体根据行政法规范作出的可以产生法效果的"知识表示或者意思表示"（Wissens-oder Willensäußerungen）。其次，高权性的法行动根据法效果是否与表意人的意思表示有关，以及是否产生与表明的意思相对应的法效果，又可以分为"准法律行为性表示"和"法律行为性意思表示"[281]。并且，影响诉讼法上证明的证明及认证（Beglaubigungen）行为、提供行政机关的法的见解、有关法的重要事实的信息活动、基于信赖保护而拘束行政机关的行为等都属于"准法律行为性表示"；另一方面，允诺属于"法律行为性意思表示"。因此，沃尔夫、巴霍夫并没有采取"提供信息＝非拘束性、允诺＝拘束性"的二分法。再者，他将允诺的"拘束性"含义与行政行为特有的拘束性相区别：[282]

> 行政机关作出的有拘束性意思的允诺通常是法律行为性意思表示，但是，由于允诺不具有规范或者部分规范（Teilregelung）的特性，所以，不属于行政行为。

---

[279]　Wolff/Bachof I, S. 364-368.

[280]　S. 366.

[281]　S. 366.

[282]　S. 367.

允诺可以向相对人预先发出将来进行规范的指示,藉此使相对人事先采取相应的处理。正因为如此,允诺具有一定的暂定性(Vorläufigkeit),所以,不能说允诺有类似行政行为的最终规范的拘束性。与此不同,建筑厅作出的有关建筑计划问题的预备决定以及有关营业许可的预备决定不仅包括允诺,还包含部分规范,因此,属于行政行为。

允诺也可以在行政法上契约的制度框架中作出。在这种情况下,它将受到行政法上有关契约的规范的规制。

与行政行为不同,违法的允诺只有在不被遵守或者使 195 利害关系人处于无法容忍的地步时,才具有拘束性。

如上所述,沃尔夫、巴霍夫在说明提供信息以及允诺的性质时,完全没有拘泥于事实行为抑或行政行为的二选一模式。不过,显而易见上述分类依据民法上的法律行为论,这是否妥当还需要慎重的探讨。

小　结　事实行为与权利保护

从以上探讨可知,强烈意识到对"非权力行政"领域的行 199 政活动进行权利保护的必要性,承认"撤销诉讼"不能对这种行政活动实施有效的权利保护,是"事实行为"在行政法学上备受关注的背景所在。

再者,将"行政行为抑或事实行为的二选其一"的设想与唯有"撤销诉讼"才可以提供"更加有效的"权利保护的观点相联系时,就倾向于在应当进行权利保护时,承认存在行政行为。反之,则认为"不具有法的重要性"并使用"事实行为"的表述。

对于上述倾向相对应的立场是,通过"撤销诉讼"以及

"课予义务诉讼"等以存在行政行为为要件的诉讼形态之外的诉讼同样可以提供权利保护,并以此为前提,认为没有必要让行政行为论担负"保障权利救济途径"的作用。并且,持有这种立场的部分学者主张,再次依据民法上的法律行为论,将行政行为分为"意思表示""准法律行为"和"事实行为",并在"行政行动"中定位"行政行为"。以下部分将这种志向视为"从行政行为论向行政的行为形式论的展开"的一种趋势,同时,考察在这种背景下如何定位"行政上的事实行为",这是下一节的课题。

另一方面,"行政上的事实行为"或者"高权性事实行为"表述的深意是,通过"公法上的争讼"[283]实施权利保护。并且,强调并非只有以存在"行政行为"为要件的"撤销诉讼"才是"公法上的争讼",这与对"扩大解释行政行为概念"的批判是并列关系[284][285]。

因此,事实行为概念与行政行为概念的界定方法具有一定的联系。可以预想,为了明确事实行为概念的含义,有必要探讨撤销诉讼在"公法上的争讼"中所占比重以及在包括"民法上的争讼"在内的所有"权利保护"手段中,"撤销诉讼所占的比重"是如何随着时间的推移而变化的。如第一节的考察所示,行政的行为形式论与权利保护的各种诉讼形态、各种请求权、尤其是德国的"国家责任法制"(Staatshaftungsrecht)的构造之间是表里关系。

---

[283] R. Naumann, Streitigkeiten des offentlichen Rechts, in: Staatsbürger und Staatsgewalt, II (1963), 365-385.

[284] S. 377.

[285] G. Mörtel, Auswirkungen der veränderten Generalkausel auf Verwaltung und Verwaltungsrechtsprechung, in: Wandlungen der rechtsstaatlichen Verwaltung 1962 (Schriftenreihe der Hocheschule Speyer Band 13), S. 137-171.

第三节 行为形式论的展开
——德国行政法学的应对之二

第一款 传统行政行为论的负担过重

一、行政行为论的作用

从第二节的考察可知，在确定行政上事实行为的意义时，尤其是在将"行政行为抑或事实行为的二选其一"思考样式与"撤销诉讼＝权利保护的定式"相联结的场合，难免会遭到来自学理观点的批判。 201

这表明，行政上的事实行为问题让人逐渐意识到有必要对"行政行为论的作用分配"进行反思，这种状况在德国行政法学上也是存在的。但值得注意的是，德国所意识到的是更为一般的问题，可以看到的批判是，"传统以行政行为论为中心的行政法总论学理已经不能适应现代行政"，并通过尝试"从行政行为论向行政的行为形式论的展开"对此予以回应。本节将考察如何在这种一般的问题中对"行政上的事实行为"进行定位。

首先，本款基于前述考察中被提示的"行政行为论的负担过重"的视点，概述对"传统以行政行为论为中心的行政法总论学理"的批判。其次，第二款具体探讨什么是"行为形式"，同时考察"事实行为"的法的问题在"行政的行为形式论"中如何定位。

如第二节开头的引用所示，克劳泽指出，"撤销诉讼在行政诉讼中的支配性作用"导致过于偏重考察行政行为的诉讼法上的功能。并且，根据"撤销诉讼＝权利保护的图式"，为了使权 202

利保护成为可能，需要扩大解释行政行为的概念。因此，这意味着行政行为论被赋予了确定"是否需要权利保护"的作用。

再者，如第二节第四款第五点关于"允诺"（Zusage）的法的性质探讨所示，行政机关的自我拘束，也就是说，在根据"允诺"的行政行为性质，解释行政机关是如何负有义务的情况下，意味着行政行为论要担负划定"行政机关可否自我拘束"的作用。

除此之外，从告知（Bekanntgabe）、法定听证（rechtliches Gehör）、参加（Beteiligung）和理由强制（Begründungszwang）的探讨中可知，行政行为论还被赋予了确定保障市民程序权利范围的作用。

克劳泽竭力尝试从"既有的以行政行为为中心的行为形式体系"向"开放的行为形式体系"[286]转换，可以说对"行政行为论的作用"进行必要反思也是近时德国行政法学共通的问题意识。

因此，首先从对"传统以行政行为论为中心的行政法总论的学理"的批判、"行政行为论的负担过重"的视点，概述1971年巴霍夫、布罗姆在德国国法学家协会做的两个报告[287]，以此为考察"事实行为"在"行政的行为形式论"中的定位问题作理论准备（第二点、第三点）。

另外，与学说上的应对相比较，同时浏览立法状况，对预测今后的学说及"理论"动向具有积极意义。因此，第四点将结

---

[286] Krause, Rechtsformen des verwaltungshandelns, 1974, S. 235.

[287] Otto Bachof/Winfried Brohm, Die Dogmatik des Verwaltungsrechts vor den Gegenwarsaufgaben der Verwaltung, VVDStRL30 (1972), 193-244, 245-312. 在以下部分简化引用为 Bachof, Dogmatik; Brohm, Dogmatik。另外，参照对此进行介绍的文献：塩野宏「O・バッハオフ、W・ブローム『行政の現代的課題と行政法のドグマティーク』」法学協會雑誌 91 卷 2 号 85 頁以下（1974 年）。

合与第二节第四款有关允诺的法的性质探讨，考察 1976 年《行政程序法》的立场。其后，在第五点梳理"行政行为的功能"。

二、巴霍夫的立场

行政法的学理对现代行政提出的各种问题应当如何应对呢？关于这个问题，德国行政法学者是如何考虑的呢？德国国法学家协会 1971 年总会上的报告及其讨论 [288] 是解答这些疑问的重要线索。德国国法学家协会根据各种观点处理给付行政中的行为形式问题，同时，1971 年总会承袭了以上做法，具有总括性意义 [289]。

众所周知，在"给付行政"的标语下，从不同角度对"吸收奥托·迈耶式行政法的传统立场"进行了批判，这与"方法论"上的问题相关联（参照后述第二款第五点），两位报告人——巴霍夫与布罗姆在论调上形成鲜明对比。

从巴霍夫的论调中可以感受到，他虽然肯定近时对"吸收奥托·迈耶式行政法的传统立场"进行批判的意义，但竭力表明，具体批判只是强调"传统立场"的一个方面，并未正确评价能否适应现代行政。尤其是，他认为，给付行政中的"行政活动的任务和目的"观点可以产生不同于"法学方法"（juristische Methode）的，有用的记述性、发现性（heuristisch）功能。巴霍夫通过这种评价回应了对重视"行政活动的法形式"的倾向的批判 [290]。

203

[288]　VVDStRL 30（1972），313-364.

[289]　F. Ossenbühl, Daseinsvorsorge und Verwaltungsprivatrecht, DÖV 1971, 513-524（S. 515 Anm. 17）.

[290]　Bachof, Dogmatik, S. 223-230.

巴霍夫关于行政行为的论述如下：

> 奥托·迈耶的体系并非以高权的行为形式或者行政行为为主要对象，迈耶批判将"（法律上规定的）公权力"概念与"命令和强制"等同视之的旧观念（altertümliche Gleichsetzung）。

204

> 迈耶以极为简约的含义使用行政行为这种法的形态（Rechtsfigur），其与我们现在的用法是不可比较的。对于迈耶而言，1945 年后才产生（之后再次倒退）的行政行为概念延及（ausufern）行政机关所有言明（Bekundungen）的现象是不可思议的，这对于他的后继者也是相同的 [291]。

同时，巴霍夫修正了以往的学说，认为从迈耶开始或者在第二次世界大战之前，行政行为并非是德国行政法体系的核心概念（Zentralbegriff）。无论如何，绝不是现在假设的这样。巴霍夫认为，在第二次世界大战后的数年间，行政行为才成为核心概念，并指出这是因为权利保护将重点置于行政行为的规范（Regelung）而产生的 [292]。

1946 年后，各种行政法院法"拘泥于诉讼法的思考"，巴霍夫在 1963 年的论文 [293] 中阐述如下：

> 1946 年以后，德国各州颁布的《行政法院法》（对行政行为占据核心地位）具有一定的贡献。一方面，这些法律为了构建对所有行政行为的撤销请求（Anfechtung）制

---

[291]　S. 213.

[292]　S. 231.

[293]　Bachof, Über einige Entwicklungstendenzen im gegenwärtigen deutschen Verwaltungsrecht, in: Staatsbürger und Staatsgewalt（1963）, Bd. II, S. 3–18.

度，引入了没有限制的概括条款，同时，推动了与此同等重要的诉讼改革，即在不作为及拒绝作出行政行为时，可以请求作出行政行为。另一方面，当然上述法律规定中也体现了传统观念，具体而言，其将此前的学说以及部分判例中出现的"行政行为"概念在一定的限定范围内率先引入到法律语言（Gesetzessprache）中。其中，一部分法律不仅尝试在法上界定（Legaldefinition）行政行为概念，而且基于撤销诉讼（Anfechtungsklage）和课予义务诉讼推动权利保护的体系化，使行政行为成为整个权利保护体系的关键所在（Angelpunkt）。的确，虽然这些法律也规定了"其他公法上的争讼"，但完全都处于继子的地位。当时法院不知道如何对此进行妥当处理。受上述法律规定的影响，在判例上很 205 少明确实体法与诉讼法的相互作用。行政行为概念在其后不断受到重视，前所未有地成为行政法体系的核心概念[294]。

如此，否定行政活动具有行政行为的性质实际上就等于否定权利保护，在这种背景之下，判例上出现的一种现象是，为了尽可能获得概括性权利保护，根据目的论解释，扩大行政行为的概念。同时，巴霍夫指出，其后，特别是 1960 年之后，受到在联邦统一适用的《行政法院法》（VwGO）的影响，又出现了逆行现象[295]。

关于这个问题，他在总会报告中反复指出：

　　但是，判例在此之后再次缩减了行政行为的概念，开始通过法律关系（Rechtsverhältnis）认可更大余地的存在。

[294]　S. 8–9.
[295]　S. 10.

学说应当朝着这样的方向不断支持判例的立场。唯有如此，才能克服过分偏重行政行为的思考，才可以使其他制度（Institute）以及行为形式在行政法的学理中发挥各自应有的作用（ihrer legitimer Platz）。并且，只有通过这种方式，制度以及行为形式才能以多种形式构建和展开。这种多样性对行政法正当评价行政的所有任务而言是不可或缺的。这些形式主要有：行政法上的契约、单纯行政活动、允诺（不能被定性为行政行为）、私人对行政作出的单方意思表示、保证（Garantenstellung）、计划保障（Plangewährleistung）以及其他行为形式[296]。

如上所述，巴霍夫说到了"行政行为的比重下降"、重视"法律关系"。在此，需要留意的是，巴霍夫指出，应当承认行政行为是给付行政的重要制度，并强调在组织法领域难以通过"法律关系"概念理解机关的相互关系[297]。

206　　　可以说上述巴霍夫的立场是致力于解决"传统行政行为论负担过重"的问题，同时通过多种行为形式从法上把握行政活动。

相比于巴霍夫稳健的论调，布罗姆的观点稍显犀利。在本质上，布罗姆与巴霍夫关于行为形式的观点并不是对立的。下一项将考察布罗姆的观点。

三、布罗姆的立场

根据另一位总会报告人布罗姆的论调，他认为对过去的学理提

---

[296]　Bachof, Dogmatik, S. 232.
[297]　S. 233.

出问题是报告人的任务〔298〕。同时，"法现象的动态考察"〔299〕〔300〕视角是布罗姆理论构想的基本所在。他从这种视角对"传统立场"以及行政行为论进行了激烈批判。

"传统行政法学"偏向于静态考察，只重视行政的"执行功能"和"法律适用"，并使行政行为处于体系的核心地位，布罗姆结合这些情况，论述如下：

> 　　行政行为概念是结合侵害行动（Eingriffshandlung）形成的公权力的发现形态（Äußerungsform），（在传统行政法理论中）处于核心地位。其主要任务是解决合法律性与个人权利保护（Individualrechtsschutz）的问题。行政的画像可以通过行政的"执行功能"绘制，在此，基于行政的"法律适用"被过于轻薄地与逻辑涵摄、严格拘束等同视之。正如这样，作出唯一正确的决定（die eine richtige Entscheidung）是学理的目的。而行政的"形成功能"、程序法以及组织法问题完全被忽视〔301〕。

尔后，他对最近的学说以及理论动向作出如下评价：

> 　　这个体系对于解决给付行政中的各种问题，具有一定的适应性，这些问题可以通过给付关系中的"生存照顾"概念进行囊括（umschreiben）。行政行为是依据命令的高权性

〔298〕　Brohm, VVDStRL 30, 353（Aussprach）.

〔299〕　Brohm, Dogmatik, S. 260，在文献中，自己编制（selbst programmieren）这一表述很有特点。参照 Walter Schmidt, Die Programmierung von Verwaltungsentscheidungen, AöR 96（1971），321 ff.

〔300〕　藤田宙靖「法現象の動態的考察の要請と現代公法学——R・スメントについての覚え書き」（1977 年）行政法学の思考形式（1978 年）360-399 頁。

〔301〕　Brohm, Dogmatik, S. 253-254.

207 "规范"，高权、官署性行政因单纯高权行政的存在而充实。
公法上的各种标准（Maßstäbe）根据两阶段说或者行政上的
私法，被灵活地适用于单纯的高权行政，通过扩大公权的方
式，为具体个人的分配参与权（individuelle Teilhaberechte）
奠定基础。时至今日，这种变革仍然没有结束 [302]。

布罗姆指出，从理念而言，现在我们迎来了一个崭新的发
展阶段 [303]。他强调，现代工业社会（moderne Industriegesell-
schaft）使行政发生结构性变革，应当赋予行政机关在计划、经
济政策、社会政策、国土开发（Raumordnung）以及都市建设
（Städtebau）等领域的形成任务（Gestaltungsaufgabe）[304]。于
是，他对传统行政行为与法规范的二分法提出批判：

> 行政行为与法规范这两种国家的行为形式，通过传统
的概念的界定，排除了社会形成性措施。通过将侵害行政
固定于法律执行，根据财产和自由条款以及一般抽象规范
要求来界定法规（Rechtssatz），进而确定国家能进行"规
范"（staatliche Regelungsmöglichkeit）的最高限度。再者，
行政仍然处于不具备充分被授权具体立法的领域（offener
Bereich）的态势。结果，时至今日，仍然很难根据实体，
对具体一般的行为形式与抽象个别的行为形式进行把握。
具体而言，这种问题存在于执行规范（Vollzugsnormen）、
对物的行政行为（dingliche VAte）、没有相对人的行政行为
以及与某人相关的行政行为（VAte an wen es angeht）等概

---

[302] S. 257.
[303] S. 258.
[304] S. 259.

念构成中[305]。

如上所述，布罗姆指出，现今，行政行为与法规范这两种行为形式趋于相对化，出现了许多"中间形态"（Zwischenformen）。另外，他对"拘束性规范"的标志阐述如下：

> 现在，（与行政行为和法规范）这两种法形式共通的拘束性（Verbindlichkeit）必然出现相对化。如此，有时"拘束性规范"的标志被无端扩大。因为学者们欲将指标性指针（Indikativrichtlinien）、拘束性分配（Normativkontingente）、提供信息、允诺、报告或者证明（Bescheinigung）等行为分为法规范或者行政行为，不想让它们脱离法的把握[306]。

根据布罗姆的上述观点，与前述"将具体一般的行为形式和抽象个别的行为形式与法规范进行区别"的情况相类似，学理在"区别行政行为与事实行为"时也陷入"丧失功能"的境地。

> 现在的学理根据"权利侵害"（Rechtsbetroffenheit），对市民进行"规范"的标志进行判断，在这种情况下，与事实行动（Tathandlung）进行区分时，行政行为丧失了它的功能[307]。

在此，可以联想到本章第二节第四款考察的"事实行为向行政行为转化"的理论构成。

---

[305]　S. 281-282.

[306]　S. 283.

[307]　S. 286, Anm. 127.

布罗姆建议在理解法规范与行政行为的中间形态时，应当更加抽象地界定行政行为概念。

> 将来，根据各种行为形式附带的法效果（Rechtswirkungen），对其进行细分并重新类型化时，应当考虑是否可以更加抽象地界定行政行为概念。行政行为在丧失与公权的特殊联系（Konex）后，将被理解为现代决定理论意义上的"决定"。然而，社会科学对决定的定义，即认为决定是信息加工程序的结果，具有很强的片面性，它重视决定过程的合理性而忽视权力问题（Machtproblem）。如果考虑这两方面要素，行政行为可以重新被界定，即对行政具有拘束性的意思形成和信息加工过程的终结（Abschluß），而与是否对市民进行规范（Regelung）无关，它只能在行政的高权性权限（Hoheitskompetenzen）的界限内行使[308]。

209

布罗姆认为，这样重新定义行政行为并非要排除它在程序法及实体法上的功能，而是通过更加抽象的界定，将行政行为的程序法以及实体法上的功能导入相应的关系中去[309]，在上述行政法学理的发展过程中，这些功能早已丧失。布罗姆重新界定的行政行为概念是否妥当？这需要对"行政行为功能"的问题进行更加具体的探讨。对此将在第五点进行详论，在此，首先梳理总会的讨论及结语中引人深思的发言。

上述两个报告阐述了行政行为概念产生动摇的现象，但是，总会发言并没有对此提出反对意见。伊普森强调，现在行政行为理论已经不是行政法体系的核心，补助金法律关系和计划法

---

[308] S. 285–286.
[309] S. 286.

律关系应当受到重视 [310]。巴杜拉则认为是法律概念的动摇导致行政行为概念的动摇 [311]。

由此可见，虽然他们对上述问题的诊断具有一致性，但并不存在可以解决问题的有力见解，尤其对布罗姆提出的新的行政行为概念存在较大争议。具体而言，伊普森肯定了不限定于个别行为，藉此接近欧共体法的观点 [312]，而布林格对扩大程序规制的观点予以肯定 [313]。再者，库布林茨认为，如果从行政行为概念中去除法的"规范"，将失去"缩减复杂性"的传统功能，[314] 即划定赋予市民请求法的控制的情形。另外，福格尔指出，一旦超过起诉期限，将遮断撤销请求，换言之，行政行为具有创设法的明确性（Klarheit）功能，同时他批判性地认为，该功能只有个别行为（Einzelakt）才能实现 [315]。同时，科普认为，行政行为的不可争性和存续力（Bestandskraft）是所谓"双刃剑"，如果扩大行政行为的概念并过度抽象化，将失去实务上的意义和手段的效用，沦为没有内容的空洞概念 [316]。

210

应该如何考虑上述行政行为功能的问题？对此，可以回顾本款第五点和第六点有关允诺的法的性质的探讨。下一项将稍转换视野，概览立法的状况。

四、1976 年《行政程序法》的立场

从上文考察可知，德国有关学说及"理论"承认"行政行

[310]　VVDStRL 30（1972），S. 314.
[311]　S. 330.
[312]　S. 316.
[313]　S. 338.
[314]　S. 318.
[315]　VVDStRL 30（1972），S. 325.
[316]　S. 348.

为比重下降"的倾向（或主张）。另一方面，制定法仍然奉行
"行政行为中心主义"。1976 年《行政程序法》[317]有关"允诺"
的规定就是这种现象的表现之一，本部分首先对此进行考察，
该法第 38 条第 1 款规定如下：

> 有权限的机关作出的发布或者不发布特定行政行为的
> 保证（Zusage）［允诺（Zusicherung）］，只有采取书面形
> 式才具有效力。
> 在发布允诺的行政行为前，依据法律，应当为相关人
> 提供听证或者需要其他机关或委员会协作的，该允诺只能
> 在为相关人举行听证或者得到其他机关或委员会的协作后
> 作出[318]。

1976 年《行政程序法》在 1960 年前后开始着手制定[319]，
有关"允诺"的以下事项引人关注：

如第二节第四款所示，1962 年第 44 次德国法曹会议第二分
会主要探讨"公行政中的提供信息（教示）和允诺"的问题。在
当时，对于是否应当纳入制定法的问题，持消极态度的见解占据

---

[317]　Verwaltungsverfahrensgesetz vom 25. 5. 1976（BGBl. I, S. 1253）.

[318]　该条第 2 款规定行政行为相关规定的准用，第 3 款规定情势变更相关内
容。§ 38 Zusicherung.（2）Auf die Unwiksamkeit der Zusicherung finden, unbeschadet
des Absatzes 1 Satz 1, § 44, auf die Heilung von Mängeln bei der Anhörung Beteiligter und
der Mitwirkung anderer Behörden oder Ausschüsse § 45 Abs. 1 Nr. 3 bis 5 sowie Abs. 2, auf
die Rücknahme § 48, auf den Widerruf, unbeschadet des Absatzes 3, § 49 entsprechende
Anwendung.（3）Ändert sich nach Abgabe die Zusicherung die Sach- oder Rechtslage de-
rart, daß die Behörde bei Kenntnis der nachträglich eingetretenen Änderung die Zusicherung
nicht gegeben hätte oder aus rechtlichen Gründen nicht hätte geben dürfen, ist die Behörde
an die Zusicherung nicht mehr gebunden.

[319]　参照成田頼明「行政手続の法典化の進展——1976 年西ドイツ行政手続
法について」公法の理論下 I（田中古稀記念）1645-1726 頁（1977 年）。

优位〔320〕。再者，从行政程序法的制定史来看，无论是 1963 年的模范草案，还是 1970 年的政府草案都没有关于"允诺"的规定〔321〕。

如前所述，在 1962 年法曹会议上，关于"允诺"的法的性质存在根深蒂固的"行政行为抑或事实行为的二选其一"的思考样式。后来，才开始明确"允诺"的固有意义。根据联邦参议院的建议，1973 年政府草案对允诺进行了规定〔322〕。1976 年《行政程序法》第 38 条是通过对该规定进行若干技术性和修辞性修改而成的，可以说对第 38 条规定的允诺的法的性质的争议最终以有利于行政行为说的形式而终结〔323〕。在此期间，雷德克主持的德国律师协会（Deutscher Anwaltsverein）行政法分会在 1973 年 11 月 5 日对草案的个别问题点提出了意见书〔324〕，但是有关允诺的修正提案并没有被采纳〔325〕。

211

雷德克在 1973 年的杂志论文〔326〕中阐述如下：

> 在草案中，允诺（Zusicherung）被界定为是有权限的行政机关作出的将来发布或者不发布某一特定行政行为的保证（Zusage）。〔327〕
>
> 将允诺的领域限定为行政行为几乎是不可能的。这里所

---

〔320〕　Verh. des 44. DJT, Bd. II（1964），Beschluß, S. 106−107.

〔321〕　Stelkens/Bonk/Lenhardt, Verwaltungsverfahrensgesetz Kommentar 1978, S. 350. 以下部分引用为 Stelkens, Komm. 。

〔322〕　参照 Wolff/Bachof Verwaltungsrecht I, 9. Aufl. 1974, S. 358（1973 年草案拔萃），以下部分引用为 Wolff/Bachof I。

〔323〕　Stelkens, Komm. , S. 352.

〔324〕　成田，前揭注 319，1662 页。

〔325〕　Stelkens, Komm. , S. 351.

〔326〕　K. Redeker, zum neuen Entwurf eines Verwaltungsverfahrensgesetzs, DVBl. 1973, 744−748.

〔327〕　S. 744.

称的允诺包括其他的行政行动，即从纯粹事实上的形态到作出法律行为性表示（Abgabe rechtsgeschäftlicher Erklärungen）[例如先买权（Vorkaufsrecht）的行使]。草案第 9 条错误地将作出行政行为以及缔结公法上契约限定为行政程序，这种错误在第 34 条重复出现，应当避免。[328]

德国律师协会明确提出，应当对作出行政行为以外的公法上的行动的允诺进行"规范"，但立法者并没有采纳这个建议。因此，作出"事实行为""单纯高权性行动"和"内部勤务行动"的允诺以及有关"私法上表示"的允诺都不适用第 38 条[329]的规定。

212　　因此，适用第 38 条规定的"允诺"（Zusicherung）的法的性质姑且不论，可以预想，仍将继续探讨不适用第 38 条规定的"允诺（Zusage）（保证）"的法的性质[330]。但如下文所述（参照第六点以及第二款第八点），"允诺是否属于行政行为"的设问本身没有太大意义，但这个设问本身恰好反映了"行政行为论的负担过重"的问题。

另外，作为一般性问题，应当如何评价 1976 年《行政程序法》的适用范围被限定于作出行政行为及缔结公法上的契约呢？这关系到行政程序在德国行政法中是如何被定位的重大问题，反映了认为行政行为与公法上的契约在各种行政活动中发挥着重要作用的观点，也暗示了行政的行为形式论是以这两种行为为中心构建的倾向。究其原因，为了解决各种行政活动产生的法的问题，明确规定要件以及效果的法律是极其重要的线索，

---

[328]　S. 745.

[329]　Stelkens, Komm., S. 352.

[330]　参照 W. Krebs, Zur Anwendbarkeit des Verwaltungsverfahrengesetzes auf verwaltungsbehördeliche Zusagen, VerwArch. 69（1978），85.

因此，首先需要探讨相关行政活动是否属于行政行为或者公法上的契约等行为形式。

　　另一方面，除法规命令、条例和一般的行政规则之外，以下领域被认为不属于 1976 年《行政程序法》的适用范围：第一，不具有"规范"性质的活动以及符合"行政上预备行为（Verwaltungsvorakt）"概念的活动；第二，行政内部的程序；第三，私法上的活动[331]。如第二节所述，这些都是现代行政的重要领域，是围绕"生存照顾""单纯行政活动"和"行政上的私法[332]"等表述而产生的领域。这些表述与本章关注的事实行为具有密切关系。虽然立法者意识到了这些领域的重要性，但由于相关法理还没有确立[333][例如，单纯的高权活动（schlicht hoheitliches Handeln）依然在激流中发展]，因此，没有纳入 1976 年法的范围。同时，1963 年模范草案放弃了制定囊括这些领域的行政活动的一般性原则，只是在 1973 年政府草案中加入了少许有关裁量的规定（第 40 条），但这些规定也被限定于作出行政行为的活动[334]。

　　行政法的法典化区分了行政实体法和行政程序法，并且认为只有后者才具有法典化的必要性和可行性。1976 年《行政程序法》正是基于这种考虑制定的。虽然第 43 次德国法曹会议中存在意见分歧，但决议按照巴林等人的主张，认为应当纳入与行政程序密切相关的行政法总则不可分割的实体条款（annexe Materien des allgemeinen Verwaltungsrechts），尤其是行政行为的存续力（Bestandskraft）问题。于是 1963 年模范草案追加了相关规定，最终成为 1976 年法[335]。

213

---

[331]　Stelkens, Komm., S. 124-125.

[332]　ebd. S. 73.

[333]　ebd. S. 51.

[334]　ebd. S. 55.

[335]　ebd. S. 54.

因此，1976 年《行政程序法》加入了与行政行为相关的实体性规定，而拘束一般行政活动的实体法规范则委诸在裁判的权利救济中适用的不成文实体法规范，例如比例原则、信义原则和平等原则等[336]，当然也包括"消除结果请求权（Folgenbeseitigungsanspruch）"。

消除结果请求权或者一般的消除请求权法理的初衷是，无论行政采取何种行为形式，只要对市民的法的地位造成损毁，都应当赋予其裁判土的权利保护（Rechtsschutz）。一方面，在这种情况下，行政行为抑或事实行为的区别仅意味着诉讼形态的差异，且具有相对化的倾向。另一方面，这并不能解决"撤销诉讼＝权利保护的图式"的问题。因为在纯粹的行政机关与市民的双方关系中，倘若暂且不论请求排除行政机关侵害的情况，那么，如果为了排除侵害状态，需要行政机关对第三人采取一定措施，将引发课予义务诉讼的问题。当行政机关拒绝作出授益性行为，相对人请求对此进行救济的情况下，例如，在请求提供信息的场合，将产生课予义务诉讼的问题，也可能引发拒绝作出授益处分是否属于消除结果请求权的适用范围的问题。这暗示基于课予义务诉讼的权利保护涉及所有的行政活动，有着非常重要的意义。如果基于这一点，考察有关"允诺（Zusage）"的法的性质的讨论以及克劳泽提出的有关行政行为功能的三个关系，可以在下文详细梳理。

五、行政行为的功能

关于"允诺"的法的性质的讨论具有什么意义呢？通过本

---

[336]　成田，前揭注 319，1670−1672 頁。

章的探讨可知，设定"允诺是否属于行政行为"的问题本身就是"行政行为抑或事实行为的二选其一"的思考样式或者"行政行为论的负担过重"的表现。因此，基于"允诺"与行政行为功能的关系，继续考察有关"允诺"的法的性质的讨论意义，以便为分析可否将"允诺"视为一种"行为形式"做理论上的铺垫（参见第二款第八点）。

克劳泽指出，行政行为存在诉讼法上、实体法上和程序法上的功能。如何考虑这三者之间的关系，与如何把握诉讼法、实体法、程序法以及如何界定行政行为有密切关系[337]。因而，鉴于不同学者的出发点不同，可能会失去比较的意义。因此，按照本章的问题意识，从以下方面进行分析：

首先，行政行为的诉讼法上的功能是指，赋予原告基于行政行为固有的诉讼形态实施权利保护，尤其是通过撤销诉讼以及课予义务诉讼等形式解决纠纷——关于允诺需要保留的问题留待后述。这种功能是行政行为特有的。另一方面，曾经设想的"打开权利救济之路（rechtsschutzeröffnend）"的功能[338]至迟已于1960年之后丧失。

其次，行政行为在程序法上的功能是指基于法治国家原则[339]，赋予一定的权利保障，例如告知（Bekanntgabe）、听取意见（rechtliches Gehör）、阅览文书（Akteneinsicht）和附具理由（Begründung）等，这可以与诉讼上的概括性权利保护相提并论。值得注意的是，这些功能并非是行政行为特有的。另外，

---

[337] 例如，行政行为的撤回要件究竟是属于实体法还是程序法，对此贝特尔曼、巴霍夫的观点是对立的。在德国，以联邦与各州的立法权限的分配问题为前提，论述"实体法""程序法"和"诉讼法"区别问题的情况较多，这一点需要留意。参照 C. H. Ule/H. -W. Laubinger, Verwaltungsverfahrensrecht 1977, S. 8-9。

[338] F. Ossenbühl, Die Handlungsformen der Verwaltung, JuS 1979, 681-687（683）.

[339] Stelkens, Komm. , S. 25.

关于行政上的强制执行等，还提出了行政行为的"名义功能
（Titelfunktion）"（参照第四节第三点）。

最后是行政行为的实体法上的功能。行政行为在实体法上
的功能可以分为以下三项功能：①对作出行为的行政机关自身
的拘束；②对其他行政机关的拘束；③对市民的拘束。前两项
意味着只要没有依职权撤销或者撤回行政行为，行政厅就不能
采取有悖于该行为规范内容的行动。而第三项市民的拘束功能
主要是指在产生不可争性后，市民就不能提出与该行政行为规
范的内容相反的请求。

也有学者将这三种不同属性的"拘束性（Verbindlichkeit）"
概括地解释为是"具体化以及明确化功能（Individualisierungs-
und Klarstellungsfunktion）"〔340〕，但是，有必要搞清楚在什么情
况下存在这些功能。例如，第三项的"遮断效力"是结合诉讼
法上的诉讼期间发挥强有力的"明确化功能"（参照第三项），
这是行政行为的特有功能，备受福格尔等学者的关注。与此相
比，第一项的"行政自我拘束"以及第二项"对其他行政机关
的拘束"并非是行政行为特有的功能。再者，"行政自我拘束"
功能对援用它的市民而言，具有授益性，而"遮断效力"则是
侵害性的，对市民具有重大影响。

六、允诺的法的性质论的意义

在这种框架内，再行考察有关"保证（Zusage）"或者"允
诺（Zusicherung）"的法的性质的探讨时，有耐人寻味之处。
具体而言，从 1976 年《行政程序法》第 38 条的评释来看，虽

---

〔340〕　Ossenbühl,（Anm. 53）JuS 1979, 683. 兼子仁編著『西ドイツの行政行為
論』（1987 年）12 頁（人見剛執筆）。

然主张允诺是行政行为的观点很多，但理由却千差万别。

首先，施特尔克斯、邦克、莱昂哈特根据第 38 条第 2 款使用了"职权撤销（Rücknahme）"和"撤回（Widerruf）"等表述，据此认为第 38 条意义上的允诺（Zusage）属于行政行为，但认为采取其他公法上行动的保证却并非如此[341]。

其次，根据科纳克[342]的观点，由于通过允诺实施了一定的规范（Regelung），因此，允诺属于行政行为[343]。另一方面，他认为预备性决定已经包括部分规范（Teilregelung），因此，不属于允诺[344]。这种观点将会导致对"规范"的含义产生疑问。

216

与上述观点不同，迈尔则认为允诺是一种行政行为，理由在于，允诺使行政机关与允诺的相对人之间产生了拘束性的法效果[345]。另外，他指出，在重要的问题点上，1976 年《行政程序法》的规定与之前的判例法不同，在实体上（in der Sache）强烈依存公法上的契约法理，并且，与负担契约（Verpflichtungsvertrag）并行发挥作用[346]。同时，立法者认为，允诺究竟是行政行为，还是法律行为性的意思表示，这个问题[347]应当暂行搁置。

综上所述，以"保证"或者"允诺"是否属于行政行为为问题意识时，首先面临的是实体法上第一项功能的问题，即"行政自我拘束"问题。而对于实体法上的第三项功能，即"遮断效力"问题，1976 年法并没有明确如何界定第三人的地位。

[341]　Stelkens, Komm. , S. 352.

[342]　H. J. Knack（Hrsg. ），Verwaltungsverfahrensgesetz（VwVfG）Kommentar 1976. 以下部分引用为 Knack, Komm. 。

[343]　Knack，Komm. , S. 311.（bearbeitet von K. R. Schwarze. ）

[344]　ebd. S. 310.

[345]　Meyer/Borgs, Kommentar zum Verwaltungsverfahrensgesetz 1976, S. 237（bearbeitet von H. Mezer）. 以下部分引用为 Meyer, Komm. 。

[346]　Meyer, Komm. , S. 235~236.

[347]　迈尔的表述是，法律比立法者更贤明。

1973 年草案中没有 "为相关人提供听证（die Anhörung Beteil-igter）" 的条款，但第 38 条第 1 款加入了该条款并规定，在作出行政行为前需要为相关人提供听证的，未经听证不得作出允诺（但允许事后补充听取意见。第 38 条第 2 款、第 45 条第 1 款第 3 项[348]），但仍然没有明确，因将来可能作出的行政行为遭受不利的第三人，应当在何时采取行政复议的手段（Rechtsmittel）[349]。根据允诺作出行政行为前需要重新听证，或者，如果认为通过行政行为的撤销诉讼就可以实现对第三人的权利保护，那么将允诺自身视为一种行政行为时的行政行为没有诉讼法上的功能以及实体法上的第三项功能，即遮断效力，只有程序法上的功能以及实体法上的第一项功能，即 "行政自我拘束"。

217　　　那么，行政机关自身受到拘束，因此为其行为属于行政行为提供基础，是否适当呢？从行政行为功能的视角来看，未必适当。这与将纯粹授益性行政的行为，即没有受侵害的第三人的行政的行为称为行政行为是否适当的问题相关联。在这种授益性行为被拒绝，而原告请求作出该行为时，通常会出现是选择课予义务诉讼还是一般给付诉讼的问题。

　　行政行为在诉讼法上的功能，即可以产生课予义务诉讼，对保护原告权利而言，具有重要意义。但在有关允诺的预想的问题状况中，这一功能并不会从正面出现。具体而言，不能提出课予义务诉讼请求作出允诺，即使存在允诺，也只有在没有作出行政行为的情况下，才产生课予义务诉讼的问题。再者，违反不作出行政行为的允诺，将对相对人作出不利的行政行为的情况[350][351]

---

[348]　Stelkens, Komm. , S. 351.

[349]　Redeker, DVBl. 1973, 745.

[350]　Eyermann/Fröhler, VwGO Komm. , 7. Aufl. 1977, § 42—9a, S. 230.

[351]　BVerwG, Urt. v. 17. 10. 1975, DVBl. 1976, 220; NJW 1976, 303; JuS 1976, 401.

下，可以考虑通过以行政行为为对象的诉讼来解决案件。因此，允诺本身属于行政行为，明显不会对诉讼形态产生影响。所以说允诺与通常观念上的授益性行政行为的性质并不相同。即便如此，大多数学说主张"保证"或者"允诺"属于行政行为是基于一种判断，即其属于行政机关的单方意思表示，因而不能成为公法上的契约。

七、拘束性概念的多义性

根据上述探讨，可以给予的评价是，之所以产生克劳泽所提示的"行政行为论的负担过重"问题，是因为为了通过概括性撤销诉讼对"侵害权利"的行为进行讼争而扩大解释行政行为概念，这也是行政行为的诉讼法上功能的一种延续；此外，基于行政行为实体法上第一项功能的"自我拘束功能"，将行政机关受领义务的表示视为行政行为，这也是产生该问题的原因之一。如第二节第四款第七点所示，沃尔夫、巴霍夫将允诺的 218
"拘束性"与行政行为特有的"拘束性"相区别。不同学者对"拘束性"以及"规范"等概念的使用有所不同，这也使对于某一行为是否属于行政行为的探讨更加复杂化。在第二节第四款第二点有关公证以及鉴定是否属于行政行为的探讨中，"规范"这一表述在观念上是指实体法上的第二项功能"对其他行政机关的拘束"以及第三项功能"遮断效力"，与此相关，也会产生诉讼形态的问题。再者，基于与第二节第四款第四点考察的提供信息（Auskunft）的关系，讨论是否存在行政行为的情况下，无论提供信息本身是否具有"拘束性"，当它属于侵害行为时，与公证以及鉴定是相同的；与此相比，如果属于授益性行为，就要直面是否可以通过课予义务诉讼进行救济的问题。并且，在这种情况下，"拘束性"的这一表述主要是指实体法上的第二项功能即"对其他行政机关的拘束"。

那么，产生这种状况的背景是什么呢？在此我们会想到布罗姆对"传统的"行政法理论进行批判时使用的表述，即"行政行为是融合侵害行动（Eingriffshandlung）形成的公权力的发现形态"。在这个概念中，"规范"的标识应当通过程序法上的功能以及实体法上的第三项功能即"遮断效力"来确定。因为从消除结果请求权法理的发展可知，权利侵害性（Rechtsbetroffenheit）是行政行为与事实行为共通的性质，并非只能通过撤销诉讼这种形态提出对抗性请求权。并且，行政行为产生权利侵害的特点在于，可以根据不可争性，在一定限度上排斥消除结果请求权。因此，存在这样的要求，即只有在创设"法的明确性（rechtliche Klarheit）"成为必要且适当的情况下，才可以认可行政行为的存在。

另一方面，布罗姆将行政行为重新定义为"对行政具有拘束性的意思形成及信息加工过程的归结"，如这个定义所示，结合提供信息、允诺、报告和证明等阐述"拘束性规范（verbindliche Regelung）"时，着眼点放在行政行为实体法上的第一项功能"自我拘束"及第二项功能"对其他行政机关的拘束"。可以预想的是，这与发挥实体法上的第三项功能，即"遮断效力"的、被限定的行政行为概念是无法整合的。

由此可以预想，布罗姆提出的行政行为新概念也不能完全解决提供信息、报告和证明等存在的法的问题。布罗姆的新定义与此前的定义相比，更加抽象。因此，应当根据不同的行为形式的法的效果（Rechtswirkungen），对各种行为形式进行细分和重新类型化。

有关允诺（Zusage）的法的性质的探讨与在观念上将行为形式具体定位于什么样的层面有重大关系。具体而言，将允诺定位为与行政行为以及公法上的契约相并列的一种行为形式时，表明行政行为这种形式与布罗姆的"行政行为"概念相比，设想的是更加具体的具有法效果的行为。另一方面，在将允诺定位为行政行为的情况下，在观念上，作为行为形式的行政行为与布罗姆的"行政行为"概念具有相同的抽象性。

从历史沿革来看，既存在抽象性或具体性行政行为概念，也存在广义或者狭义的行政行为概念。这些概念基于不同的目的被提出，并不断发生变迁 [352] [353] [354] [355]。如果认为这体现了

[352] "应该怎样理解行政行为这个词语呢？如果用自然的语言进行定义，则可以这样界定这个概念：行政行为是指（国家）行政的所有活动（业务）（Verwaltungsrecht ist jede Verrichtung der staatlichen Verwaltung）。"参照 K. Kormann, System der rechtsgeschäftlichen Staatsakte, 1910, S. 13. 如此，科曼首先从最广义上界定行政的行为，尔后通过排除私法上的行为、事实行为、以及准法律行为性行政的行为（rechtshandlungsmäßige Verwaltungsakte）构建"行政行为"的固有概念。

[353] 其后，行政行为概念也包括科曼提出的"准法律行为性行政的行为"。但是，依照笔者的观点，不能因此就认为已经确立了将行政行为分为"法律行为性行政行为"与"准法律行为性行政行为"的体系构造。可以认为田中二郎博士关于准法律行为性行政行为的范畴与科曼、尤其是弗莱纳的解释相对应，但是弗莱纳的解释未必很明确。再者，W. 耶利内克认为科曼的用语是不恰当的，同时指出判例上也没有那样的有关行政行为的分类。参照 F. Fleiner, Institutionen des Deutsch Verwaltungsrechts, 8. Aufl. 1928, S. 183-185, W. Jellinek, Verwaltungsrecht. 3. Aufl. 1931, S. 259, 田中二郎『行政法総論』（1957 年）295-296 頁。

[354] 在现在的德国行政法学中，不存在将行政行为分为"法律行为性行政行为"与"准法律行为性行政行为"的说明。并且，有主张拒绝以民法上的法律行为论为依据的立场，也有提倡彻底依据民法上的法律行为论，将所有行政行为视为法律行为的立场，两种观点形成鲜明对照。参照后注 469 及 Obermayer, Verwaltungsakt und innerdienstlicher Rechtsakt, 1956, S. 27-32。

[355] 根据沃尔夫与巴霍夫的解释，所有的行政行为都属于法律行为性行为。在过去，关于一部分公证或通知是否属于"准法律行为性行政的行为"存在很大问题。现在，这些行为被认为既非事实行为，亦非行政行为，而是"法的行为（准法律行为）"（Rechtshandlung）。Wolff/Bachof I, S. 366. 如此，将行政行为界定是属于意思表示的特殊行为是否妥当？这仍然存在很大疑问。但是，将"准法律行为性行政行为"呈现的状况与"事实行为向行政行为的转化"的状况相对应是很耐人寻味的。

本款所述"行政行为论的负担过重"的视角，也是很耐人寻味的。关于这一点，本章只是停留在印象层面，并没有进行深入分析。与事实行为相关联，探讨行政的行为形式论，就可以窥探出行政行为论长期以来所担负的任务及行政法学的良苦用心，这也是下一款的课题。

第二款　事实行为与行为形式论

一、行为形式或法形式

224　　　有学者指出，现代行政的特征是，随着行政功能的扩大或者增强，行政手段和行政的法的行为形式呈现出多样化的趋势。这里的"行政手段""法的行为形式"是指什么呢？本章虽然一直使用行为形式这个表述，但并未对其含义进行特别吟味。前款探讨的"行政行为论的负担过重"问题是否可以通过"行政行为论向行政的行为形式论的展开"获得解决呢？对此，首先应当探讨究竟什么是"行为形式"。从之前的探讨可知，应当根据"行为形式"在观念上所处的具体层面，评价有关允诺的法的性质的探讨。同时，需要注意的是，从观念上将事实行为定性为一种"行为形式"是否得当？

　　　因此，本款首先以鲁普对"行为形式（Handlungsformen）"以及"法形式（Rechtsformen）"的解释为线索，探讨从"行为形式"维度对"单纯高权性行政活动"（＝事实行为）进行考察的情况（第二点）。其次，探讨使用"单纯高权行政"概念表述"行政目的"的事例（第三点），并阐明在确定"事实行为"的意义时，"分析"考察与"综合"考察的区别（第四点）（在第二章已经对这一点进行了阐述）。

另外，第五点将概述"行政活动的法形式"这种理解方式 225
与"法学方法（juristische Methode）"的关联，以此获得"行
政的行为形式论"在"行政法学方法论"中定位的启示。

本章以上述考察为前提，探讨"事实行为"在"行政的行
为形式论"中所处的位置。在此，参考"民法学上法律行为论"
对"事实行为"的定位，对依存于"民法学上的法律行为论"
的沃尔夫、巴霍夫主张即"行政的行为形式论"进行探讨（第
六点）。而后，有必要在观念上保留将"事实行为"定位为与
"行政行为"及"公法上的契约"相并列的一种行为形式的立
场（第七点）。最后，再次对"允诺"的法的性质以及"行为
形式论"的意义进行简要阐述。

二、鲁普的说明

鲁普在题为"行政的形式自由与权利保护"的论文[356]中
的开头论述如下：

行政的"形式自由（Formenfreiheit）"的问题具有多
元性，很难处理。因为其所依存的各种前提本身受到质疑
并有所动摇，并且与各种法现象以及评价范畴（Bewertung-
skategorien）密切相关。对此，可以提出以下问题：应当采
用什么组织形态（Organisationsformen）实现国家的"公共
任务"？公行政能否在私法上或公法上的行为形式（Hand-
lungsformen）中进行选择？公行政在公法上的行为形式中，
尤其是在行政法上的契约与单方高权行为（行政行为）之间

---

[356]　H. H. Rupp, Formenfreiheit der Verwaltung und Rechtschutz, in: Verwaltungs-
recht zwischen Freiheit, Teilnahme und Bindung（1978）, S. 539-550.

是否具有选择权（Dispositionsrecht）？在公行政的某一法领域，例如收费法制（Gebührenrecht）这种方式（Agenden）及行政行为能否被用来实现体系外的目的？从广泛的（weitgehend）法病理学（Rechtspathologie），即"形式滥用（Formenmißbrauch）"的角度对这些问题进行考察，而且，这些问题源自这样一种判断范畴（Bewertungsraster）：本身深受传统的负面影响（negatio aufgeladen），很容易遭受非难（Affinität zur Vorwerfbarkeit），很难根据事实进行分析并探知有趣的问题。因此，沃尔夫只用简短的一节内容阐述形式滥用的一般问题。按照传统的理解，假定这些问题因以下主张而缓和，并非是不可思议的 [357]。即公行政无论是通过官署的、单纯高权的还是以私法上的形式推进，始终应当顾及宪法的各种原则，绝不能滥用自己的支配地位，也绝对不能违反有关竞争（Wettbewerb）的一般法的限制。

接着，鲁普借喻对症疗法（Symptombehandlung）与根治疗法（Kausaltherapie），探讨行政上的私法理论以及作为狭义国库的公共团体的处理问题 [358]。

根据第二节第二款第四点的阐述，鲁普认为，公法上的行为形式（Handlungsformen）除行政行为及行政法上的契约之外，还包括单纯高权性行政活动（schlichthoheitliches Verwaltungshandeln）。如此，鲁普从行为形式的维度，把握"单纯高权性行政活动"，并且对选择行政行为还是单纯高权性行政活动的问题作出考察。也就是说，联邦邮局能否通过行政高权性确定（Festsetzung）及执行手段收取电报电话费用（Fernmeldegebühren）？

---

[357] S. 539.

[358] S. 540-541.

是否需要行政法院的债务名义（Titel）？这就是通常所称的给付决定（Leistungsbescheid）的问题[359]。

一般认为，自联邦最高法院联合法庭 1971 年判决[360]以来，电报电话费用的产生原因及金额争议由普通法院管辖[361]。鲁普以此为前提提出以下问题，即在通过高权性行政行为以及行政执行收取费用的情况下[362]，是否可以在民事法院提起撤销诉讼[363]？根据鲁普的观点，公法上的请求权属于民事法院还是行政法院管辖的问题，与是否可以采取高权性行政行为以及行政上的执行等行为形式的问题是不相关的，但是，在判例上，这两个问题却被合并判断，这就产生了令人不可思议的结论[364]。

鲁普将"单纯高权性行政活动"解释为公法上的一种行为形式。这种解释具有什么意义呢？鲁普认为，将收取电报电话费用理解为是公法上的行为形式，这与其归属于民事法院还是行政法院管辖是没有关系的。如果这样，那么是否可以认为电报电话费的请求权是公法上的行为呢？但是，鲁普在有关公法上或者私法上的形成（Gestaltung）的选择权的部分指出，乡镇联合体的上下水道的费用问题属于民法的一般交易格式条款法（AGB-Gesetz von 9. Dezember 1976）的适用问题[365]，由此可以推测，不论具体适用的法令和司法管辖如何，并非不可以探讨

227

---

[359]　S. 548-550.

[360]　Beschluß des Gemeinsamen Senats der obersten Gerichtshöfe des Bundes vom 15. 3. 1971（GmS-OGB 1/70），BVerwGE 37, 3 69.

[361]　Rupp,（Anm. 71）S. 549-550.

[362]　Rupp,（Anm. 71）S. 549. 根据鲁普的观点，自军人求偿案件（BVerwG, Urt. v. 6. 5. 1964, BVerwGE 18, 283）以来，在判例上认可"给付决定"的容许性。在此分析的案件是 BVerwG, Urt. v. 16. 9. 1977, NJW 1978, 335。

[363]　Rupp, NJW1978, 337 评释。

[364]　Rupp,（Anm. 71）S. 550.

[365]　S. 541-542.

某一金钱请求权属于公法上的还是私法上的权利。

因此，有必要深入理解"单纯高权性行政活动"的表述，这源自 W. 耶利内克提出的"单纯高权行政（schlichte Hoheits-verwaltung）"的概念，但是，对此产生的疑问是，是否实际上这些表述的含义在当初并未被限定于行为形式的维度呢[366]？从联邦普通法院的判例[367]来看，这是很明确的，对此，将在下一项中具体探讨。

三、单纯高权行政的概念

马尔曼认为，"单纯高权行政（Schlichte Hoheitsverwaltung）"这样一种内容明确的行政领域是不存在的[368]。这种评价可以通过联邦普通法院的判例得到印证。具体而言，存在的立场是，"高权的（hoheitliche）"这一形容词被视为是表述"公法上的"含义，而"单纯高权行政"概念是在表述"行政目的"或者"行政任务"，而且可以使用"私法上的"行为作为其实现手段。

例如，联邦普通法院第三民事审判庭 1967 年 6 月 15 日判决[369]如下：

> 毋庸置疑，设置和维持公共道路网以及建设专用高速道路都属重要的公共任务，在这个意义上，如控诉法院判决所示，建设高速公路具有高权的（hoheitliche）性质。但是，实施建设工程是否也具有高权的性质，这个问题还没有定论。至少，单纯高权行政领域包括建设高速公路，

---

[366]　参照第二节注 149。

[367]　Frierich Schack, zur „ Schlichten Hoheitsverwaltung ", DÖV1970, 40–43.

[368]　W. Mallmann, VVDStRL 19 (1961), 172. 第二节注 147。

[369]　BGH, Urt. v. 15. 6. 1967, BGHZ 48, 98.

在这个领域，公共机构为了实现公共任务，可以使用私的手段（privater Mittel）。在这个意义上，可知可以在私法的层面实现公共任务[370]。

这个判决维持了有关道路建设的排污的控诉审判决。在控诉审中，道路建设附近的农业经营人依据职务责任以及征收或牺牲（Aufopferung）的观点，提出了损害补偿的请求。对此，控诉审判决根据征收侵害的牺牲补偿观点，支持了该农业经营人的请求。根据第三民事审判庭的见解，依据《民法》第906条构建民法上的牺牲补偿请求权，还是成立公法上的补偿请求权，是该案的问题所在。从要件、效果（损害赔偿的范围）和被告等要素来看[371]，这个问题对控诉审结论而言并非重要。所以，上告被驳回[372]。因此，引用的部分与案件的解决没有直接关系，在此可以获知，门格、埃里克森[373]提出了一种考察方法[374]，即将"应当判断的行政的事实行为（tatsächliches Verhalten）"与"其背后存在的任务以及组织形态"相分离后进行考察。

1967年11月17日第五民事审判庭判决[375]使用了相同的考察方法。该案是请求排除市立公园（Stadtpark）的喷泉噪音污染的案件。该请求向民事法院提出，一审和二审承认了民事法院的管辖，但驳回了诉讼请求。于是，被告以民事法院没有管辖权为由，提出上告请求。第五民事审判庭驳回了被告的上告

229

---

[370]　S. 102-103.

[371]　S. 103-108.

[372]　S. 103.

[373]　Menger/Erichsen，VerwArch. 60（1969），376-378.

[374]　S. 377.

[375]　BGH, Urt. 17. 11. 1967, DVBl. 1968, 148.

(本案以对噪音容许限度的评价基准的审理不充分[376]为由，被发回控诉法院)，理由如下：

> 被告通过完善及振兴市立公园以实现公益任务。清除空气中的灰尘以及净化储水池也具有相同的性质。然而，不能仅凭这样的目的就直接认为被告的活动属于公法上的行为。判断基准是，公权力主体在对其所有的土地使用收益（Ausnutzung und Verwendung）时，究竟是使用了可以产生普遍义务的私法秩序上的法规，还是使用了特别的公法上的法秩序[377]。在后者的公法上的法秩序中，行使所有权本身就属于一种公法上的行政活动（Verwaltungshandeln）。

引用的后半部分援引第一节第二款第三点分析的第五民事审判庭1964年3月18日判决[378]为先例［控诉法院认为，请求禁止举行教会布施会（Kirmesveranstaltungen）属于普通法院管辖，本判决维持了这个判断］，在判决中，关于单纯高权性活动的裁判管辖问题采纳了沃尔夫的学说[379]。

马滕斯[380]对联邦普通法院的立场给予了批判。他认为，追求公共任务并不意味着属于公法上的活动，这种"分析的"考察方法自身是妥当的，但是，通过私法手段实现赋予高权主体的公共任务绝对不是原则性的，而是需要特别根据的认可[381]。

---

[376]　S. 149.

[377]　S. 148.

[378]　BGH, Urt. v. 18. 3. 1964, BGHZ 41, 264.

[379]　S. 267.

[380]　Wolfgang Martens, 1934年生，曾发表教授资格论文 Öffentlich als Rechtsbergiff 1969。

[381]　W. Martens, Öffentlichen Probleme des negatorischen Rechtsshutzes gegen Immissionen, in：Hamburger Festschrift für Friedrich Schack 1966, S. 85–95（88）.

根据马滕斯的观点，判例承认普通法院的管辖权是以传统观点为背景的，根据传统观点，对于高权性活动产生的污染，不能通过排除妨害的（negatorisch）方式实施权利保护，而只能请求补偿。因此，既然公法上的消除侵害以及不作为请求权已经得到认可，那么维持这种见解和做法的理由已经不复存在[382]。在第二章第一节第三款已经对"忍受并请求代偿"命题的含义进行了探讨，不过马滕斯的以下论述耐人寻味：

> 从诉讼的观点来看，在具体的污染纠纷中，只剩下究竟是通过民事法院还是行政法院实施救济的问题。由于影响自身（Einwirkung）以及产生影响的措施都存在于事实的层面（in der Ebene des Faktischen liegen），属于事实（Tatsachen）且是事实行为（Realakte），因此，这种法的区分经常引发极其困难的问题。倘若学者想要适当定性这些活动，那么就不能像这样（指判例的手法），为了"私法化（privatisieren）"将那些活动分割（isoliert）后进行考察。相反，应当将产生排放侵害的行政设施视为统一的整体进行考察，并查明该活动是否有利于实现受公法或者私法规制的任务[383]。

四、分析性考察与综合性考察

综上所述，单纯高权行政的表述与排污纠纷中所设想的事实行为（Tathandlung，Realakt）在不同层面上使用。换言之，单纯高权行政或单纯高权性行政活动是从整体上表达因"分析

---

[382]　W. Martens, ebd. S. 86, ders. , DVBl. 1968, 150.

[383]　W. Martens, DVBl. 1968, 150.

性考察"而备受关注的公共设施的开始供用（Widmung）、工程
建设的委托契约、施工监督以及工程影响本身的概念。在这种
情况下，从行为形式的角度，将供用开始行为定性为行政行为，
将工程建设的委托契约认定为私法上的契约基本上是没有疑问
的，即便如此，是否可以将上述公共设施产生的影响本身视为
"事实行为"这种行为形式呢？根据马滕斯的阐述，对"事实行
为"应当接受公法还是私法规制的问题，不应基于进行"分析
性"考察时的事实行为本身的性质，而是通过对包括事实行为
的整个活动进行"综合性"考察后决定。因此，不能说"事实
行为"自身属于公法上的行为形式，或者私法上的行为形式。

231　再者，可能产生这样的疑问，即将"事实行为"从观念上视为
行为形式是否妥当[384]？

联邦普通法院在排污纠纷案件中采用了"分析性"考察的
方法，除此之外，有关公共道路交通安保义务（die sogenannte
Verkehrssicherungspflicht für öffentliche Straßen）的判决被认为也
采用了这一方法［交通安保义务是一般社会生活义务（allgemeine
Verkehrspflicht）的下位义务，不应根据有关职务责任的规定，
而应当根据《民法》第 823 条进行判断］[385][386][387]。但是，另

---

　　[384]　奥森比尔在有关职务责任（Amtshaftung）的论述中明确指出，对一般的参
加道路交通活动（Teilnahme am allgemeinen Straßenverkehr）而言，事实行动不具有法
的形式。Ossenbühl, Staatshaftungrecht, 2. Aufl. 1978, S. 25. 具体事例，参照 BGH,
Urt. v. 7. 6. 1971, JR 1972, 128（消防车血液运送案件），Erichsen, Anmerkung, S. 130。

　　[385]　Menger/Erichsen, VerwArch. 60（1969），S. 377. BGH, Urt. v. 9. 11. 1967,
DVBl. 1968, 178.

　　[386]　M. Hoffmann, Der Abwehranspruch gegen rechtswidrige hoheitliche Realakte,
1969, S. 17 Anm. 6. 联邦普通法院的判决将交通安全义务（Verkehrssicherungspflicht）
定性为私法上的行为。霍夫曼对此进行了批判，门格、埃里克森持有相同观点。另
外，根据霍夫曼的观点，一般学说都是反对判决的。但是，沙克并不反对这种私法
化观点。参照 Schack,（Anm. 82）DÖV 1970, S. 41 Anm. 13。

　　[387]　最近的相关判决，参照 BGH, Urt. v. 18. 12. 1972, BGHZ 60, 54。

一方面，有学者指出，联邦普通法院使用"综合性"考察方法，尝试扩大《基本法》第 34 条规定的"公共职务（öffentliches Amt）"概念[388]。并且，在排污纠纷中，甚至出现了认为在民事法院提出禁止请求是不合法的案例。例如，第三民事审判庭 1969 年 6 月 2 日判决[389]维持了控诉审判决，认为请求与农庄（Landwirt）相邻的乡镇联合体（Nachbargemeinde）禁止将雨水从排水网（Kanalisation）排入小河的行为是不合法的。

从这个判决可知，设置及运行雨水排水网被解释为"单纯高权性行政活动和生存照顾行为（ein Akt der Daseinsvorsorge）"[390]，同时，可以解读出，雨水排入管道的行为属于单纯高权性行政措施是问题的关键所在。最终，门格、埃里克森[391]认为该判决采取了"综合性"考察方法。然而，判决援引以往的判例[392]明确指出，在生存照顾领域，公共机构可以实施私法上的活动，因此，不能断言该判决已经放弃"分析性"考察方法。并且，判决将乡镇联合体可以根据条例在所辖区域内规范排水网作为关键，这可以从以下判决获知。

> 根据原告的主张，因受到公法上行动的影响，原告与被告的居民都遭受侵害。在被告相对于原告的关系中，仅凭原告遭受的损害发生在乡镇联合体区域之外，并不能使被告的处理措施（Vorgehen）的法的区分从公法上的活动转化为民法上的活动[393]。

232

---

[388]　Ossenbühl,（Anm. 99）S. 15–18（„Öffentliches Amt" als Funktionsbegriff）.

[389]　BGH, Urt. v. 2. 6. 1969, DVBl. 1969, 623；1970, 273.

[390]　S. 623.

[391]　Menger/Erichsen, VerwArch. 60（1969），377.

[392]　引用了前注 375 及前注 378 的判决。

[393]　S. 623.

　　无论如何，在考察基于怎样的法的构成解决事实行为纠纷时，很难将事实行为与行政行为、公法上和私法上的契约在观念上视为同层面的行为形式。在使用单纯高权性行政和生存照顾（Daseinsvorsorge）概念的领域，不仅要考虑行为形式，还需要考虑组织形态。在有关非权力行政（nichthoheitliche Verwaltung）的探讨中已经意识到这个问题，为应对现代行政面临的复杂问题，德国行政法学出现了公法上的契约、行政私法（Verwaltungspri-vatrecht）和两阶段说，这两者的问题意识是相通的。

　　第一点所述的"法形式（Rechtsformen）"术语包括了"行为形式""组织形态"以及鲁普提出的"制度（Institution）"（在本节第一款第二点巴霍夫对此也进行了说明）。鲁普的"形式自由"意味着选择"法形式"的自由和拘束。同时，克劳泽的教授资格论文的题目是"行政活动的法形式"，他通过副标题将论文内容限定于考察"行为形式"。因此，只有对行政活动进行法的考察时，广义上的"法形式"概念才会成为具有意义的"单位"。这一点是与行政法学方法论相关的问题，未必易于论证，在下一点中将概述其与本节第一款第二点阐述的巴霍夫的报告中出现的"法学方法（juristische Methode）"之间的关系。

五、"法学方法"与行为形式

　　有批判意见认为，"在现代行政中，以行政行为论为中心的传统行政法总论的学理已经不妥当了"。正如前述，这种批判与"行政法学方法论"密切相关。例如，巴杜拉[394]认为，奥托·

---

　　〔394〕 Peter Badura，Verwaltungsrecht im liberalen und im sozialen Rechtsstaat 1966（Recht und Staat Heft 328）．ders．，Das Verwaltungsrecht des liberalen Rechtsstaates 1967（Göttinger Rechtswissenschaftliche Studien Band 66）．

迈耶行政法学的特征是，对应于"自由主义法治国（liberaler Rechtsstaat）的国家观"的"脱离目的的、高权行政的法形式论（eine Lehre von den zweckentleerten Rechtsformen obrigkeichen Verwaltens）"[395]。在此，"法学方法（juristische Mothode）"的 233 "形式主义（Formalismus）"被批判为被"对象"规定的"理论"的特质[396]。

然而，巴杜拉本人提倡与"社会法治国的国家观"相对应，"与行政目的相关联的行政的法形式论（eine Lehre von der auf die verwaltungszwecke bezogenen Rechtsformen des Verwaltens）"[397]，所以他并未批判"法形式论"本身。从第一款第二点可知，巴霍夫尝试维持基于"法学方法"的"法形式论"的基本线。

从考夫曼 1925 年发表的杂志论文[398]中，可知"法学方法"与"法形式论"的关系。

奥托·迈耶并没有将行政的各部分（Verwaltungszweig）与其他内容严格区别，并将其作为独立的部分进行论述，而是将部分用于所有的内容，部分用于其中很大部分内容。实际上，他通过抽出（herauspräpariert）一般的法形式，将行政法学的视点导入特殊的"法学的（juristische）"问题，这些问题互相关联，并在部分行政分部间形成体系构造（Systematik）却是无法被发现的。通过这种方式，他创设了通常所称的公行政的法形式论（eine Lehre von den Re-

---

[395]　Badura, Soziale Rechtsstaat, S. 3.

[396]　Badura, Liberalen Rechtsstaat, S. 51. ders. , Sozialen Rechtsstaat, S. 5.

[397]　Badura, Soziale Rechtsstaat, S. 3-4.

[398]　Erich Kaufmann, Otto Mayer, Ein Beitrag zum dogmatischen und historischen Aufbau des deutschen Verwaltungrechts, VerwArch. 30（1925）, 377-402. in：Autorität und Freiheit（Gesammelte Schriften Bd. I）, 1960, S. 388-411.

chtsformen der öffentlichen Verwaltung），或者至少开拓了通
往这个理论的路径[399]。

对于迈耶的见解，考夫曼指出，行政不仅可以采取公法形
式，也可以采取私法形式。法形式的典型事例主要包括，有关
国库行政、公物、公共营造物、公用负担、利用权和警察等[400]，
此外还有私的公司法上的形态和自治体的经营行政（kommunale
Betriebsverwaltung）等法形式[401]。

如上所述，"法形式"在观念上是什么样的行为非专业术语
呢？这个问题与"方法论"上的立场密切相关。在重视"行政
目的"或者"行政任务"的立场中，在观念上存在更为多样的
场景。

无论如何，"法形式"除"行为形式"外，还包括"组织
形态"和"制度"等。如果要考察在体系性论述中对有关"行
为形式"的观点的强调程度，那么，比较福斯特霍夫与沃尔夫、
巴霍夫的观点是很耐人寻味的。其中，前者属于考夫曼系列，
后者属于迈耶系列。

福斯特霍夫在《行政法教科书》[402]中，详细说明了"法形
式"的种类：第一，在"利用（Benutzung）的法形式"部分，
分别阐述了道路法制中的使用许可（Gebrauchserlaubnis）以及使
用特许（Nutzungsverleihung）[403]、生存照顾（Daseinsvorsorge）

234

---

[399] Bd. I, S. 396-397.

[400] S. 407.

[401] S. 405.

[402] Ernst Forsthoff, Lehrbuch des Verwaltungsrechts Band I. Allgemeiner Teil,
10. Aufl. 1973.

[403] S. 395.

领域的利用关系以及组织形态、公共营造物的使用关系[404][405]。第二，在"具有形成性质（gestaltend）行政的法形式"部分，论及市民法治国的特殊法形式的崩溃[406]（这种形式依存于一般规范与具体命令）。第三，在"公的法形式的统合价值（Integrationswert der öffentlichen Rechtsformen）"部分，论及作为国家组织的官署（Behörden）[407]。第四，"法形式的滥用"。第五，在"私法上的法形式"部分，论及乡镇联合体为了实现公共任务是如何使用经营性企业（wirtschaftliches Unternehmen）的，并将其与官署性权限和单纯高权行为相并列[408]。第六，在"自治行政（Selbstverwaltung）的法形式"部分，论及公法上的社团（Körperschaft）、营造物和财团（Stiftung）[409]。第七，在"公企业的法形式"部分，论及将有限公司（GmbH）、股份公司（AG）和合资公司（Kommanditgesellschaft auf Aktien）等公司形态（Gesellschaftsformen）与直营（Regiebetrieb）及有权利能力的公共营造物相并列[410]。第八，该论述"行政活动的法形式"，这与克劳泽的教授资格论文题目相同。最后是"行政组织的法形式"。其中，第八部分主要论及国库财产的管理[411]、选择生存照顾中的法形式[412]、奥托·迈耶的公法一元论[413]、公

---

［404］　S. 411, 416.

［405］　S. 498, 504.

［406］　S. 73, 75.

［407］　S. 440.

［408］　S. 565-566.

［409］　S. 478.

［410］　S. 515.

［411］　S. 2.

［412］　S. 15.

［413］　S. 53.

企业可以使用的商法上的法形式 [414]、给付行政中法形式的转换
可能性 [415] 和作为行为形式的行政行为 [416]、作为法制度（Re-
chtsinstitut）的附撤回保留和附期限行政行为 [417]、作为给付主
体的行政的法形式 [418] 以及在第一部分和第七部分论及的行为
形式。

　　综上所述，"法形式"的表述除包括"行为形式"和"组
织形态"之外，也会用于"利用关系"和"单纯高权性行政"
等基于"综合性"考察理解的行政活动的整体。福斯特霍夫认
为，奥托·迈耶的功绩在于对法治国行政中的行为形式进行了
法的处理 [419]，但是，他在整个叙述内容中并未明确"行为形
式"是在什么层面上来思考的。

　　福斯特霍夫的教科书的第三部分"行政活动的理论（Die
Lehre von Verwaltungshandeln）" [420] 第 11 章至第 13 章这三章主
要阐述行政行为，与此相并列，第 14 章介绍公法上的契约、抵
销和放弃，第 15 章阐述行政上的强制，第 16 章是有关计划的
内容。

　　然而，第三部分没有出现"事实行为（Realakt）"的表
述，但在以下阐述中可以发现这个表述：第一，在探讨公物法
制中的开始供用（Widmung）的法性质部分——对开始供用是
否属于行政行为有争议 [421]——认为其性质应完全依存于"开始

---

[414]　S. 72

[415]　S. 124.

[416]　S. 196.

[417]　S. 272.

[418]　S. 368，373.

[419]　S. 51.

[420]　Dritter Abschnitt Die Lehre vom Verwaltungshandeln，§ 11. - § 16，S. 195-313.

[421]　S. 387.

供用行为"的有效性，"供用（Indienststellung）"属于一种事
实行为。第二，在有关公共营造物的解释[422]中也出现了这个
概念。

如上所述，福斯特霍夫并未使用事实行为（Realakt）的用
语表述行为形式。并且，对于第二节第三款阐述的有关如何理
解即时强制的问题，他认为事实性活动（tatsächliches Handeln）
是法意义上的行政行为[423]。同时，他在有关行政行为的项下，
主张事实性执行行为有可能以行政行为的形式出现，并且这种
情况会经常发生[424]。这种观点依据了普鲁士高等行政法院的合
成性行政处分理论或者 W. 耶利内克关于"事实性行政行为"
的解释。

---

　　[422]　S. 497. "一般认为，在营造物行政内部，事实行为处于支配地位，而在
国家行政中，行政行为处于优位，这使营造物行政与一般国家行政相区别。奥托·
迈耶也没有忽视这一点。但是，现如今，在对营造物行政的特殊认识的背景中是一
种更为综合性的观念。详述之，这种观念认为，以事实行为为基础的营造物行政是
从现代行政的特殊需要（即作为给付主体）产生的一种新的行政类型，它是可以采
取的一种有效手段，活性化使用可使公共营造物转化为'行政的私法上的形态'。"
以上是福斯特霍夫的观点，有关"事实行为"与"营造物行政"及"特别权力关
系"的问题，参照 Arnold Köttgen, Verwaltungsrecht der öffentlichen Anstalt, VVStRL 6
(1929)，105–143（112–114, 125）。再者，在第二节第四款第三点引用的门格纪念
W. 耶利内克的论文（注 223）有以下论述："在此考察不存在行政行为性质的高权行
动，不仅数量庞大，而且在本质上也很重要……（中略）……它也包括生存照顾领域
中存在的行政的实物给付（事实性给付）Verwaltungsrealleistungen 等行为，这种行为
是作为公法上的行为发展而来的。"参照 Menger, Über die Identität, S. 356。生存照顾
（Daseinsvorsorge）领域的"现物给付"或者"事实性给付"所念想的是指鉴定、警
告等提供信息的行为和其他提供服务的活动。同时，根据巴杜拉的观点，"现物给
付"与供用营造物（nutzbare Anstalt）的法形式相对应，但是战后通过给付行政中金
钱给付的形式实施的情形有所增加。有学说认为，这受到两阶段理论或者行政上私
法说的影响。参照 Badura, Daseinsvorsorge als Verwaltungszweck der Leistungsverwaltung,
DÖV 1966, 624–633（630）。

　　[423]　Forsthoff, Lehrbuch, S. 290.

　　[424]　ebd. S. 199.

另一方面，与福斯特霍夫相比，沃尔夫、巴霍夫教科书的特征体现在对"行为形式"进行了更为精心的编排。以《行政法I》[425]为例，在索引部分，"法形式"这一项被列在"行政"的小分类下，而"公行政的行为形式"以大项目的形式出现。并且，从章节内容来看，该书分别阐述了公行政的法形式（第23章）、法源的种类（第25章）、法源的序列、法的适用范围、成文法源的有效要件、审查以及解释（第26~28章）；同时，对行政法上的债权债务关系及契约（第44章）、行政行动（Die Verwaltungshandlungen）、行政行为的意义、容许性以及概念、行政行为的分类、计划、需要同意的行政行为、行政行为的附款、行政行为的有效性以及合法性（第45~50章）等进行了阐述。

从上述沃尔夫、巴霍夫的阐述中可知，作者的用意在于尝试明确行政行为在"行动（Handlungen）"中的定位，可以评价，这是以"行为形式"的层面为意识的。并且，如后述第六点所示，沃尔夫、巴霍夫根据意思活动的样态（Art der Willensbetätigungen）将"行动"分为事实行动（Tathandlung）与法的行动（Rechtshandlung）[426]，这种分类是依据民法上的法律行为论（Die Lehre vom Rechtsgeschäft）。因此，为了搞清楚从观念上将行政上的事实行为与行政行为以及公法上的契约定位为相同层级的"行为形式"是否妥当的问题，与民法上的法律行为论相关联，考察事实行为的意义，不无裨益。下一点将按照拉伦茨所著的标准教科书的解释，对此进行阐述。

---

[425]　Wolff／Bachof I（Anm. 37）.

[426]　ebd. S. 256.

六、法律行为与事实行为

拉伦茨的教科书《德国民法总则》[427]由序言和五章正文构成，其中第一章的约一半内容都是在论述法律行为[428]，其开头部分阐述如下：

> 在民法典中，"法律行为"是指以引起私法上的法效果、变更个人之间法律关系为目的的一种行动（eine Handlung），或者单数或者复数人格（Person）的多个相互联系的行动（eine Mehrzahl zusammenhängender Handlungen）[429]。

依据不同标准，可以对法律行为进行分类，根据参加法律关系的人格及参加法律关系的方法，可以分为单方（einseitig）法律行为和多方（mehrseitig）法律行为，后者可以进一步分为契约和决议（Beschlüsse）[430]。

此外，"意思表示（Willenserklärung）"是重要的行动（Handlung），也是法律行为的组成部分。

> 旨在引起特定法效果的意思是通过某些行动来实现的，这种行动通常就是意思的"表示（Erklärung）"，即"意思表示"[431]。

237

---

[427]　Karl Larenz, Allgemeiner Teil des deutschen Bürgerlichen Rechts. Ein Lehrbuch, 4. Aufl. 1977. 以下部分引用为 Larenz, Allgemeiner Teil。

[428]　Viertes Kapital. Rechtsgeschäfte, S. 272–565.

[429]　S. 274.

[430]　S. 276.

[431]　S. 273.

　　在很多情况下，仅凭单数人格的表示是不足以产生法效果的，而需要由复数人格作出一致的表示，即契约。在这种情况下，"法律行为"不是表述各个意思表示的概念。如上所述，如果对法律行为进行分析性考察可知，一方面，它由复数行动（Handlungen）构成的情况比较多。另一方面，契约被认为是两个以上意思表示总和的行为，是具有意义的一个整体[432]。

　　根据开头有关法律行为的说明，法律行为的构成部分看似仅限于作出意思表示的行动，但并非如此，"执行行为（Vollzugsakte）"以及"纯粹的意思活动（einfache Willensbetätigung）"等行动也可以成为法律行为的构成部分。

　　在达成转移动产所有权的合意后，根据《民法》第 929 条实施的物的交付（Übergabe）被解释为属于上述第一种的"执行行为"[433]。

　　　　物的交付一般不是基于意思表示产生法律效果的，只是一种行动。因此，它通常不是意思表示，而是一种事实行为。但是，交付与所有权转移的合意相联系，且是引起所有权转移的法律行为的构成部分。再者，在某些场合，交付也被用于所有权转移的意思表示。在这种情况下，交付本身就属于一种意思表示[434]。

　　在此，承认事实行为属于法律行为的构成部分，进而可以将其解释为意思表示。

　　《民法》第 958 条规定的无主物的先占和第 959 条规定的放弃动产所有权都被解释为是上述第二种的"纯粹意思活动"。在

---

〔432〕　S. 273.
〔433〕　Vollzugsakte S. 273.
〔434〕　S. 274.

这种情况下，行为人（Handelnde）想实现的法效果是基于作出与之相应的事实上状态（tatsächliches Zustand）的方式而产生的。因此，纯粹的意思活动性行动不是表示行为（Erklärungsakt），而是纯粹的执行行为[435]。

其次，应当如何理解行动（Handlungen）呢？对此，拉伦茨在题为"类似法律行为的（geschäftsähnlich）行动对有关法律行为规定的类推适用"的段落[436]中说明如下：

> 与此相关联，如果排除不能引起注意的违法行动，可以将具有私法上意义，且不属于法律行为的行动［狭义上的法行动（Rechtshandlungen im engeren Sinn）］分为以下两类，即"类似法律行为的行动"与"事实行为"。"事实行为"只能引起事实上的效果，因此，其典型特征是，不能体现与法效果或者法律关系的关联，但是，法秩序与私法上的效果相联系，是具有私法意义的行动[437]。

上述说明中，"狭义的法行动"包含"事实行为"的解释引人关注。但是，如前所述，沃尔夫、巴霍夫首先对事实行动（Tathandlung）与法行动（Rechtshandlung）进行区分，并认为法行动中包括类似法律行为的表示（rechtsgeschäftsähnliche Erklärungen）与法律行为的意思表示[438]。沃尔夫、巴霍夫的事实行动（Tathandlung）与"事实行为（Realakt）"同义使用，并认为可以直接引起事实上的效果，即使没有这种动机，也可以成为产生法效果的条件（Bedingung）的行动。并且，"事实行

239

---

[435]　Larenz, Allgemeiner Teil, S. 275.

[436]　S. 449-453.

[437]　S. 449-450.

[438]　Wolff/Bachof I, S. 256, S. 364-368.

动"的典型事例包括开始居住（Aufenthaltungsbegrüdung）、转移占有（Besitzkehr）、混同（Vermischung）、提出资料、自力救济、市外通话、建设工程、侵害名誉的主张及其撤回等[439]。另一方面，拉伦茨则认为住所的定住（ständige Niederlassung）要件、占有握持（Besitzergreifung）、交付动产、加工、拾得和发现埋藏物等属于事实行为[440]。如此，虽然沃尔夫、巴霍夫与拉伦茨在观念上对事实行为性质的认识大体相同，但为什么使用不同的用语呢？暂且不论这是否源于民法与行政法的差异，根据朗格[441]的说明，在民法中拉伦茨的表述并非特殊。再者，以德国民法典为基础的德国民法学是基于意思表示、法律行为和契约等核心概念而构成的理论体系。如果以此为前提，将不属于法律行为的行为进行分类，自然会产生这样的问题，即有关法律行为的规定可以在多大程度上准用于非法律行为？一般认为日本法将"类似法律行为的行动"翻译为"狭义的准法律行为"[442]，用以表述可以在一定范围内准用有关法律行为的规定，这个用法是很恰当的。

另外，有必要若干保留对这种不属于法律行为的行为进行大致分类的说明。根据朗格的观点，民法典同义使用"意思表示"与"法律行为"这两个概念的情况并非罕见[443]。并且，

---

[439]　S. 256.

[440]　Larenz, Allgemeiner Teil, S. 450.

[441]　Lange/Köhler, BGB. Allgemeiner Teil, 16. Aufl. 1977. 以下部分引用为 Lange, Allgemeiner Teil。

[442]　日本民法关于事实行为的分类，参照我妻荣『新訂民法総則（民法講義 I）』（1965年）230-235页，川岛武宜『民法総則』（1965年）152-157页，四宫和夫『民法総則』（1972年）155-157页，幾代通『民法総則』（1969年）177-182页等。"准法律行为"概念的用法与事实行为一样，不同的学者对其界定也不同。根据幾代通上述文献第179页注1~3，意思表示之外的行为应该如何类推适用有关意思表示的规定和理论？这个问题的解释有微妙的差异，这种差异产生了上述有关分类的差异，但学者的界定并不存在基本的差异。

[443]　Lange, Allgemeiner Teil, S. 219.

法律行为和解约通知（Kündigung）一样，都是由一个意思表示
构成的。而各种契约只能通过多个意思表示构成，在这种情况
下，根据"意思"与"法效果"相关联的观点进行的分类，自然
没有意识到"法律行为"与"意思表示"的区别。但是，从以前
的考察可知，如果认为事实行为是法律行为的构成部分[444][445]，
那么在对行动（Handlung）进行分类时，使用没有意思表示的　240
行为这个大类在排列上具有优位。于是，朗格将与事件（Er-
eignisse）相区别的人的行动（menschliche Handlungen）中具有
法的意义的行为命名为"法学上的（juristisch）行动"，并将其
划分为三类，分别是意思表示、法行动和侵权行为[446]。其中，
侵权行为被作为特殊的行为进行区分，法行动被分为类似法律
行为的行动与事实行为[447]。[另外，在学说上，对上述民法上
的分类的目的及有用性存在疑问[448]。存在的批判是，这种分
类的目的之一是确定有关意思表示或法律行为规定的适用范
围，但这种目的并不能通过分类而一般性实现，而只能根据各
种行动的目的及其性质具体分析。另外，还有基于"意思学理
（Willensdogma）"的妥当性视点进行的批判。]

　　从本款关注的事实行为与行政的行为形式论的视角观之，
在民法学有关事实行为的解释中，可以获得怎样的启示呢？对
此，将在下一项进行探讨。

---

〔444〕　ebd. S. 219. „ Der Realkontrakt verlangt neben der Willenseinigung noch eine reale Leistung ".

〔445〕　要物契约（Realkontrack，Realverträge）与诺成契约（Konsensualkontrakt，Konsensualverträge）的比较可以追溯到罗马法时代。关于 contractus re 与 contractus consensu，参照原田慶吉『ローマ法（改訂版）』（1955 年）170 頁。

〔446〕　Lange，Allgemeiner Teil，S. 219-220.

〔447〕　ebd. S. 221. 朗格与拉伦茨不同，在此对"居住开始"进行了说明，参照前注 440。

〔448〕　ebd. S. 221-222.

七、民法学的启发

拉伦茨等学者有关"事实行为"与"法律行为"关系的说明，对"行政上的事实行为"与"行政行为"的关系给予了以下几点启示：

第一，认为"法律行为"构成中包含"事实行为"的观点很耐人寻味。再者，有的解释认为，为了具有"法律行为的形式（Form）"，并产生"法效果"，要求存在事实行为[449]。例如，在要物契约（Realkontrakt）中，与意思表示一致且相并行的物的给付、保证契约（Bürgschatsversprechen）要求的书面形式（Schriftform）[450]和转移不动产所有权时[451]要求的登记（Eintragung）等都属于这种行为。因此，如果在观念上将行政行为及公法上的契约视为"行为形式"，那么，这种"行为形式"与借鉴民法学上意思表示、类似于法律行为的行动和事实行为的分类，分析行政的行动时使用的"事实行为"就处于不同层面。根据 1976 年《行政程序法》，公法上的契约及允诺（Zusicherung）应当采取书面形式（Schriftform）（第 57 条、第 38 条第 1 款），在这种情况下也涉及"事实行为"[452]概念。

第二，将执行行为视为事实行为的说明引人关注。这与第一点有一定关联，例如，在转移动产所有权时，意思表示的执行行为就是物的交付，它属于事实行为。在此，可以联想到有

---

[449]　Larenz, Allgemeiner Teil, S. 357.

[450]　S. 358–360.

[451]　参照《民法》第 873 条、第 925 条。鲍尔举例说明物权法中的权利变动需要两重要件，即法律行为性要件与事实性要件，例如动产的交付和土地的登记。Fritz Baur, Lehrbuch des Sachenrechts, 10. Aufl. 1978, S. 29.

[452]　Krause, VerArch. 61（1970），S. 297 ff.

关消除执行结果请求权的巴霍夫的观点（在第二节第三款第五点已经考察过）。

> 包括命令或禁止的行政行为及其执行应当被视为是一个事实的且法的统一体，执行，即"事实行为"，只不过是将包括命令或者禁止的"形式行为"转换到事实的世界（Umsetzung in die Wirklichkeit）……[453]

在动产所有权的转移中，如果将意思表示的合意与作为执行行为的交付视为一个物权性法律行为（dingliches Rechtsgeschäft），那么这个法律行为可以被看作一个事实性的、法的统一体。如果将这种观点视为"综合性"考察，那么认为是"事实行为（Realakt）"及"形式行为（Formalakt）"[454]的理解方式就属于"分析性"考察。如此，根据"综合性"考察，行政行为或者公法上的契约等"行为形式"在某些情况下包含"事实行为"，在这个意义上，"事实行为"在行政的行为形式论中退居幕后。

再者，在此可以联想到克劳泽有关履行行动（Erfüllungshandlungen）的阐述。他指出[455]，履行行动或者被视为"事实行为"，或者被认为不是"事实行为"，这种见解的分歧也存在于民法学上关于履行的法的性质的见解差异中。根据拉伦茨的观点[456]，在民法学上，关于这个问题存在四种观点。其一，全部契约说（die allgemeine Vertragstheorie），通常认为履行属于契 242

---

[453]　Bachof, Vornahmeklage, S. 106-107.（前注 102。）

[454]　在此，巴霍夫在观念中界定的"形式行为"（Formalakt）不同于具有"样式"（Form）的行为（有时称为事实行为），这一点需要留意。另外不同的用法，参照 Kormann, System（Anm. 67），365-371。

[455]　Krause, Rechtsformen, S. 52-53.

[456]　Larenz, Lehrbuch des Schuldrechts, Band I Allgemeiner Teil, 12. Aufl. 1979, S. 193-219. 以下部分引用为 Larenz, Schldrecht I。

约。其二，限定契约说，因给付的性质而有所区别。其三，要物契约说（Theorie des Realvertrags），这种观点以引起履行效果（Erfüllungswirkung）的合意为问题，在这一点上与第一种学说不同。其四，事实性给付效果说（Theorie der realen Leistungsbewirkung）（主导性学说）[457]，"根据这个学说，通常，履行不属于法律行为。如克雷奇玛所述，正因为债务人承担的给付债务向事实世界进行了转换（die geschuldete Leistung in die Wirklichkeit umsetzt），所以，履行是摆脱债务的事实上的清偿行为（realer Tilgungsakt）。转移物的所有权属于债务内容时，即使只能由另一个法律行为产生给付的效果，这种法律行为（物权契约）也只是给付行动的一部分（ein Teil der Leistungshandlung），而不是产生给付行为的一种特别的履行契约[458]。"

根据上述第四种学说，虽然存在以作出法律行为形式履行法律行为的情况，但是，在"分析性"考察履行行动自身时，大多数情况下，其被认为是包含于先行法律行为的"事实行为"。

第三，引人关注的是将"事实行为"同时解释为"意思表示"。在此让人联想到多次提到的合成性行政处分理论、事实性行政行为概念以及事实行为向行政行为转化的现象。

那么事实行为能否被定位为与行政行为和公法上的契约相并列的一种"行为形式"呢？从本部分第一点到第三点获得的启发并不是因某一行为是事实行为而产生特别的法效果，而是提出了这样的问题，即首先某一行为究竟属于"行政行为"或"公法上的契约"，还是属于其构成部分或者履行呢？并且，可以说这是有一定的正当理由的。不过，可以预想的是，当然会

---

[457] S. 194–195.

[458] S. 195.

有批判认为，基于民法与基于行政法的理由是不可能相同的。

然而，在民法上，不属于"意思表示"的行动并非全部被 243
定性为"事实行为"。即便存在疑问，但认可存在类似法律行为
的行为（狭义的准法律行为）范畴，再者，朗格也谈及了不法
行为（unerlaubte Handlungen）。因此，行政法可以借鉴民法学
上的分类，回避克劳泽批判的"行政行为抑或事实行为的二选
其一"的问题。如前所述，可知沃尔夫、巴霍夫也选择了这种途
径，并且他们的解释比朗格更加缜密。他们指出，"侵权行为＝
不允许的行动"和"合法行为＝允许的行动"的分类与事实行
动和法行动的区别是处于不同维度的。

因此，沃尔夫、巴霍夫的分类并没有采取"行政行为抑或
事实行为的二选其一"的立场，那么能否将此视为"行政行为
论向行政的行为形式论的展开"呢？另外，除行政行为和公法
上的契约外，还有哪些行为形式呢？最后，结合这些问题点，
归纳"事实行为"与"行政的行为形式论"之间的关系。

八、事实行为与行为形式论

沃尔夫、巴霍夫对行政行动解释如下：

> 行政行动是指归属（zugerechnet werden）于公行政主体
> （例如，联邦、州、区和乡镇联合体），由行政的职务担当者
> ［官吏或者公勤务人员（Angestellte）］或者合议制机关作出
> 的所有行动。行政行动也被称为广义上的职务行动（Amts-
> handlungen iwS），包括高权性活动（例如，《民法》第839
> 条）以及国库的活动（《民法》第31、89、823、831条）[459]。

---

[459] Wolff/Bachof I, S. 363.

这种行政行动既可以进行"综合性"考察，也可以进行"分析性"考察。并且，在基于侵权行为产生损害赔偿请求权或者公法上的消除请求权问题时，如同"结果不法"或者"消除违法状态"等表述所示——"分析性"考察具体的行政行动，244 无论作为原因的行动是行政行为还是事实行为，考察的重点应当放在这些行动"综合"来看是如何"损毁法的地位"的。另外，如本款第三点所示，在单纯高权行政领域，这些请求权属于公法上请求权，还是私法上的请求权呢？在这种情况下，分析性考察与综合性考察的对照体现了该问题的复杂性。

在进行"分析性"考察时，大多会意识到"事实行为"这种行动。但是，获得的重要启示是，要成为具有公法上意义的行动，就要进行"综合性"考察。"事实行为"只有成为公法上行为形式的行政行为或者公法上契约的组成部分及其执行行为、"履行行动"或者这些行为的准备（Vorbereitung），或者通过与公共任务或者公法上的组织形态相关联等方式才能产生公法上的法效果。对此，可以吟味一下沃尔夫、巴霍夫的解释。

> 事实性行政行动是指不具有拘束性（Verbindlichkeit）及规范内容（Regelungsgehalt）的行政法上的事实行动。它只能直接产生事实上的结果，这种结果可以成为产生某一法的效果的条件。主要使用在准备或者执行（Vorbereitung oder Ausfürung）行政的法行动的场合。再者，当它属于履行行为，或者可以产生消除结果或损害赔偿义务时，才具有法的效果。
>
> 事实性行政行动应当服从私法、宪法还是行政法呢？虽然可以对这个问题进行反驳（widerlegbar），但是其依存

于所准备或者所要完成的法行动[460]。

在此可知，沃尔夫、巴霍夫采取的立场是，根据"综合性考察"，将事实行动（事实行为）的法的性质推定为公法[461]。

另一方面，关于法行动（Rechtshandlungen）是什么样的状况呢?[462]对此，沃尔夫、巴霍夫将此解释为"以法律效果为条件的知识表明或者意思表明（rechtsfolgebedingende Wissens- oder Willensäußerungen）"。在此，他们首先基于"分析性"考察，将法行动分为两类，分别是"类似法律行为的表示，即知识表明或者意思表明，且法的效果不依存表意者的意思"与"法律行为上的意思表示，即以产生法效果为目的的意思表明，且基于表明效果的意思产生法秩序"。其后，他们认为，与民法学上的"意思表示"和"法律行为"的区别相同，将事实行动与"意思表示"相联结，可以构成"法律行为"[463]。在此基础上，对应于民法上的"法律行为"，他们结合"行政法上的契约""允诺"和"法规命令"，对行政行为作出说明[464]。

那么，除行政行为与公法上的契约之外，在观念上，还有哪些行为属于行为形式呢? 对此，布罗姆指出（第一款第三点），行政行为与法的规范这两种行为形式出现了相对化。虽然沃尔夫、巴霍夫通过组合抽象与具体、一般与个别的要素在理论上提出四种类型[465]，但是，哪种范围应当被称为行政行为，以及哪些范围在告知的形式（Kundmachungsform）及权利保护

245

[460] ebd. S. 364.
[461] ebd. S. 102.
[462] ebd. S. 256.
[463] S. 256，S. 366.
[464] S. 366-369.
[465] S. 368-369.

关系上应被视为行政行为进行处理 [466]？这些都是可以预想的复杂问题。在此，应当着眼于这些行动以及与沃尔夫、巴霍夫所称的"作出单方规范，即有拘束性法效果的命令（einseitig regelnde, dhverbindliche, rechtsfolgebegründende Anordnungen）"相对照的行为。这些行为主要包括：行政法上债权债务关系中的抵销（Aufrechnung）、行政机关职务协助的要求和同意（Amtshilfeersuchen）以及其他有拘束性的了解表示、拒绝和行政法上的契约和允诺等 [467]。从前述"允诺"是否属于行政行为的讨论可知，按照沃尔夫、巴霍夫的观点，限定地考虑行政行为的"拘束性规范"基准时，当"允诺"能够引起自我拘束的法效果，属于单方意思表示，并且不包括"规范"或"部分规范"时，可以将其视为与行政行为及公法上契约相并列的一种行为形式。不过，毋庸置疑，仍然遗留以下问题，即基于意思表示产生相应拘束的解释是否妥当，以及将行政行为解释为单方法律行为是否妥当的根本问题 [468][469]。

综上所述，在行政上的事实行为与行政形式论的关系上，可以将行政上事实行为的法的问题整理如下：

第一，有必要保留将行政上的事实行为称作一种行为形式的观点。"分析性"考察行政行动时，可以说事实行为的确是一种行为，但从产生怎样的法效果的角度来看，只有基于"综合性"考察，赋予其一定的"法形式"才有意义。因此，事实行为的法问题因事实行为在具体法律关系中所处的地位而呈现出

---

[466]　S. 369.

[467]　S. 366-367.

[468]　S. 371.

[469]　参照前注354、355。奥伯迈尔认为行政行为不属于"意思表示"。因此他对沃尔夫、巴霍夫将行政行为视为"意思表示"进行了批判。Obermayer, Grundzüge des Verwaltungsrechts und des Verwaltungsprozeßrechts, 2. Aufl. 1975, S. 131-137.

不同情况。所以，为此确立一般的判断方法是不适宜的。

第二，行政的行为形式论可以将由几个不同的行政活动构成的活动从整体上认定为"行政行为"以及"公法上的契约""允诺"或者其他可能的形式，通过这种方式并根据具体情况，解决事实行为的具体定位问题。再者，虽然课予义务诉讼在诉讼法上对原告的权利保护具有重要意义，但其容许性依存于如何确定行政行为的概念（判例的立场）。因此，可以说是否属于行政行为的判断依然占据行为形式论的核心位置。

第三，可以获得以下启示：以行为形式论为前提对行政行动进行的分类中，事实行为产生的法效果是，如果作为一种行动的事实行为归属于特定的公行政主体，那么该公行政主体应当负有一定的义务（Verpflichtung）。可以使公行政主体负有义务的行为，不限于行政行为、公法上的契约和允诺等法行动的场合。国家负有的各种填补以及恢复原状义务的相当部分是违法的事实行为产生的后果，这些是作为国家责任（Staatshaftung）来考察的。其中，包括不会产生《民法》第194条意义上的私人请求权（Anspruch）[470]时的消除结果负担（Folgenbeseitigungslast）[471]。

247

———

[470] § 194 BGB（1）Das Recht, von einem anderen ein Tun oder ein Unterlassenzu verlangen（Anspruch），unterliegt der Verjährung.

[471] Verh. des 47. DJT（1968），S. 110 ff. Ossenbühl, Staatshaftungsrecht（Anm. 99），S. 201.

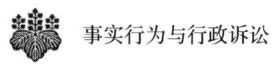

第四节　事实行为与行政行为的联结
——德国行政法学的应对总结

一、中间总括

253　　本章的主要目的是，参照行政行为，明确将事实行为定位为一种"行政的法的行为形式"所具有的意义，在日本行政法学中，事实行为被定位为犹如"收养程序有疑义的养子"的地位。换言之，这种研究是为了在行政的行为形式论中定位事实行为或者说是从背面考察行政行为论。

254　　本研究将日德事实行为的讨论 [472] 相对照展开探讨，在近来德国出现了"行政行为论向行政的行为形式论的展开" [473] 动向，有几个"理论"或者法理的推移，与该动向相关联——其中之一是消除结果请求权法理或者允诺的法理。本章前二节主要考察德国有关事实行为的探讨对行政的行为形式论具有的意义，通过考察明确了以下各点：

（1）事实行为之所以引起行政法学的关注，与反思传统行政行为论有重要关系。

（2）行政行为论被更为一般地定位于"行政的行为形式论"中。

（3）存在的倾向是，有意识地与权利救济中的诉讼形态相对应，确立行政的行为形式论。

（4）有的解释论主张扩大撤销诉讼对象，将事实行为纳入

---

[472]　以下部分在 1984 年 11 月完稿，维持了笔者留学德国（1982 年 6 月）前草稿的论调，只是结合德国学说的最新动向，对部分注释进行了修改和补充解释。

[473]　第一章尝试集中于日本学说上的相关探讨进行分析。

权利救济的范围，这种解释以 1960 年《行政法院法》的施行为契机而后退。

（5）行政的行为形式论依然受到民法上法律行为论的强烈影响。

（6）承认行政行为与事实行为的中间地带存在"法的行为"（Rechtshandlung）范畴。

（7）行政与市民的关系被定性为法律关系，同时，采取各种构成，主张市民享有各种请求权的努力引人关注（其中，消除结果请求权法理的发展具有代表性）。

（8）虽然未必确立行政上的事实行为的概念，但是，最近有教科书专设一节阐述这个概念，充分表明已经认识到它的重要性。

（9）在对比行政行为或者契约时，事实行为受到关注。

（10）因此，通常消极地界定事实行为，将其定性为不是行政行为，或者不是契约。 255

（11）这样理解事实行为起因于只是着眼于"是否属于撤销诉讼的对象"，因此，被批判的是"行政行为抑或事实行为的二选其一"的思考样式。

（12）再者，由于这种把握方式没有充分理解民法学上的分类，即法律行为、准法律行为和事实行为，因此，同样被批判属于"行政行为抑或事实行为的二选其一"的思考样式。

（13）事实行为的固有意义在于可以引起"实在变动（事实状态的变动）"。

（14）尝试通过重塑行政行为概念，解决因"实在变动"而显示出的事实行为的特有问题时，产生"行政行为论的负担过重"的问题。

（15）"事实行为中的忍受命令"构成以及"事实行为向行

政行为的转化"现象是行政行为论负担过重的体现。

（16）"行政行为=权利保护"图式的影响力依存于"撤销诉讼在权利保护体系中的比重"。

（17）"事实行为中的忍受命令"构成可被看作普鲁士高等行政法院提出的"合成性行政处分理论"以及W.耶利内克主张的"事实性行政行为理论"，是撤销诉讼占据权利救济核心位置时采取的目的论解释。

（18）从"行政行为与事实行为联结"的视点，分析即时强制以及行政上的强制执行很耐人寻味（关于消除执行结果请求权的讨论）。

（19）贝特尔曼的消除结果请求权（作为一般性排除违法请求权）一旦确立，就可以克服"行政行为=权利保护"的构成，并不需要"事实行为中的忍受命令"的构成。

（20）如果将"事实行为中的忍受命令"构成一般化，就将与排污纠纷中的"忍受并请求代偿"的命题相关联。

256

（21）在学说和判例上，相比于物理作用，对于一般信息（行政的精神作用）采取"行政行为抑或事实行为的二选其一"的思考样式根深蒂固。

（22）一般而言，对具有负担性作用的"信息"采取"行政行为抑或事实行为的二选其一"思考样式的理论尝试比较早，与此相比，对授益性信息的这种尝试相对较晚。

（23）"事实行为向行政行为的转化"现象除与撤销诉讼具有关联之外，还与课予义务诉讼以及行政自我拘束的根据具有一定的关联。

（24）通常认为，公证与鉴定不属于行政行为。

（25）具有负担性作用的"提供信息"行为即使符合侵害权利的基准，也不能被视为行政行为。

（26）在判例学说上，具有授益作用的"提供信息"行为，基于与课予义务诉讼的关系，要求存在行政行为的倾向根深蒂固。

（27）在有关允诺的法的性质的探讨中，与"法的拘束性"相关联，"行政行为抑或事实行为的二选其一"的思考样式根深蒂固。

（28）在1962年时，允诺＝行政行为的学说占据优势地位。

（29）其后，存在很多有关允诺固有意义的理论探索，其中，比较有力的学说认为，允诺既不是行政行为，也不是事实行为，而是特有的"法的行为"[474]。

（30）传统行政行为论的负担过重的问题，主要是由于行政行为概念被赋予确定"是否需要权利救济"的功能（行政行为＝权利保护）而产生的。

（31）在允诺＝行政行为的学说中，行政行为论被赋予确定 257 "行政机关可否自我拘束"的功能。

（32）根据有关告知、听证、参与以及附具理由的讨论[475]，行政行为论被赋予划定保护市民程序权利范围的功能。

（33）（仅）在1946年后的德国各州行政法院法至1960年《行政法院法》之前，行政行为是行政法学核心概念的论断是妥当的（巴霍夫的见解）。

（34）在今天，行政行为和法规范这两种行为形式的区别呈现出相对化趋势，存在许多介于两者之间的中间形态（布罗姆

---

[474]　H. Maurer, Allgemeines Verwaltungsrecht, 2. Aufl. (1982)，§ 9 Rn. 58–60 根据该文，学说上仍然存在争议，另外参照 Fiedler, Funktion und Bedeutung öffentlich-rechtlicher Zusage im Verwaltungsrecht, 1977 及 Scheuning/Hoffmann-Riem, Selbstbindungen der Verwaltung, VVDStRL 40 (1982)。

[475]　高木光「西ドイツ行政手続法（一）～（三）完」自治研究64卷2号、3号、4号（1988年）。

的观点）。

（35）同样，"拘束性规范"基准（原先只有行政行为才具有）也变得相对化。

（36）与学说的发展不同，制定法依然奉行"行政行为中心主义"（例如，1976年《行政程序法》有关允诺的规定）。

（37）行政行为在诉讼法上的功能 [476] 是指通过行政行为固有的诉讼形态对原告实施权利救济，即意味着可以通过撤销诉讼或者课予义务诉讼解决纠纷。

（38）告知、听证、阅览文书和附具理由等行政行为在程序法上的功能，并不是行政行为所特有的。

（39）与行政上的强制执行等相关联，有人指出行政行为具有"名义功能"。

（40）行政行为在实体法上的功能可以分为三种拘束，即行政自我拘束、对其他行政机关的拘束以及对市民的拘束。这三种拘束被统称为"拘束性规范"，有时被解释具有"个别化和明确化的功能"，但是，有必要区分这些拘束在什么情况下会产生问题 [477]。

258　（41）有必要区分允诺的"拘束性"与行政行为特有的"拘束性"。

（42）需要留意的是，在允诺的法的性质的探讨中，"行为形式"所指的究竟是什么样的具体形式。

（43）"单纯高权性行政活动"常常与事实行为同义使用，并非仅意味着"行为形式"这一维度。

（44）联邦普通法院通过"单纯高权性行政"的概念表述的是行政目的或行政任务，而非行为形式。

---

[476]　Löwer, Funktion und Begriff des Verwaltungsaktes, JuS 1980, 805.

[477]　Erichsen/Knoke, Bestandskraft von Verwaltungsakten, NVwZ 1983, 185.

（45）分析有关公共工程的排污纠纷的判例和学说时，存在"分析性考察或者分解性构成"与"综合性考察或者一体性构成"相对照的分析方法[478]。

（46）既不能说事实行为自身是公法上的行为形式，也不能说是私法上的行为形式，并且，值得深思的是，将其定位为一种行为形式是否妥当？

（47）包括行为形式、组织形态和"制度"等广义上的"法形式"只有对行政活动进行法的考察时才具有意义。（拙见）

（48）在重视行政目的或者行政任务的立场中，基于"综合性考察"，分析整体行政活动时，有谈及"法形式"的倾向。

（49）有关法学方法论的学者倾向于在"法形式"中，强调"行为形式"的观点。

（50）在这种情况下，根据民法上的法律行为论，对行政的各种行为进行分类，这种现象很突出。

（51）在民法学上，法律行为与意思表示同义使用的情况较多，也存在将事实行为解释为法律行为构成部分的情况。

（52）通常在民法学上，首先将行为分为意思表示或法律行为与非意思表示或非法律行为，再将后者分为准法律行为与事实行为。

（53）如果借用事实行为是法律行为的构成部分的解释方法，也能说行政行为或者公法上契约的书面形式属于事实行为。

（54）法律行为的执行行为属于事实行为的解释与行政行为的执行行为属于事实行为的解释相对应。

（55）大多认为民法上的履行行为属于事实行为，但也存在通过法律行为履行法律行为的情况，因此，不能作一律说明。

259

---

[478]　参照第二章第一节。

（56）越是强调"分析性考察"的方法，事实行为将愈加受到关注。

（57）为了使事实行为具有公法上的意义，有必要通过"综合性考察"，使事实行为成为行政行为或者公法上契约等公法上行为形式的组成部分、执行行为、履行行为或者准备行为而与之相关联，或者有必要强调"公共任务"或者公法上的组织形态等背景情况。

（58）因此，有必要保留事实行为本身属于一种"行为形式"的观点。

（59）行政的行为形式论的发展〔479〕，通过将不同的行政活动构成一个整体，在行政行为之外还广泛认可公法上的契约、允诺及其他行为的方式，使按照事实行为的定性灵活解决问题成为可能。

（60）由于行政行为概念的界定与课予义务诉讼的容许性具有紧密联系，因此，对权利救济而言，行政行为论仍然具有重要作用，并未丧失其在行为形式论中的核心地位。

260　　（61）行为形式论设想的"行政上的事实行为产生的法效果"意味着当某一活动以事实行为的形式被归属于公行政主体，那么该公行政主体应当负有一定的义务。

（62）因此，关注行政上的事实行为的意义是，以此确认使公行政主体负有义务的情况不限于通过广义上法的行为（行政行为、契约和允诺等）实施行政活动的场合。

（63）行政的行为形式论的发展以及关注事实行为与各种有关权利救济的诉讼形态和请求权法理、特别是"国家责任法制"的发展是互为表里的关系。

---

〔479〕　Schmidt-Aßmann, Das allgemeine Verwaltungsrecht als Ordnungsidee und System, 1982 以及乙部哲郎·紹介·神戸学院法学 14 卷 3 号（1983 年）。

当然，通过上述探讨获得的结论仍然存在消极的方面。具体而言，将事实行为定位为与行政行为相对应的一种行为形式具有什么意义呢？对于这样的疑问，可以给出以下解答：如前述第 46、56、57 点所示，获得的启示是事实行为的重要性与行为形式论是处于不同层级的问题，再者，如前述第 51、53、54、55、59 点所示，从行政的行为形式论的观点来看，"事实行为"不适合进行统一的处理。

　　但另一方面，在分析有关事实行为的探讨的过程中，行政的行为形式论的意义受到格外关注，与此同时，具有的积极意义是，明确了日本行政法理论的课题。在以下临近本章结尾的部分，首先，从"事实行为与行政行为的联结"的视点，总结德国有关事实行为的法的问题的定位。其次，在结尾部分第五节探讨日本行为形式论存在的两个课题：（1）行政行为论的负担减轻；（2）行为形式论与行为手段论的分离。另外，根据"事实行为与行政行为的联结"的视点进行梳理具有重要意义，一方面可以充实前两节的考察，另一方面也可以为解决日本法存在的问题提供参考。

二、事实行为的法的问题的多样性

　　通过本章的探讨可以明确，有必要保留从"行为形式"的　　261
维度来看待事实行为。事实行为的法的问题根据其在行政过程中占据的位置呈现不同的形式，需要注意的是，有关事实行为的权利救济，基于"与行政行为之间关联的强弱"呈现出不同的诉讼形态。并且，通过消除结果请求权法理的发展可知，通过撤销诉讼以及课予义务诉讼对事实行为进行权利救济的范围会随着实定法制的完善而扩大[480]，这是不容遗忘的。基于行政行为＝抗告诉讼、事实行为＝当事人诉讼的图式来理解德国行政诉讼的功能划分[481]，实际上是忽视了事实行为的法的问题的多样性。

再者，介入行政行为不但可以决定裁判救济的诉讼形态，而且也在其他方面也发挥着重要作用。究竟在行政程序的哪个阶段会出现行政行为以及事实行为呢？本节将从这个立场出发，考察"行政行为在程序法上的功能"。同时，明确事实行为在行政法上的意义涉及许多相关的对象（参照第 57 点）。在此，聚焦与行政行为的关联，依次探讨在强制执行（Zwangsvollstreckung）和执行停止的探讨中出现的扩大执行（Vollzug）的概念及"准备措施"。

如若将事实行为同时视为行政行为的场合（关于这样解释的难点将在后阐述）以及将事实行为视为行政行为的组成部分的场合（参照第 53 点）另当别论，那么强制执行是最能体现事实行为与行政行为的密切关系的。如果从广义上将事实行为界定为"因引起事实状态的变动而成为法的关注对象的行为"，那么这种"事实状态的变动"包括物理性观点的变动和"信息"的观点的变动，在代执行以及直接强制[482]中，具有物理作用的事实行为备受关注。

---

〔480〕 在计划确定程序中，撤销诉讼或者课予义务诉讼吸收消除结果请求权的状况，参照第二章第一节第四款。

〔481〕 原田尚彦「厚木基地却下判决の問題点」ジュリスト782 号 104 頁（1983 年）。

〔482〕 为实现金钱给付的强制执行，有时因其执行对象（债权、不动产），物理作用性事实行为不成为核心问题，因此，这种强制执行与间接强制（Zwangsgeld）都不是本章关注的对象。

三、强制执行

1976 年《行政程序法》以作出行政行为以及缔结公法契约 262
前的程序作为规范对象。一般认为，行政程序属于信息加工的
过程，其归结是"行政行动（＝行政的一般行为）"[483]。在代
执行以及直接强制中，行政行为不是程序的归结点，而是起始
点，归结是产生事实行为。

行政上的强制执行将私人不能拥有的特权授予行政机关。
同时，为了符合法治国家的要求，行政机关必须接受各种拘
束[484]。其中，以下拘束很重要：（a）依据行政行为这种一义
性债务名义（Titel）；（b）依照严格的程序规定；（c）实施行政
行为以及强制执行要服从法院的控制。因此，从"行政行为的
程序法功能"的观点来看，行政行为先于事实行为而存在的重
要意义有以下三点：

（1）行政行为的名义功能（Titelfunktion）[485]。行政行为与
民事诉讼确定判决的功能类似，具体表现为，一方面，授予行
政机关一定的特权；另一方面，只有通过行政行为预先明确设
定义务，物理性强制才能得到正当化。遵循这一原则，需要对
实施物理性事实行为施加限制。

（2）行政行为作出前的程序保护最终也会成为针对事实行
为的保护程序。

（3）在此之上，由于存在行政行为、事实行为两个阶段，
必然会在行政行为与事实行为之间产生时间上的迟延（执行程

---

[483]　Wolff/Bachof, Verwaltungsrecht III, 4. Aufl.（1978），§ 156 I, Rn. 1.

[484]　Maurer,（Anm. 3）§ 20 Rn. 1–3.

[485]　Ossenbühl, JuS 1979, 683.

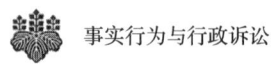

序本身的功能）。

代执行和直接强制最能体现事实行为与行政行为的密切关系，这意味着因行政行为的法效果所产生的"规范性侵害（Regelungsbeeinträchtigung）[486]"几乎可以完全覆盖物理性事实状态变动所产生的侵害。并且，行政行为强制执行制度是通过事实行为来实施的。从保护权利免遭侵害的观点来看，在最终的物理性事实状态发生变动和变为现实之前，承认可以采取各种手段对其加以禁止，具有重要意义。在下一点对此进行详细阐述。

四、行政行为先行于事实行为的意义

代执行以及直接强制都属于强制手段（Zwangsmitteln），通常从以下七个方面对强制的行使要件进行说明[487]：

（1）事先存在有效且适于执行的行政行为（即时强制除外）。

（2）行政行为的确定或者（根据法律或特别命令）确定前的执行力。

（3）不遵守行政行为（的义务）。

（4）告诫，即确定强制执行的特定手段以及履行期限。

（5）期限的届满。

（6）强制手段的确定（Festsetzung）。

（7）强制手段的行使。

因此，对权利保护而言，行政行为先行于事实行为，具有

---

[486] 参照 Ramsauer, Die faktischen Beeinträchtigungen des Eigentums, 1980，以及第四章。

[487] Wolff/Bachof，（Anm. 11）§ 160 II, Rn. 10.

以下重要意义：（a）事实行为的相对人可以通过先行行政行为的听证和通知等事前程序预知事实行为可能产生的权利侵害的程度；（b）在某些情况下，相对人可以申请行政复议，请求暂停或终止执行事实行为；（c）当事实行为前的程序有足够时间时，相对人可以自主作出选择（遵守或者申请行政复议）；或者（d）选择执行程序中的特定执行行为申请行政复议。

另外，从行为形式论的观点来看，对上述（d）的解释值得关注，即认为不仅在程序的开始点（1），而且在其过程中都存在行政行为［（2）确定前执行的命令、（4）告诫、（6）强制手段的确定、（7）实施强制手段本身[488]］。如之前的考察所示，这体现了"行政行为＝权利保护的图式"的影响力。

作为上述分析的延续，下一项将考察即时强制的定位。

五、即时强制

即时强制[489]并不是与代执行以及直接强制相并列的一种强制手段，从经何种程序行使强制手段来看，其与通常的行政上的强制执行有所区别。

通常，对即时强制存在以下两种解释：（1）认为发布行政行

---

[488]　ebenda, Rn. 12, 13, 31. 其中，强制手段行使之后追随 1967 年联邦行政法院判决 BVerwGE 26, 161 说明的情况变得更少。Erichsen/Martens,（§20 II e）；Renck, JuS 1970, 113. 再者，法律明确规定可以独立就告诫（§18 I VwVG）进行争议，因此，告诫是否属于行政行为的讨论已经丧失意义。Maurer,（Anm. 3）§20 Rn. 24.

[489]　参照 Maurer,（Anm. 3）§20 Rn. 25. Unmittelbare Ausführung, sofortiger Zwang 和 sofortiger Vollzug 等表述通常被视为同义语，但是各自在语义仍然存在些许差异。因此，借用这些术语说明日本的相关制度时，产生用语不统一的问题。在日本，最近学者提倡将之称为即时执行，以替换即时强制的命名。对此，详情参照广冈隆「即時執行」现代行政法大系 2，293 頁以下（1984 年）。

为、告诫强制手段与实施强制手段是同时作出的一个行为；[490]
（2）认为在没有先行介入行政行为的情况下，可以采取强制手段[491]。上述解释（1）属于普鲁士高等行政法院提出的"合成性行政处分论"的谱系（参照第二节第三款、要点17），在此，行政行为明显无法发挥"程序法上的功能"。例如，必须设想对"不在场的相对人设定忍受命令"时，将明显产生不适，也就是说，将使相对人既无法预知行政行为作出前可能遭受的侵害，也无法知悉作出行政行为时的忍受义务是什么。再者，对于（b）、（c）和（d）而言，都需要在事实行为之外还存在行政行为，为此就必须留有足够的时间，但是在即时强制的情况下，这是无法实现的。由此可见，上述解释（1）追随"行政行为＝权利保护的图式"。因此，根据行为形式论的立场，应当采纳上述解释（2），并且，应当对应前述第三点的分析，将实施强制手段本身解释为事实行为。

六、停止执行中的执行概念

与强制执行相比，在停止执行中，"事实行为与行政行为的联结"相对较弱，所以，有关停止执行讨论中的"执行"（Vollzug）的概念在某种程度上是考察类似问题的重要线索[492]。

265　　　行政行为的强制执行问题只存在于部分行政行为，主要是特

---

[490]　Maurer,（Anm. 3）§ 20 Rn. 25.

[491]　Erichsen/Martens（Hrsg.），Allgemeines Verwaltungsrecht, 5. Aufl.（1981），§ 20 II 2 e）.

[492]　広岡隆『行政強制と仮の救済』188頁（1977年）。"《行政法院法》第80条规定的停止效果或者执行停止是指阻止广义上的行政行为的执行或效力，而不是仅阻止过去普鲁士法制下理解的狭义的执行（通过行政上强制执行来实现）。"

殊的命令性（befehlend）行为[493]。与此不同，在观念上，停止执行制度中的"执行"（Vollziehung, Vollzug）所设想的是更广的行政行为（包括形成行为以及确认行为）。并且，值得关注的是，在行政行为的执行停止制度中，事实行为的意义体现在以既成事实（vollendete Tatsache）的问题[494]出现。

首先，可以获知，在消除结果请求权法理的发展中，最初是有意识地通过"消除执行结果请求权"（Vollzugsfolgenbeseitigungsanspruch）对事实行为提供权利保护。换言之，在这种情况下，虽然提起了撤销行政行为的诉讼，但问题是执行行政行为的事实行为造成的权利侵害（既成事实）。例如，在巴霍夫的强制划拨住宅（第二节第三款第五点）的古典案件中，虽然在确定前使用了形成私法关系的行政行为，但需要注意的是，基于"分析性考察"，涉及问题的事实行为是第三人（处分机关之外的主体）作出的。换言之，在确定消除执行结果请求权的根据时，将住宅被划拨人的行为视为独立行为并不存在问题，同时，处分机关以住宅被划拨人为媒介引起权利侵害的后果。由此来看，住宅被划拨人占有住宅的事实侵害了处分相对人的权利。

这一点在备受关注的相邻人保护（Nachbarschutz）领域通过以下形式更为明确地体现出来：在工厂、发电站和机场设施

[493]　例如，Erichsen/Martens，（Anm. 19）§12 I 把行政行为分为命令性（befehlend）、形成性（gestaltend）和确认性（feststellend）行政行为，这种分类与将司法判决分为给付、形成、确认的分类构想相似。但值得注意的是，这与日本学说的古典分类（把法律行为性行政行为再细分为命令行为和形成行为）是不同的。参照田中二郎『新版行政法上卷（全訂第 2 版）』121 頁（1974 年），藤田宙靖「行政行為の分類学」自治研究 53 卷 9 号 3–22 頁（1977 年），園部逸夫（特殊車両通行認定留保事件、最高裁 1982 年 4 月 23 日判決）調査官解説、法曹時報 35 卷 4 号 902 頁注 4（1982 年）。

[494]　Blümel, Raumplanung, vollendete Tatsachen und Rechtsschutz, in: Festgabe für E. Forsthoff（1967），133.

的许可以及计划确定决定或者建筑许可（Baugenehmigung）的撤销诉讼中，执行停止问题的焦点是，施工方或者建设人的事实行为（表现为使用由行政行为所形成的法律关系）对相邻人的权利侵害[495]。

第三人的事实行为以"执行"概念为媒介被纳入行政行为的法的规范并进行处理，这是德国法制的重要特征之一。并且，呈现的形式是，在相邻人保护领域，无论是私人产生的排放侵害，还是公共工程的排放侵害，撤销诉讼或课予义务诉讼覆盖的范围非常广泛。关于私人产生的排放侵害，由于立法限制民法上的禁止请求权（营业法等[496]），相比于民事诉讼，行政诉讼的作用非常重要。与此相比，关于公共工程的排放侵害，需要深入说明各种诉讼形态的作用分担，对此将在下一项探讨。

七、禁止公共事业的诉讼形态

公共工程排污的权利救济问题是消除结果请求权法理的重要适用领域，如第二章的考察所示，相关学说和判例呈现很大分歧。如果进行大致梳理可知，在20世纪60年代，有关消除结果请求权法理的探讨的焦点是，民事诉讼与行政诉讼的作用分担（民事诉讼的界限论）。当时，"单纯的高权行政"概念发挥着重要的作用[497]。接着，在该法理确立后的20世纪70年代，行政诉讼内部的作用分担成为焦点（即采取撤销诉讼、课予义务诉讼还是一般给付诉讼）。其中，形成私法关系的许可及计划

---

[495]　Papier, Rechtsfragen des Sofortvollzugs, in: Rechtsfragen des Genehmigungsver-fahrens von Kraftwerken（1978），86.

[496]　第二章第一节第一款。

[497]　第二章第一节第三款第一点。

确定决定具有重要意义，在完善介入这种特殊行政行为的法制的同时，逐步限制可以主张消除结果请求权并直接对抗行政上事实行为的情形，现在的状况主要涉及撤销诉讼或者课予义务诉讼的问题[498]。

在这种情况下，基于"分析性考察"场合的事实行为通过许可或者计划确定决定（尤其是作为其中一部分的负担性防护措施）等行政行为正当化。并且，本节考察的重点是：（1）与实施私人工程的事实行为一样，实施公共工程的事实行为也被视为第三人的事实行为而不是处分机关的行为（根据当事人的构成），在这一点上，这种事实行为不能像行政行为的强制执行那样与行政行为有密切联结。（2）另一方面，直接适用实施私人工程的事实行为时的三方关系（处分厅—受益人—相邻人）的类型是否妥当，是存在疑问的地方（＝作为一体的行政的观念）。并且，在此限度上，主张应当将事实行为与行政行为视为一个整体进行评价[499]。

267

八、准备措施

与之前的考察不同，如果分析行政行为前的程序，"准备措施"（vorbereitende Maßnahme）的概念，将作为体现"事实行为与行政行为的联结"的表征而浮现。在民法上将缔结契约的交涉活动定性为事实行为，与此相同，行政机关在作出行政行为前采取的各种准备措施的相当部分被界定为事实行为。不过，在这种情况下，需要特别注意的是，内部措施和具有外部效果

---

[498]　第二章第一节第三款第四点以下。

[499]　Löwer, Klagebefugnis und Kontrollumfang der richterlichen Planprüfung bei straßenrechtlichen Planfeststellungsbeschlüssen, DVBl. 1981, 528（533）.

的行为的区别以及事实行为和法的行为的区别处于不同的维度。如第二节第四款考察所示，因为在学说和判例上，关于行政的精神作用存在根深蒂固的"行政行为抑或事实行为的二选其一"的思考样式（参照本节总结的要点 21~27），所以引起了思考上的混乱，例如，将不具有外部效果的行为定性为事实行为或者武断地尝试将具有外部效果的行为定性为行政行为。根据本章的观点，无论是内部措施，还是具有外部效果的行为，都存在事实行为与法的行为的区别。例如，行政厅相互间的同意、上级的认可和许可、训令或者职务命令等都属于内部措施且是法的行为，而行政行为则属于具有外部效果的特殊的法的行为。

有的事实行为以行政行为的准备措施形式呈现，但是，通常很少将这种行为作为分析的对象，可以说，它处于事实行为论的边缘地带。在埃里克森、马滕斯所著教科书中 [500] 对此阐述如下：

> 在行政实务中，这种事实行为大量存在且多种多样。在此，没必要过多考察执行内部事务的措施（例如，起草、出纳、决定的准备），而应当对涉及行政与市民关系的事实行为给予更大的关注。

268　　　1976 年《行政程序法》也秉承将内部措施置之度外的观点，例如，该法第 9 条规定："本法所称的行政程序是指行政机关作出的具有外部效果（nach außen wirkend）的活动，即以行政行为的要件审查、准备和作出为目的的活动"。同时，该法所规定的教示、提供信息（Beratung, Auskunft）、听证（Anhörung）以及允诺（Zusicherung）均被视为具有外部效果的活动。那么，

---

〔500〕　Erichsen/Martens，（Anm. 19）§ 33.

除此之外还包括哪些行为呢？对此在解释上存在争议[501]。因为如同教示和提供信息一样，无法通过"拘束性规范"或者"法的效果"等基准来确定是否存在"外部效果"。在此，存在以下问题，即（1）当内部措施被视为事实行为时，在多大程度上体现与行政行为的密切联结，才应被认为具有外部效果，或者说只引起"事实状态的变动"，没有产生任何外部效果？（2）当内部措施被视为具有一定法效果的"法的行为"时，可否认为该法的效果没有产生任何外部效果呢？换言之，对市民没有产生直接法的效果的行为可以分为三类：A. 对市民具有"直接的事实效果"的行为＝（外部性）事实行为；B. 行政内部的各种事实行为；C. 具有一定法效果的行政的内部措施。这些行为对市民产生的实际影响的强弱很难通过有关法的基准进行衡量。因此，在事实行为论中，通常以 A 为重点进行考察，但因 A 与 B 的界限是流动的，所以，应当将 B 的存在也纳入视野。另外，如上所述，为了避免将 C 定性为事实行为而引起思考上的混乱，需要留意的是，B 与 C 的界限也是流动的。

九、阶段性行政决定

最后，有必要强调在行政程序中可能存在复数行政行为的情况。分析行政强制执行获得的启示是，行政程序可以被界定为具有复数结点的过程。即使认为其中处于关键环节的行为是行政行为，行政行为与行政程序也未必在原则上一一对应。具体而言，最近备受关注的是，至作出最终的行政行为的过程中，

269

---

[501]　Stelkens/Bonk/Leonhardt，Verwaltungsverfahrensgesetz（1978），S. 125－126. Knack（Hrsg.），Verwaltungsverfahrensgesetz（1976），115－118. Meyer/Borgs，Kommentar zum Verwaltungsverfahrensgesetz（1976），76.

会产生各种各样的决定[502]，学界经常讨论这些决定之间的关系。可以说，行政上的强制执行是阶段性行政决定的古典领域。

倘若基于本章的视角来审视有关阶段性行政决定的探讨，同时，比照行政行为的功能重新探讨行政行为的各种效力，很耐人寻味。为了便于进行这种探讨，下面首先阐述预备行政行为（Verwaltungsvorakt）的概念和预备决定（Vorbescheid）或部分许可（Teilgenehmigung）的手法。

首先是预备行政行为。阿赫特贝格是预备行政行为概念的倡导者，他在 1971 年发表的杂志论文[503]中，比照民事诉讼中的中间判决和终局判决的关系，阐明了预备行政行为与终局行政行为（Verwaltungsendakt）的关系。他同时认为，预备行政行为"通过对整个复合体中的部分复合体进行规范，为行政机关预留之后作出决定的自由，同时产生一定的拘束"。在这一点上，预备行政行为具有规范（Regelung）性，具有行政行为的表征，与发布行政行为的准备措施，即单纯行政行动是不同质的[504]。阿赫特贝格强调在最终作出行政行为的程序中，除存在事实行为之外，还会出现法的行为或者其特殊形式的行政行为。因此，可以说他的观点是一种强调更加动态地把握行政过程的构想。另一方面，如他本人暗示的那样，如果将允诺以及作为强制手

---

[502] 为了规范复杂的社会关系、调整各种利益，阶段性行政决定和计划确定程序一道受到广泛关注。参照 Schmidt – Aßmann, Institute gestufter Verwaltungsverfahren: Vorbescheid und Teilgennehmigung, in: Festgabe für BVerwG（1978），571。成田頼明「連邦インミッシオン防止法とこれに基づく大気汚染・騒音の規制」環境研究 18 号 82 頁以下（1977 年），塩野宏「西ドイツ原子力訴訟の特色」ジュリスト 668 号 45 頁以下（1978 年），保木本一郎「西ドイツ原子力施設許可手続における住民参加」社会科学研究 33 巻 3 号 151 頁以下（1981 年）同『原子力と法』（1985 年）所収，乙部哲郎「行政行為の観念と種類」現代行政法大系 2，100 頁以下（1984 年）。

[503] Achterberg, Der Verwaltungsvorakt, DÖV 1971, 397–408.

[504] ebenda, S. 397.

段的告诫定性为预备行政行为，那么产生的难点是，作为行政行为标志的"规范"的概念变得很模糊[505]。按照本章的行为形式论观点，这两者既非事实行为，亦非行政行为，而应当被定性为法的行为。

再者，基于本章的观点，阿赫特贝格提出的预备行政行为也可以被译为行政上的预备行为——其与部分行政行为（Verwaltungsteilakt）相区别[506]。这借鉴了民事诉讼中的部分判决，它是终局判决的一种。预备行政行为和部分行政行为因暂时性（即使是部分的，其规范对象也存在）与最终性相对置。最近，耐人寻味的是，在备受关注的预备决定以及部分许可的性质论中，这种对比成为重要论点。

随着实务的需要，预备决定以及部分许可的手法首先在建筑法领域产生，而后，《联邦污染防止法》和《核能法》也作了明文规定[507]，但对其性质仍然存在很大分歧。

例如，作为部分许可而作出的设施第一次设置许可（erste Errichtungsgenehmigung），作出的包括设施运行（Betrieb）在内的有关设施整体的暂定判断，对其后的部分许可（例如，设施的运行许可）具有什么拘束力呢？关于这个问题，在学说上有很大分歧，有的学说[508]认为，它属于允诺，只有微弱的拘束力，而有的学说[509]则主张，其与行政行为一样，有很强的拘束力。在此，可以重新得到确认的是，有必要慎重探讨对什么行为在多大范围和程度上可以产生这种拘束力。同时，这也表明，从行政

270

---

[505]　ebenda, S. 398.

[506]　ebenda, S. 399.

[507]　Schmidt-Aßmann,（Anm. 7）S. 34; Badura, in: Erichsen/Martens,（Anm. 19）§ 41-II-7.

[508]　Scheuning,（Anm. 3）VVDStRL 40（1982），178.

[509]　Schmidt-Aßmann,（Anm. 30）580; Ossenbühl, NJW 1980, 1358.

行为的角度梳理行政行为的各种效力是行为形式论的迫切任务。

以上探讨了德国的事实行为论，同时对行政的行为形式论进行了概述。接下来将回到日本的相关问题，本节通过梳理获得的诸多观点将对展望日本行为形式论的课题有所裨益。

第五节　日本行为形式论的课题

第一款　行政行为论的负担减轻

一、与德国法相比较的意义

273 本章设定的问题以及选择的素材是基于这样一种判断，即日本行政法学上的许多讨论都是参照德国行政法学的相关讨论并梳理而成的。这可以从以前的探讨中得到确认。同时，毋庸置疑，仍然遗留了最重要的问题。具体而言，如第一节所述，通常将同样的问题进行日德的对照，但这种背景是无法通过日

274 本理论的"滞后性"进行解释，应当存在相应的正当理由[510]，

───────────────

　　[510]　例如，公法与私法的争论。在德国，实定法上存在普通法院与行政法院相区分的二元构造，为此就必须确立这样区分的基准，在一定意义上可以说是一种徒劳无益的事情。很庆幸，日本在战后开始实行法院的一元化构成，因此不存在德国那样的问题。再者，在学说史上，毫无疑问，公法私法一元论对克服"公权力性的过剩承认"有重大意义。［参照塩野宏「公法と私法──日本国憲法における学説の変遷と課題」法学協會雑誌百年記念論文集第 2 卷 183 頁以下（1983 年）］。另外，从本章的立场来看，这种思维定势很容易陷入一种思考模式，即将行政法的特质还原为行政行为＝撤销诉讼的特殊性，在权利救济上采取"撤销诉讼抑或民事诉讼的二选其一"的模式。由于过度强调克服公法与私法范畴的区分，而将"公法上的当事人诉讼如同'继子'一样对待"，从而导致抗告诉讼及民事诉讼的负担过重的问题。特别是，与诸多学者的意愿相反，"扩大解释公权力概念"丧失了根据行政的各种活动形态灵活解决问题的契机。

特别是日德之间的法制差异是具体的解释论上不容忽视的重要因素。并且，应当认为，德国的判例法理以及各种学说上的理论是以德国法制以及社会状况为背景形成的有机整体。因此，毋庸置疑，不加批判地移植它的构成部分是不妥当的。

那么，本章关注的行为形式论是什么状况呢？对此，笔者的考虑如下：第一，抽象层面的行政的行为形式论，即将行政的各种活动通过"分析性考察"分解为具有法的意义的各种行为，在此之上，对这些行为进行"综合性考察"并使之互相关联，厘清各自在行政过程中的妥当位置，此确定各个行为应当适用的法理。可以说，这是对行政法学这种实定法学应当进行的研究，并且，在这样的研究之下，基本的理论框架即使超越法制的个别差异也是妥当的。日本行政法理论以从德国引入的理论为出发点——以德国法制为范本，鉴于这样的背景，维持这种基本框架既符合法理论持续发展的目的，也是必然的要求[511]。从这个意义上而言，行政的行为形式论也是日本行政法学的重要课题。

第二，应当如何认定各种行为形式并确定它们相互之间的关系呢？对于这个问题有必要根据合目的性的考虑进行修正。例如，对于德国公法契约与允诺法理，日本对应的社会现象是在行政指导、纲要行政的框架中探讨[512]。再者，由于两国民法也有差异[513]，还需进行深入探讨。

---

　[511]　最近，关于美国、英国和法国等各国法理的研究成果很显著，这些研究成果使笔者深感，要避免盲目依赖德语文献引入德国法理的危险，自主进行比较法研究。法律上的行为概念究竟具有什么样的含义以及它是否是不可或缺的？如果对这些问题刨根问底，难免会产生疑问。

　[512]　例如，德国公法契约的主要领域，即开发负担金的决定。关于 Folgekosten-oder Folgelastenverträge，参照 Krebs, VerArch. 72（1981），49。

　[513]　例如，德国有关允诺的解释，承认受到民法上债权行为与物权行为区分的影响。Meyer/Borgs, Kommentar zur Verwaltungsverfahrensgesetz（1976），S. 235-236.

第三，德国的行政的行为论并非明确确立起来，不同学者对此持有的基本观点不尽相同[514]。其中，固守传统，将行政行为与民法学上的法律行为相提并论，解释为"意思表示"或者"法律行为"的手法是令人存疑的。拙见认为，以此手法为基础的德国的行为形式论对"行政活动的意思因素"的分析尚不充分，因此，在借鉴德国行为形式论时，有必要加以弥补。如第一节所述，日本的"依据法律行为论的行政行为论"除具有德国法的不足之外，由于其在移植德国法理论时用语上的不明确（翻译用语的不当引起若干混乱）而存在重大缺陷，因此，在今后有必要从以上两个阶段进行完善。

再者，还剩留行政立法领域[515]，在这个领域，时常需要结合"意思因素"进行考虑。本章在论述行政的行为形式论时提及的德国学者主要停留在分析个别行为（Einzelakt）上——在此限度上，或许有利于适用民法上的法律行为论，但法规命令、行政规则等行政立法的诸问题与这种分析在多大程度上可以进行整合性解释并不明确。同时，这种问题也存在于行政计划中[516]。

除此之外，应当对上述行政的行为形式论本身与支撑它的权利保护体系进行通盘考虑。如第二节的分析所示，德国行政的行为形式论的发展与 1960 年《行政法院法》背景下行政诉讼的发展以及广义上的国家责任法制（Staatshaftungsrecht）的构造变化具有表里关系。因此，以《行政案件诉讼法》与《国家赔

---

[514] 参照本章注 354、355、393。

[515] 具有一定志向性的文献参照 Magiera, Allgemeine Regelungsgewalt（„Rechtssetzung"）zwischen Parlament und Regierung, Der Staat 1974, 1; Ossenbühl, Verwaltungsvorschriften und Grunggesetz, 1968; W. Schmidt, Gesetzsvollziehung durch Rechtssetzung, 1969. 另外参照平冈久「ボン基本法下における行政規則に関する学説（一）（二）」阪大法学 99 号 103 頁，102 号 123 頁（1976 年、1977 年）。

[516] Ossenbühl, Gutachten B zum 50. DJT（1974），19 f. 进行了概述。

偿法》为支柱的日本权利保护制度能以什么形式在功能上达到（或者超过）德国呢？这是我们不得不深思的问题。因为只有权利保护制度朝着这样的方向有所充实，才能使日本的行为形式论在实务上具有意义，且在理论上实现健全发展[517]。

下面首先阐述有关权利保护的论点，这些论点是日本行为形式论健全发展的前提；然后从理论上分析若干方法论；最后以"事实行为的分类学"为题，对本章内容进行总结。 276

二、克服"撤销诉讼＝权利保护的图式"

在日本，有关"行政上的事实行为"的探讨错综复杂，这是由于"行政行为论的负担过重"导致的。因此，为了梳理并消除这种复杂状况，就应当设法实现"行政行为论的负担减轻"。所以，为此有必要脱离这样的理论设想，即赋予行政行为论确定"是否需要权利保护"或者至少确定"是否需要更为有效的权利保护"的功能。如何克服本章所述的"行政行为＝权利保护的图式"或者"撤销诉讼＝权利保护的图式"（参照本章第一节第一款第七点）是面临的重要课题。为了尝试解决上述问题，以下部分将概述"公权力概念的纯化""当事人诉讼的活用"以及"司法权界限论的重读"等问题。

---

[517]　本章将日本存在的行政行为的负担过重问题的产生理由或者诱因归纳为以下几点：（1）因处分性的扩大而导致行政行为概念内容的稀薄化；（2）在借鉴德国"依据法律行为论的行政行为论"理论时，用语的不明确；（3）"更为有效的权利保护"要求与"理论的整合性"要求之间很难协调。这些是着眼现行法制的三个方面，其中诱因（3）通过立法，放宽现行法采取的"撤销诉讼中心主义"，同时，毋庸置疑，不断充实临时救济是促进法理论健全发展的最好途径。因此，第一款提示的方向的目的是，基于现行法制框架内的相对简单的解释论，保持理论点整合性的同时，提供不逊于其他解释论的"更为有效的权利保护"。

三、公权力概念的纯化

将德国与日本的裁判救济制度进行比较时，从直接矫正或预防违法行政活动产生的结果和保障法治行政的观点来看，日本的现状体现的重要特征是，倾向于通过金钱填补违法行政活动的损害[518]。在消除（Beseitigung）＝恢复（Restitution）与调整（Ausgleich）＝填补（Kompensation）的对比[519]中，从控制的角度而言，后者具有间接效果，作为法治行政的保障有一定的不足，因此，制定法将撤销诉讼限定为具有"消除＝恢复"功能的诉讼时，有必要在解释论上对其进行补充[520]。在这个意义上，日本将课予义务诉讼、预防性确认义务诉讼等作为"无名抗告诉讼"[521]进行探讨是自然而然的事情。再者，如果让笔者重新解释"撤销诉讼的对象是否应当被限定于'行政行为'"[522]这个问题，那么将会提出这样的疑问，即如果认为存在行政行为是法院进行行政控制的要件，那么"依法律行政原理"是否会被矮化为"依法律的行政行为原理"呢？

如之前的考察所示，在这样的解释论的努力中，有学说主

---

[518] 关于德国国家责任法制重视前者的状况，参照宇賀克也「ドイツ国家責任法の理論史の分析（四）」法学協会雑誌 99 巻 7 号 33 頁以下（1982 年），宇賀克也『国家責任法の分析』（1988 年）所收，日本最近的情况，参照兼子仁在座谈会的发言，座谈会「判例回顧と展望 1983」，法律時報临時増刊 56 巻 2 号 4 頁。

[519] 基础文献参照 Bettermann, Zur Lehre vom Folgenbeseitigungsanspruch, DöV 1955，528-536。

[520] 高木光「行政訴訟における差止に関する一考察」神戸法学雑誌 32 巻 1 号 95 頁（1982 年），参照本书第二章第一节第一款。

[521] 塩野宏「無名抗告訴訟の問題点」新・実務民訴講座 9，123 頁以下（1983 年）。

[522] 原田尚彦「取消訴訟の対象は行政行為に限られるべきか」判例タイムズ205 号 32 頁以下（1967 年）。

张扩大撤销诉讼或者抗告诉讼的对象，基于该学说的"扩大处分性"导致行政行为概念内涵的稀薄化并产生行为形式论的问题[523]。

　　所以，为了避免出现上述行为形式论的问题，同时尊重主张扩大处分性的学者的实践目的，以下两点不可或缺：（1）限定处分的概念；（2）活用不以处分的存在为要件的诉讼类型。在这种情况下，如何明确《行政案件诉讼法》第 3 条第 1 款规定的"作为抗告诉讼对象的公权力行使"、该条第 2 款的"作为撤销诉讼对象的公权力行使"以及第 44 条规定的"排除民事诉讼法上的临时处分的公权力行使"等三个概念的关系，是解释论上的焦点[524]。并且，按照本章的立场，应当对这三个概念进行缩小解释，同时，不应扩大解释上述第 3 条第 1 款的无名抗告诉讼的对象，而是应当探讨对行政处分或者行政行为应当采用什么形式讼争（法定的撤销、确认无效、不作为的违法确认之外的形态，即课予义务和预防性不作为等）。再者，在第 3 条第 2 款的解释上，"狭义行政处分"与"广义行政处分"（＝狭义的行政处分+除此之外的行使公权力的行为）的区别是基于立法时的理论混乱引起的，所以，现在应当忽略[525]。有关第 44 条的"停止执行还是临时处分"的讨论应当朝着这样的方向进行解释，即即使适用《行政案件诉讼法》的诉讼也可以通过该法第 7 条广泛认可临时处分的余地[526]。

　　上述解释论上的方向可以通过"公权力概念的纯化"的表述进行概括。在有关"形式性行政处分"和"无名抗告诉讼"

---

[523]　第一节第二款第五点。

[524]　高木，前揭注 520，100 頁以下。

[525]　与排除临时处分相关，将法规命令的制定视为"公权力的行使"值得考虑，但是从行为形式论的立场来看，存在疑问。

[526]　高木，前揭注 520，101 頁。

的探讨中〔527〕，其特征在于，虽然这些讨论具有避免"矮化为依法律的行政行为原理"〔528〕的实践目的，但是，基本的思考样式仍然停留在《行政案件诉讼法》的立法者所采取的"撤销诉讼中心主义"〔529〕的延长线上。具体而言，《行政案件诉讼法》第 3 条第 2 款将广义处分概念界定为狭义处分加上"相类似的处分"，并通过这种形式设定"行使公权力的事实行为"的范畴〔530〕。同时，形式性行政处分论属于扩大处分性论，其理论构想是"为了谋求司法救济，将非权力性行为视为狭义处分进行处理"〔531〕。在理论上，"扩大抗告诉讼的对象"与"扩大处分性"被认为是属于不同维度的问题〔532〕，这两种主张相并行的情况〔533〕也为此提供了佐证。同时，笔者认为，最高法院大阪机场案判决〔534〕处于"撤销诉讼中心主义"的延长线上，也是"通过扩大解释公

278

---

〔527〕　同 99 頁。

〔528〕　同 112 頁。

〔529〕　小早川光郎「抗告訴訟の本質と体系」現代行政法大系 4，161 頁（1983 年）。

〔530〕　広木重喜「事実行為に対する行政訴訟」実務民訴講座 8，31－34 頁（1970 年）。

〔531〕　室井力「形式的行政処分論について」公法の理論下 I 1729 頁。

〔532〕　同 1740 頁。

〔533〕　原田、前掲注 522，山村恒年「行政処分概念の再検討」判例タイムズ 205 号 38－44 頁（1967 年），兼子仁『行政争訟法』273－287 頁。

〔534〕　最大判 1981 年 12 月 16 日判例時報 1025 号 45 頁（最高裁判所民事判例集 35 巻 10 号 1369 頁）。根据拙见，该判决的不可分一体论的背景中混在技术性公权力观与一体性公权力观两种观点。前者是指法律赋予行政厅作出具体的行政处分的权限意义上的公权力观；后者着眼于行政过程整体的技能。参照高木光，前揭注 520，105 頁，園部逸夫「グレイゾーンと行政訴訟」季刊実務民事法 4 号 7 頁（1984 年）。并且，后者的"一体性公权力观"或"概括性公权力观"［参照原田尚彦「厚木基地訴訟却下判決の問題点」ジュリスト782 号 101 頁（1983 年）］的线索是，旧宪法时代的公法私法二元论（民法不能进入公行政领域）与主张扩大处分性学者对"公权力概念的扩大解释"，这颇具讽刺意味。参照小高岡「大阪空港事件最高裁判決の射程距離」自由と正義 34 巻 4 号 41 頁（1983 年）。

权力概念，扩充行政控制"志向的绊脚石。

四、当事人诉讼的活用

如此，通过抗告诉讼和民事诉讼充实法院的行政控制的理论尝试还需要添加其他理论构想，即公法上当事人诉讼的活用[535]。在有关法院的行政控制界限的探讨中，无论是主张扩大行政控制界限的学者，还是主张强化行政控制的学者，都围绕抗告诉讼和民事诉讼的范围论展开论争，笔者对此感到不满。在抗告诉讼的场合，"司法权的界限论"[536]以"尊重行政的首次判断权"的问题[537]呈现，但如第二章的分析所示，其在禁止公共工程的场合，以行政法院与司法法院在体系上互相分立法制下的"司法权"概念为媒介，并以"民事禁止界限论"的形式出现[538]。

然而，在现行法制下，为了保障获得裁判的权利（《宪法》第 32 条），原则上，法院"有权决定一切法律、命令、规则或

---

〔535〕　園部逸夫「行政訴訟と民事訴訟との関係」新・実務民事講座 923 頁，同「現代行政と行政訴訟」公法研究 45 号 152 頁（1983 年），園部逸夫，前揭注 534，18 頁。鈴木庸夫「当事者訴訟」現代行政法大系 5，94 頁（1984 年）。高木，前揭注 520，122 頁。对这些进行批判的文献，参照原田尚彦，前揭注 534，104 頁，阿部泰隆「公法上の当事者訴訟の蘇生?」季刊実務民事法 6 号 11 頁（1984 年）〔另外，可以推测原田（前揭注 534，104 頁）有意反对笔者的观点，支持大阪机场案件最高裁判决。参照阿部泰隆『行政救済の実効性』100 頁（1985 年）〕。

〔536〕　戸松秀典「裁判権の限界」現代行政法大系 4，169 頁。宮崎良夫「『司法権の限界論』についての一考察」社会科学研究 33 巻 6 号 1 頁（1982 年），宮崎良夫『行政訴訟の法理論』（1984 年）所収。

〔537〕　参照塩野，前揭注 521。

〔538〕　日本的"司法权界限论"与"德国的民事诉讼界限论"不谋而合，很值得关注。参照高木，前揭注 520，71-74 頁，96-97 頁。另外参照棟居快行「『基本権』訴訟の可否をめぐって」憲法訴訟と人権の理論（芦部還暦）143 頁（1985 年）。

者处分是否合宪"（《宪法》第 81 条），且"享有裁判一切法律上的争讼的权限"（《法院法》第 3 条）。因此，在具体的解释论上，"司法权的界限"以"不属于法律上的争讼"来划定，除此之外，认可的界限仅限于除"日本国宪法有特别规定的场合"之外，可能有与此相当的实质理由的情形。

279

再者，通常认为，在《行政案件诉讼法》规定的诉讼类型中，抗告诉讼和公法上的当事人诉讼是作为"法律上的争讼"而服从法院管辖的，而机关诉讼与民众诉讼则通过是作为"其他法律上特别规定的诉讼"而服从法院管辖[539]。因此，为了说明特定的行政活动争议不在法院权限之内，只论证该争议不属于抗告诉讼或民事诉讼是不够的，至少还必须阐明其不能构成公法上的当事人诉讼。因为在现行法制下，日本的法院与德国普通法院一样，是一元化的组织体系，因此，仅作出某一争议不属于民事诉讼，即作出自己没有管辖权的判断是不充分的[540]。

综上所述，在现行一元化裁判制度之下，在理论上"民事案件与行政案件"的作用分担中，有必要强调"行政案件不限于抗告诉讼"。一味注重扩大抗告诉讼的对象，并将应当在"法律上的争讼"概念下探讨的事项与有关"处分性"的判断互相重合，这从行为形式论的立场来看是有疑问的，而且会产生违背司法的行政控制的实践目的的危险。

因此，今后的课题是，接纳公法上的当事人诉讼，解决撤销诉讼或抗告诉讼负担过重的问题，在此之上，重新审视"司

---

[539]　参照雄川一郎『行政争讼法』49 頁（1957 年），南博方编『注释行政事件诉讼法』268 頁（広冈隆执笔）（1972 年）。

[540]　在大阪机场案中，最高法院撤销了原审判决，对原告的禁止请求作出改判。从该判决无法解读出这种主旨，即因原告的禁止请求不属于"法律上的争讼"，所以不属于法院的权限。而只能解读出，该判决是对诉讼类型选择有误的原告的请求作出的判断，原告主张该案属于"民事案件"是不成立的。

法权界限论"。拙见认为，无名抗告诉讼的容许性应当根据发动处分的请求和禁止发动处分的请求是否属于"法律上的争讼"进行具体判断。在此，在"司法权界限论"中阐述的"行政的首次判断权"应当被重读为"争讼的成熟性"或者"权利保护的利益"[541]。另一方面，为了扩大抗告诉讼的对象，在无名抗告诉讼论中处理的相当部分的通知、法令或者事实行为，都可以在"公法上当事人诉讼"的框架下得到解决[542]。在这种情况下，是否应当赋予裁判救济的判断，应当在"权利保护的利益"这种灵活的框架内进行，或者通过是否存在请求权的实体判断进行。

280

另外，在设想"公法上的当事人诉讼"时，可能会面临公法与私法的区别基准这个疑难问题，但由于日本民事诉讼与"公法上的当事人诉讼"之间的差异较小，这个问题可以在一定程度上得到缓和。换言之，虽然以往认为"即使承认公法上的当事人诉讼，其内容也是匮乏的"[543]，但这种负面因素反倒为问题的灵活解决提供可能。与此相对，德国采取普通法院与行政法院相并行的二元构成，因此时常背负这样的宿命，即必须创设与"私法上的请求权"严格区别的"公法上的请求权"。联邦行政法院 1971 年判决[544]是这个问题的有力证明，它确立了消除结果请求权，这种请求权与行政行为的存否无关。该案件倘若发生在日本，将会产生"基于所有权的排除妨害请求权"的问题，与排污纠纷相比，更有可能会被解释为"民事诉讼"

---

〔541〕 将判例学说分为"成熟说"和"补充说"，参照盐野宏，前揭注 521，135 页。

〔542〕 铃木庸夫，前揭注 535，83 页。

〔543〕 今村成和『现代行政と行政法の理論』23 页（1972 年）。

〔544〕 BVerwG, Urt. v. 25. 8. 1971, DVBl. 1971, 858. 另外参照第一节第二款第七点。

的问题〔545〕。

第二款　行为形式论与行政手段论的分离

一、行为形式的意义

283　　现代行政的重要特征是行政功能的扩大或增大，以此为背景，行政手段以及行政的法的行为形式呈现多样化，对此，几乎已经达成了共识〔546〕〔547〕。本章的考察以此为前提，并认为有必要考察在出发点上保留的问题，即"行为形式""行为类型""行政上的制度"和"行政手段"等表述区分使用，这是涉及在行政法理论中应该如何定位"行政的行为形式论"的方法论的问题。

284　　笔者认为，以往这些表述在论述行政行为、行政上的强制执行、行政立法、行政契约、即时强制、行政调查、行政计划和行政指导等问题时，未必有意识地严格区别。然而，如果认真审视，可以确认，这些表述的语意差异在一定程度上与本章所述的"分析性考察与综合性考察"的对比，或者与被称为行政的行为形式论和法学方法相关联所映射的问题相联系。并且，通过第二节的考察可以明确的是，应当认为"事实行为本身不是

---

〔545〕　如果在日本，通常原告和被告乡镇联合体之间的土地转让属于私法上的契约。

〔546〕　塩野宏「資金交付行政の法律問題（一）」国家学会雑誌78卷3・4号1頁，成田頼明「非権力行政の法律問題」公法研究28号137頁（1966年）等，参照前注510~512的文献。

〔547〕　最近的文献，参照塩野宏「行政過程総説」現代行政法大系2，3頁（1983年）。

行为形式"，或者认为"行政计划本身没有固有的法形式[548]"。如果这样考虑，那么与以往相比，"行为形式"这一表述只能在更为限定的情况下被使用，并且，其不能包括的部分只能通过"行为类型"或者"行政手段"等概念进行表述。并且，笔者认为，这样自觉地使用这个概念不仅是语言表述的问题，还具有重要的意义。因为将处理事实行为的法的问题时使用的"分析性考察与综合性考察"和"分解性构成与一体性构成"等分析方法，运用于其他领域，可以更好地梳理在"行政过程论"[549]中提出的方法论上的问题。在这个意义上，可以说"行为形式论与行政手段论的分离"或者"行为形式论的纯化"是日本行为形式论的重要课题。

在以下部分，将联系前述用语的使用区分问题，强调对行政上的强制执行与即时强制进行更为"分析性考察"的必要性。同时指出，行政指导、行政调查和行政计划等活动与"行为形式"是不同维度的问题。

二、行政上的"制度"

在"行为形式""行为类型""行政上的制度"和"行政手段"等概念表述中，"行为形式"与"行政上的制度"的区别比较容易达成一致。具体而言，"行为形式"是指对行政过程进

---

[548]　芝池義一「行政計画」現代行政法大系 2，338 頁。"有时，将行政计划与行政行为等行政手段并列论述。这是因为，在观念上，它与'工程实施等事实行为'处于不同维度。"另外，有关将行政计划作为一种行为形式来说明的文献，参照上述文献 340 頁注 1。

[549]　除塩野宏（前揭注 547）外，对各种问题展开论述的文献，参照山村恒年「現代行政過程論の諸問題（一）~（五）」自治研究 58 卷 9 号、11 号，59 卷 3 号、7 号、11 号（1982 年、1983 年）。

285 行"分析性考察"时，从微观上分解为数个行为，分别进行理
解的一种概念。而"行政上的制度"〔550〕则是从宏观上表述这些
行为构成的整体活动。例如，行政上的强制执行从整体上看属
于"行政上的制度"，如果分解后观之，则包括行政行为、法的
行为和事实行为。再者，即时强制这种行政上的制度主要是事
实行为，但在有些场合，可能包括法的行为（例如，通知〔551〕等
程序行为）。

当然，不可否认这些概念的使用区分也具有相对性。例如，
行政行为是典型的行为形式，如果进行更为分析性的考察，可
以发现在该行为作出前的程序中，存在事实行为（如调查）或
者法的行为（例如，告知等程序行为）。再者，如果详细分解行
为自身，也能说存在发布该行为的事实行为（口头或者书面）
和法的行为（送达、通知和公示）。

其次，根据本章的观点，在方法论上，"行为类型"的概念
不同于"行为形式"，它处于中立地位，可以被使用于多种场
合。譬如，行政立法〔552〕在表述法规命令与行政规则时包括权
限、制定程序和法的效果等内容，因此，这种行为被称为"行
为形式"是不妥当的。但是，从外在表现以及功能共通性的视
角来看，可以解释为是一种"行为类型"。

三、行政手段

"行政手段"的表述存在的问题最多，如果将其置于抽象的

---

〔550〕 参照藤田宙靖『行政法（総論）』19 頁，100 頁，184 頁（1980 年）。另
外，塩野（前揭注 547，28 頁）使用了"法的结构"这个范畴。

〔551〕 例如，强制退去令书（《出入国法》第 24 条）。

〔552〕 成田頼明「行政指導」現代の行政（1966 年）132 頁。

行政目的-行政手段的框架中进行理解，则可以在极为多样的维度上来使用，并且，适合于用来分析行政学中的行政过程[553]。依笔者之见，如果对与行政法学相关的活动进行分类，大致可以分为表述涉及（人的、物的）"资源"（Resources, Mitteln）的活动[554]与有关计划、组织、调整、指导、给付和命令强制等管理（Administration, Verwaltung）手法[555]。在"行政手段论"的名义下，尝试从整体上理解公务员法、公物营造物法和行政组织法的志向[556]属于前者的维度；在经济行政作用法（各论）研究[557]中所说的介入手段的范畴属于后者的维度，其格外引人关注。例如，将这种介入手段分为"权力性干预""非权力性干预"和"间接干预"，这种分类是"基于经济干预行政的法形式的体系化"[558]根据本章观点，如果分析该体系化中的各种行为，可知这些行为还没有分解到可以被称为"行为形式"的程度。首先，根据法令的直接规范与基于行政处分的规范，都属于"权力性干预"，但是，存在由法令与行政处分相结合构成的许可制和申请登记制[559]等基于整体行为的命令强制，这种"行

286

---

[553]　阐述美国行政法对德国的影响的文献，参照 Thieme, Verwaltungslehre, 4. Aufl. (1984), VI（Die Mittel der Verwaltung），Pütter, Verwaltungslehre (1982), 4. Teil（Ressourcen und Mittel der Verwaltung）。

[554]　前揭注 552，将物、资金、基准制定以及人和公企业作为"行政手段"展开论述。

[555]　前揭注 552，对两者的定位存在微妙的差别。另外，主张发展"行政手法论"的文献，参照阿部泰隆「行政法学の課題と体系」ジュリスト731 号 38 頁以下（1981 年）。

[556]　塩野宏「行政作用論」公法研究 34 号 206 頁（1972 年）。

[557]　佐藤英善「現代経済と行政——経済活動に対する行政介入」公法研究 44 号 158 頁以下（1983 年）。

[558]　原田尚彦「経済干渉行政」成田＝園部＝南編『行政法講義下巻』46 頁（1970 年）。

[559]　参照塩野宏，前揭注 547，28 頁。

政手段"发挥着重要作用。并且，即使着眼于许可制中的行政处分，将之称为"权力性干预"，但不容忽视的是，许可基准可能会使用"计划"的手法[560]。其次，将私法形式的介入、行政指导、经济计划等列举为"非权力性干预"，但在"私法形式"的情况下，除"行为形式"外，还存在"组织形态"（即公企业的概念）。同时，应当指出，在有关行政指导的法律保留论中会提及"权力性因素"或者"命令性因素"[561]。最后，应当明确，租税政策、财政政策、货币政策和金融政策等属于"间接性干预"，毋庸置疑，这些行为与"行为形式"处于不同维度。

综上所述，可以获得的启示是，通常在以下场合阐述"权力性"与"非权力性"的对比，具体而言，是指在"行为形式论"的维度，表述"单方引起权利义务的变动"或者表述"在争讼程序中进行特殊处理"等意思的场合[562]，或者，进行更为综合的一体性考察，并着眼于行政活动的事实上的功能，构建社会学意义上的"支配从属关系"的场合。这也是导致在比较"权力关系"与"管理关系"、"权力行政"与"非权力行政"、"侵害行政"与"给付行政"时，经常产生方法论上的疑念[563]的理由所在。根据本章的立场，对此，应当分别基于"分析性考察与综合性考察"，或者"分解性构成与一体性构成"的分析，再行吟味。

因此，今后应当将"行政手段"的表述与"行为形式"相

---

[560] 佐藤英善，前揭注557，190頁。

[561] 参照ジュリスト741号特集「問われる行政指導」中收录的各论稿。

[562] 行政行为的权力性究竟是进行实体法解释，还是从争讼程序意义上进行解释，是早在过去就存在的问题。有关最近的文献，参照乙部哲郎第四节注释30，小早川光郎「契約と行政行為」岩波基本法学4——契約115頁以下（1983年）。

[563] 村上武則「給付行政の諸問題」現代行政法大系1，81頁以下（1983年）。

287

区别，并尽可能在适合于进行行政法学分析的维度上使用。上述事例中的"权力性干预""非权力性干预"和"间接干预"等范畴都属于行政手段或行政手法。与"行为形式"相比，行政活动更加宽泛且适合于进行综合性考察。因而，不是对其中包含的具体行为的法效果进行考察，而是考察从整体上产生了什么功能。在下文将分别阐述行政指导、行政调查与行政计划等行为。

四、行政指导的定位

一般认为，行政指导是一种"行政手段"[564]，但也有见解[565]认为，"将行政指导定位为与行政行为相并列的'行政手段'是值得怀疑的"。并且，关于行政指导的适用范围存在不同观点[566]。再者，还没有完全厘清行政指导与事实行为概念之间的关系，存在一种评价[567]认为，"有种观点主张行政指导是事实行为，这种论断是空洞无物的"。

按照本章的立场，有必要保留事实行为属于一种行为形式的观点。因为事实行为的意义与行为形式论处于不同维度，根据行为形式论的观点，"行政指导是事实行为"的命题也是令人怀疑的。如果根据三个要素，即（1）不具有法的拘束力，（2）以相对人的同意为前提，（3）为了实现行政的目的，从广义上把握行政指导[568]，那么根据法律规定，在行政处分前实施

　　[564]　前揭注 561。

　　[565]　山内一夫『新行政法論考』はしがき5 頁（1979 年）。

　　[566]　成田頼明，前揭注 552。

　　[567]　鈴木庸夫「行政指導をめぐる判例の動向」ジュリスト741 号 52 頁（1981 年）。

　　[568]　山内一夫「行政指導」11−26 頁（1977 年）。

的劝告〔569〕有时也会成为行政指导。这种情况下，不能因为劝告没有行政处分意义上的法的拘束力，就直接认定它属于事实行为（行政行为抑或事实行为的二选其一）。在此，行政处分前的程序上行为至少也具有一定的法效果，而且在有些情况下，劝告的内容可能在一定程度上对后续行政处分的内容产生拘束力。在这个意义上，劝告也具有法的效果。因此，从行为形式论的观点来看，劝告既不属于行政处分，亦不属于事实行为，而应当被解释为"法的行为"〔570〕。

综上所述，行政指导有时被定性为"行为形式"或者"行为类型"，在作为行为形式时，是被分类为事实行为或者"法的行为"的意思表明而制度化的行为〔571〕。行政指导应当被解释为，是为了实现行政的目的的"指导"，是一种手法，或者说是一种"行政手段"。

五、行政调查与行政计划的定位

行政调查〔572〕这一范畴是从即时强制的范畴分离后独立形成的，可以推测，其深受英美法构想的启发。有关行政调查的法的问题的讨论以适合于英美法研究者进行正当程序及令状主义分析〔573〕的形式展开，在这个意义上，行政调查与德国的事

---

〔569〕　同 70-71 頁。

〔570〕　根据上下文，Rechtshandlung 可以分别翻译为"法行动""法行为""法的行为"和"准法律行为"等，而用"单纯的法的行为"或者"单纯法行为"表述具有一定法的效果，但不属于行政行为或契约的行为是不存在问题的。

〔571〕　塩野宏，前揭注 547，30 頁注 23 中使用的"行为形式"用语的含义范围比本章更广一些。

〔572〕　神長勲「行政調查」現代行政法大系 2，313 頁以下。

〔573〕　曽和俊文「経済規制行政における行政調查の法の統制（一）~（四）完」法学論叢 109 卷 3-6 号、110 卷 3 号、111 卷 1 号（1981 年、1982 年）。

实行为和行为形式论的理解方式的关系，以及与从德国继受而来的即时强制范畴之间的关系并不明确，这也是自然而然的事情。

另一方面，从本章的立场来看，事实行为的理解方法或者将精神作用与物理作用相区分的观点，对分析行政调查的法的问题是很有效的。同时，这也是本款所述的"行为形式论与行为手段论的分离"课题的重要一环。

行政调查是行政主体在作出一定的判断或者决定前实施的收集信息（整理、分析）的活动。在此，"信息"的观点最为重要，其蕴含了为实施更好的行政活动这种目的而采取"手段"的含义。另一方面，探讨应当采取怎样的手段收集信息时可知，命令强制的因素、物理性实力行使有时是必不可少的。如此，倘若根据行为形式论的观点分析行政调查，甚至会考虑行政处分的所在或者通常所称的权力性事实行为。

行政调查一般分为现场检查与讯问检查 [574]。《国税犯则取缔法》规定了临检、搜查和扣押等行为，这些都属于行政程序中允许的直接的实力行使，也属于例外情形。那么，行政调查在性质上是否不适合于行使实力呢（如讯问）？同时，一般认为，间接强制不认可直接的实力行使（所得税法上的检查等），因此，这与传统意义上即时强制的范畴是不同的。

现在是根据"是否可以采取直接的物理性强制"的标准，对行政调查与即时强制进行区别，另一方面，行政调查可以被视为是以"信息"的观点为共通标志的范畴。从本章的立场来看，行政一方是否取得了相关信息是行政调查的关系人最为关切的事情，可以说精神作用的事实行为占据核心地位。收集信

289

---

[574]　神長勲，前揭注 572，315 頁。

息时，是以调查对象的协作为前提，还是通过罚则进行担保，抑或是在符合一定条件时采取物理性实力（具有物理作用的事实行为）呢？这些都被解释为只不过是行政调查这种"行政手段"的表现形式而已。那么在什么情况下，采取物理性实力行使前，需要法院先行作出相关决定（令状主义）或者要求根据先行行政处分确定提供信息的义务呢[575]？这应当通过综合考量调查的必要性和被侵害的权利利益来决定。因此，笔者认为，行政调查应当作为一种"行政手段"来对待，应当被视为什么样的"行为形式"取决于其在哪种"行政上的制度"中来定位。这样解释行政调查才是妥当的。

经许多学者的研究[576]表明，行政计划涵盖所有的行政活动，是以多元形式存在的现象。行政计划使用"计划"的手法进行行政运营，是一种"行政手段"，作为这种现象形态的"行为形式"有多种表现。除法律、预算、条例、法规命令、行政规则、特殊的决定和行政处分等形式外，行政计划是否存在固有的行为形式呢？对此是可以给予否定的。

第三款　事实行为的分类学

一、事实行为的定义

本章在考察事实行为时，并没有深入探讨事实行为的定义。因为笔者在最初考察时并没有发现应当依据的定义，并且在总结

---

〔575〕　在这种情况下，行政调查通过行政上的强制执行实施。
〔576〕　总结性文献，参照遠藤博也『計画行政法』（1976 年），宮田三郎『行政計画法』（1984 年）。

本章内容时，这一点仍然没有根本性改变[577]。

另一方面，为了便于考察，笔者认为，从广义上界定事实行为概念是妥当的，即事实行为是指"因产生事实状态的变动而成为法的关注对象的行为"[578]。这是基于以下考虑：

首先，有关事实行为的概念[579]，存在以下种种问题：

（1）"事实行为"一词所表述的对象具有什么性质？

（2）如何使用"事实行为"一词？

（3）决定如何使用"事实行为"一词了吗（狭义的定义）？

考察的出发点是，问题（1）和（2）与问题（3）处于不同的维度。问题（3）是有关用法约定的问题，原则上可以自由选择。因此，针对问题（3）是否妥当进行论述是没有意义的。不过，为了使讨论具有意义，每个人应当意识到其用法，并且，应当慎重的考虑问题（1），同时，有必要寻求共通的要素。

如果分析学说和判例是如何使用"事实行为"一词的［问题（2）］，那么，从第一章的探讨可知，明显它们并未采纳行政不服审查法作出的定义[580]。该法采纳的构想是，认为"可以参照行政行为，处理特定的事实行为"。通过本章的考察可知，这种构想是基于"行政行为＝权利保护的图式"产生的，从行为形式论的观点来看，这是存在疑问的。因此，根据行政不服审查法，一部分"事实行为"可以与所谓行政法学"嫡子"的行政行为或者行政处分相提并论，制定法这样处理是存在疑问的。日本行政上事实行为的地位被表述为"收养程序存疑的养

293

〔577〕　参照第四节中间概括要点 43、46、52、55、56、57、58、61、62。

〔578〕　高木光「事実行為」現代行政法大系 2，171 頁（本书第一章）。

〔579〕　以下分析参照了碧海純一『法哲学概論（全訂第一版）』44-45 頁（1973 年）。

〔580〕　高木光，前揭注 578，172-183 頁。

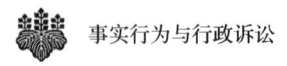

子"，也是基于这种旨趣。

在上述意义上，学说和判例并未采纳行政不服审查法有关
"事实行为"的特殊用法，而是从广义上理解"事实行为"概
念，可以说这是妥当的。并且，公共土木工程、公共工程、即
时强制、行政上的强制执行、行政调查和行政指导等从广义上
被理解为事实行为，如果分析这些行为的性质时［问题
（1）］，引人关注的是，可以根据"事实状态的变动"归纳各
种现象（事实状态的变动与权利义务或者法律关系的变动相对
应，被表述为相对于"权利变动"的"实在变动"）。

二、精神作用与物理作用

接下来的课题是，如何以更易于理解、富有实益的方式对
这种从广义上界定的行为进行分类。对此，德国存在"知识表
示"（Wissenserklärung）与"技术性及其他业务"（technische
und sonstige Verrichtung）的分类[581]。除此之外，理论上的分类
具有一定的意义，这种分类在第一节已考察过。这个分类首先
将"事实状态的变动"分为基于"信息"观点的变动与物理的
变动，同时，将基于"信息"观点的事实状态变动且属于法的
关注对象的行为界定为"精神作用的事实行为"；而将属于法关
注对象的物理性事实状态变动界定为"物理作用的事实行为"。
这种分类与日本有关分类的差异相对应[582]，具体而言，从日本
行政法理论史来看，"物理作用"的"事实行为"首先受到关
注，其后，在有关行政指导的探讨中，开始关注"精神作用"

---

［581］ Erichsen/Martens（Hrsg.），Allgemeines Verwaltungsrecht，5. Aufl.（1981），
§ 33.

［582］ 高木光，前揭注 578，171 頁。

的事实行为。因此，下面对最后引起关注的领域进行深入探讨，　294
这是日本行为形式论的重要课题。

在"事实状态变动"＝"实在变动"中，存在狭义上（传统观念上）的"事实世界"即物理作用世界的变动与"意义世界"即精神作用世界的变动[583]两种。这种分析与如何将这两者纳入"法的世界"问题相联系。尤其需要慎重考察的是，"意义世界"的"事实状态变动"与"意义世界"一部分的"法的世界"之间的关系。这是解决如何对"行政的一般精神作用"进行分类，或者如何理解行政的"法的行为"这个问题的前提。下文以驾驶许可为例对此稍稍进行微观层面的分析。

首先，驾驶许可被认为是根据法令解除一般性禁止，毫无疑问，这在本质上属于一种权利义务或者法律关系的变动＝"权利变动"，属于广义上的"法的行为"。这种法的行为的作出本身属于法的世界的活动，同时，也属于包括这种行为的意义世界的活动。与此相对，使用文书和文字将这种权利变动传达给驾驶人的行为，一方面，属于一种处分的告知、通知，属于意义世界的行为，另一方面，其本身也是狭义上的"事实世界"的事象。并且，交付文书属于物理性事象，这种事象本身与处分的意义及其法的效果是没有关系的。因此，即使通过订正文书或文字，撤销当初的意义或者撤销、撤回处分，并不意味着物理性事实是自始不存在的。这也是进行以下探讨[584]的前提，即谈论"撤销"事实行为有悖于常理，撤除是必不可少的。

其次，驾驶证的重要意义是，交付驾驶证（《道路交通法》第92条）属于行政处分的要式，交付驾驶证可以替代驾驶许可

---

〔583〕　Krause, Rechtsformen des Verwaltungshandelns（1974），S. 12，以此为启发。

〔584〕　柳瀬良幹「事実行為の取消訴訟（二）」自治研究 39 巻 9 号 4 頁（1963年）。

的告知，确定驾驶许可的生效日期，但该行为并不是"法的行为"即许可处分本身的化体。对此，可以通过获得驾驶许可与携带并出示驾驶证（第95条）在法上不具有同一性进行说明。驾驶证的意义不仅体现在可以提高交通规则的效率[585]，其还可以作为各种身份证明的替代证件[586]。如果驾驶证只具有后者的意义，那么就可以认为交付驾驶证属于学术上的"公证行为"，但是，这里所述的"公证行为"不能被视为属于行政行为或者行政处分的一种[587]。虽然驾驶证记载的部分内容具有"公的证据力"[588]，在各种法令上具有一定的法的效果或者法的拘束力，但也只是符合被认定为"（单纯的）法的行为"的条件而已。

另外，日本法上的"法律行为性行政行为与准法律行为性行政行为"的分类现在只是进行说明时才使用的概念[589]。根据行为形式论的观点，应当摈弃这种分类，并将准法律行为性行政行为这种行为类型分为行政行为（或者行政处分）、（单纯）法的行为和事实行为三类。根据拙见，准法律行为性行政行为以过去广义行政行为概念为出发点，在当时是指"准法律行为性行政的行为"[590]，作为行政行为的类型之一保留至今的原因是，在"依据法律行为论的行政行为论"中，对行政行为的法的效果的理解受到"行政行为抑或事实行为的二选其一"思考样式的不良影响而极为不充分，以及在移植德国理论时翻译用语存在不当（以及由此产生若干理论上的混乱）。

[585] 各种营业许可证有相同的功能。
[586] 在护照和印鉴登录申请时，用于进行本人确认，这对是否可以享受简易快捷的行政服务具有重大意义。
[587] 参照中间总结要点24。
[588] 参照田中二郎，前揭注493，124頁。
[589] 藤田宙靖「行政行為の分類学」自治研究53卷9号7頁（1977年）。
[590] 高木光，前揭注578，182頁。

三、真伪的基准

行政的精神作用包括"法的世界"的活动，即（广义上）法的行为，其中特殊的行为包括行政处分、法规命令、通知和训令等。对这种精神作用进行分类时，"真伪的基准"[591]是一个重要的参考因素。通过这种基准具体判断信息内容的"真伪"是否会产生问题。并且，这种标准对精神性事实行为的权利保护具有重要意义。具体而言，例如，由于行政提供信息的行为使私人名誉和信用遭受侵害的情况下，如提供信息本身不符合要件[592]，或者所提供的信息内容不符合真实情况，则提供信息的行为违法[593]。需要留意的是，对于这种信息内容或者行政的言明内容，可以产生"真伪"问题的情形有严格限定。因为提供信息或者言明的主体以可以产生"真伪"问题的事实为基础，并对其作出一定的评价或者判断时[594]，很难产生"真伪"的问题。

现在对行政的精神作用进行分类时，"恢复原状可能性"基准是一种线索。这是用来判断精神作用引起的"权利变动"或者"实在变动"是否适合于"撤销""撤废"或"恢复原状"的基准。

有学者认为，因实在变动（事实状态的变动）而受到关注的事实行为不适合于"撤销"的观念[595]，这是与法的世界的活动的本质区别。值得注意的是，这时所设想的是物理性事实

296

---

[591]　K. Zeidler, Gutachten B zum 44. DJT（1962），S. 62. 从中得到启发。

[592]　最判 1981 年 4 月 14 日最高裁判所民事判例集 35 卷 3 号 620 頁。

[593]　遠藤，前揭注 576，178 頁介绍了美国的相关法理。

[594]　例如，对药品、食品的安全性作出"有合理怀疑"的声明。

[595]　柳瀨良幹，前揭注 584。

行为，且在法的固有意义上使用"撤销"一词。具体而言，当具有精神作用的事实行为只涉及信息传达（或者收集）的问题时，并且，起初的信息被其后的信息替换，在这种事例中，起初的信息失去了价值，变得没有意义，在这个意义上，可以认为适合采用"撤销"的观念。在此，可以想到与此完全异质的事例是，由于起初的信息传达（收集），使名誉、信用和秘密等遭受侵害，所以，不能无视这种事实状态的变动。在此，应当探讨不适合采用"撤销"的"实在变动"。在后一事例中，是否可以"恢复原状"或者"撤废"，应当根据具体情况进行判断。"恢复原状可能性"基准可以细分为两个阶段、区分为三种类型[596]，亦即适合于"撤销"的行为，不适合于"撤销"的观念但可以"恢复原状"或者"撤废"的行为，以及两者都不可能的情况。

297

上文提示了对事实行为进行分类的若干视点，但正如本章反复强调的那样，对事实行为的法的问题的准确定位，是以行政的行为形式论的展开为前提，而且与具体分析相关的行政过程密切关联。因此，本款提示的分类学的端绪，具有总论或者序论的意义，但包含着一定的界限。因此，今后有必要基于第四节所述的"事实行为与行政行为的联结"的视点及其他观点，对相关领域的问题进行深入研究。

结　语

298

有关行政事实行为的讨论错综复杂，本章介绍这种情况时，对行政的行为形式论这一重大问题进行了考察。如果回想本章

---

[596]　另外，对物理性作用而言，恢复原状可能性基准当然具有重要意义。

从正面对各种问题在多大程度上进行了考察，对此，如第五节阐述所示，可以说本章只是明确了将来研究的大致方向，提出了今后的重要课题。行政救济论是行为形式论展开的重要支撑，行政手段论与行为形式论处于不同维度，应当进行分离和重组，即使对行政救济论与行为形式论各自存在的问题进行研究也绝非是一个研究者力所能及的事情。不同于以往，现在要创立"行政法学的体系"是很困难的，有的学者甚至认为这是不妥当的。但从现状来看这也是理所当然的事情。笔者深切体会到有必要采取有利于理论整体的健全发展的观点，有意识地着眼于与其他维度展开的理论研究的关系深入研究。今后，深刻吟味和领悟中坚研究者提倡的各种理论模型，以保持均衡的形式研究"现代行政"的各种问题是赋予年轻的研究者的重要课题。这里对此进行记述，借以结束本章。

第四章
事实性侵害

一、引言

299　　本章是对第三章内容进行的补充，主要介绍拉姆绍尔的著作《财产权的事实性侵害》（Ulrich Ramsauer, Die faktischen Beeinträchtigungen des Eigentums 1980），这是研究"事实性侵害"的重要著作。

　　该书是拉姆绍尔在他的汉堡大学学位论文（指导教授是 Gunther Schwerdtfeger）基础上修改而成的，收录于《公法论集》第 370 卷［Schriften zum öffentlichen Recht（以下简称 SöR），Bd. 370］。拉姆绍尔在绪论中明确指出，该书尝试将从民事法发展而来的规范的目的理论（Normzwecklehre）适用于基本权利保护领域，并替代直接性（Unmittelbarkeit）以及目的志向性（Finalität）等基准。

　　这种将民事法理论以及法理转用于（Übertragung）公法领域的手法深深引起了笔者的兴趣。除此之外，第三章考察的出发点的问题意识是，行政上的事实行为的法的问题对行政法学提出了什么课题？该书选择的论题"事实性侵害"（faktische Beeinträchtigungen）和这种问题意识的起源颇有共通之处，这一点也引人关注。

拉姆绍尔以下述问题状况为出发点（Vorwort）： 300

> 在行政法院的程序中，市民对遭受的间接不利、无意图的不利以及事实上的不利请求保护基本权利的案件不断增加。为了对这种侵害确定基本权利的保护领域，有必要确立实用性基础。

当然，并非该著作最先意识到这种问题状况，汉斯-乌尔利希·加卢瓦斯的《基本权利领域的事实侵害——兼论附随效力概念》（Hans-Ullrich Gallwas, Faktische Beeinträchtigungen im Bereich der Grundrechte, Ein Beitrag zum Begriff der Nebenwirkungen 1970）同样被收录于 SöR, Bd. 126，该文在 10 年前就对这个问题进行了深入论述。再者，以国家责任法制（Staatshaftungrecht）的各种著作为代表，尤其是论述公权论中的不作为以及消除请求权（Untrelassungs- und Beseitigungsanspruch）的著作，即便没有明确提出这个问题，但也已经意识到这一问题。如果极单纯地来说，可以表述为对"行政行为的法律效果"在权利保护之外的权利保护的重要性的关注。

二、拉姆绍尔的问题设定

拉姆绍尔认为在财产保障（Eigentumsgarantie）领域解决上述问题极其重要，并设定了下列探讨问题：〔23〕

（1）《基本法》第 14 条第 1 款第 1 句的保障被限定于，以一般的形式（generell），对具有特定侵害样态（bestimmte Eingriffsmodalität）的措施实施保护，那么，该句是否只保护目的志向性的（eine zielgerichtet）侵害或者直接的（unmittelbar）侵害（Beeinträchtigung）呢？

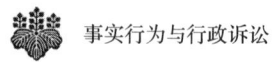

（2）其次，当不认可存在一般性的保护财产权的限定时，即对所有的财产性地位（Eigentumspositionen）同样适用，且只能对某种特定性质（eine bestimmte Qualität）的侵害提供财产权保护，这时需要对怎样的财产性地位受到什么样的侵害进行保护呢？对于这个问题，在具体的案件中根据什么确定？

基于以上课题，该书由以下部分构成：

- 序文〔23-32〕
- 第一部分　事实性侵害的各种表现形态（Erscheinungsformen）及其侵害机制〔33-49〕
- 第二部分　根据一般的侵害要件从功能上限定财产权保障的保护领域的疑念（Die Fragwürdigkeit von Beschränkungen des funktionlen Schutzbereiches der Eigentumsgarantie durch allgemeine Eingriffsvoraussetzungen）〔50-127〕
- 第三部分　根据规定财产权的法律和保护目的，确定具体案件的保护范围，通过这种方法代替一般的侵害基准（Ersatz allgemeiner Eingriffskriterien durch die Bestimmung des Schutzbereiches im Einzelfall anhand der inhaltsbestimmenden Gesetze mit Hilfe des Schutzzwecks）〔128-189〕
- 总结〔190-192〕

在上述构成中，序文以及第一部分主要明确前述的问题状况，第二部分主要探讨问题（1），第三部分主要阐述问题（2）。从上述内容可知，拉姆绍尔的见解可以概括如下：

第一，传统观念认为，《基本法》第 14 条第 1 款第 1 句规定的财产权保障的保护领域被限定于一般适用的侵害基准（目的志向性、直接性）。但是，在基本法的规定中并不能找到支撑这种观念的根据。〔190〕

第二，应当根据具体的案件，探究被保护财产性地位的保
护范围，通过这种方式对财产权保障的保护范围进行必要的限　302
定。关于各种具体的侵害，这个范围只能根据规定财产权内容
的规范进行确定。〔191〕

在上述论述过程中，拉姆绍尔谈及公法上的各种基本问题，
同时概述了民事法的"规范的保护目的"理论。以下部分根据
本书的结构，介绍书中耐人寻味的问题点，笔者在阐述上述问
题时，按照自己的关注点作出了取舍，对此，敬请谅解。

另外，在本章中使用以下符号提请读者注意。使用""和
''的部分表示该内容是对原文的直译或者归纳要点后进行的翻
译。同时，使用（）的部分是介绍者补充说明的内容或者改变
了语言的表达方式。〔〕用来表记原著中的页码。最后，笔者在
以下阐述中尽可能保持与原著的体例相对应。

三、事实性侵害的概念

首先，原著在导入部分指出，"事实性侵害"（faktische Bee-
inträchtigungen）概念存在若干需要留意的要点：

（1）"一般情况下，'事实性侵害'概念的含义并非保持一
致，具体而言，其可以适用于以下场合，即阐述目的外的（un-
gezielt）或者间接影响的'事实性'损害或者不利的场合，表述
与'法的侵害'（rechtliche Beeinträchtigung）相对照的'事实性
侵害'概念的场合以及与高权性事实行为（hoheitliche Realakte）
产生的侵害同义使用的场合。同时，在联邦普通法院的判例中，
有'事实性禁止建设'（faktische Bausperre）的概念。""但是，
'事实性的侵害'概念在观念上的表述与古典的命令或者禁止产
生的侵害是相区别的，理解为具有一定特殊性的侵害更为妥　303

当。""'间接的'（mittelbar）、'非直接的'（indirekt）、'无目的性的'（nicht beabsichtigt）、'欠缺介入'（eingriffslos）或者'附随性结果'（Nebenfolgen）等都是用来表述这种特殊性。"〔24〕

（2）《基本法》第 14 条第 1 款第 1 句的保护对象有两种：其一，作为市民（具体）个别性权利（Individualrecht）的财产权；其二，（抽象的）法制度（Rechtsinsitut）意义上的财产权。但是，通常"事实性侵害"概念首先是在上述第一种含义上使用。〔25〕

（3）"在此，'侵害'（Beeinträchtigung）概念与《民法》第1004 条第 1 款意义上的侵害概念是不同的。后者在观念上以现物为对象（beziehen auf das Sacheigentum），与此不同，《基本法》第 14 条则是一种权利侵害（eine Rechtsbeeinträchtigung）问题。财产性地位不仅包括积极地赋予某项权能，而且包括不能消极地附加财产特有的（eigentumsspezifisch）义务。"〔27〕

（4）"基本权利上的（grundrechtsrelevant）侵害原则上必须是一种权利侵害（Rechtsbeeinträchtigung）。因此，倘若将事实上的侵害（faktische Beeinträchtigung）与法律上的侵害或权利侵害（Rechtsbeeinträchtigung）相对照，前者是'事实上'的侵害，就已经与基本权利不再相关。"〔28〕

（5）"由于事实性侵害欠缺'与规范（内容）的同一性'（Regelungsidentität），据此，加卢瓦斯将它与其他的侵害相区别。"〔28〕

"'规范'行为是指具有目的志向性（Finalität）及直接性（Unmittelbarkeit）的行为，其中，目的志向性是行为要素（Handlungselement），直接性属于效果要素（Wirkungselement）。因此，可以说事实性侵害缺少上述任何一种要素或者全部要素。"〔30〕

304

四、事实性侵害的三个类型

第一部分〔33-49〕对各种事实性侵害进行了类型化，并在此基础之上分析了侵害的机制。"规范的相对人"（Adressat einer Regelung）是区分第一节至第三节所述三个主要类型的重要概念。第一种类型"后续侵害"（Folgebeeinträchtigung）与第二种类型"第三人侵害"（Drittbeeinträchtigung）都缺少"规范"的"效果要素"（直接性）〔30〕。同时，根据侵害的对象是"规范的相对人"，还是"第三人"即"非相对人"，有所区别的。

"对第三人产生的侵害，当被解释为进行了'法的规范'〔容忍处分（Duldungsverfügung）〕的场合，这时的侵害不属于'事实性侵害'（第三人侵害的类型），而被视为'规范性侵害'（Regelungsbeeinträchtigung）。"

"第三种类型是不具有'规范'性质的高权性措置（hoheitiliche Maßnahme）引起的侵害。这种措施通常是指'单纯高权性'（schlicht-hoheitlich）措施或者单纯高权性事实行为（Realakte）。另外，这种'事实性侵害'的特征是，由于欠缺'与规范的同一性'，因此，不能通过'行政上的强制执行'来实现，但可以产生事物上的强制（Sachzwang）的效果。"〔31〕

（1）-I "后续侵害"。

土地征收产生的营业损失、与征税相关的行为、住宅强制划拨中的承租人的加害行为以及不支付租金、信号灯故障产生的事故和报道刑事程序产生的信用损毁等都属于后续侵害。与此相对，强制使用下水道，使自己的设施产生浪费的事例不属于这种侵害。

305　　（1）－Ⅱ"后续侵害"的机制。〔36－39〕

　　"'后续侵害'是基于'规范'的原因（kausal）产生的，但不同于'规范的效果'（Regelungswirkung），并不是'直接''有目的'实施的行为。因此，'后续侵害'究竟是什么？这个问题与规范的内容是表里关系。""规范"与"后续侵害"的因果关系机制被指出具有以下三个方面：

　　第一，侵害是风险增大（Risikoerhöhung）的结果。"在有关乡镇联合体的赋税、交通信号的故障以及住宅的强制划拨等事例中，'规范'的内容并不涵盖后续产生的侵害。因此，相对人没有被施加容忍（Duldung）侵害或损害的义务。再者，要产生侵害，除具有'规范'外，还需要发生特定的事件（Ereignisse）（事故、物的损毁等）。在此，不容忽视的是，因'规范'增大了风险，侵害是风险增大的现实化。"

　　第二，经济机会（Wirtschaftschancen）的减少。"因征收造成营业损失的情况下，丧失扩大营业的机会是否已经超越一般经济上的风险（allgemeines Wirtschaftsrisiko），这将成为问题。"

　　第三，市场机制（Marktmechanismus）的后续效果。"对财产性地位的所有及使用的征税中，如果对财产权人课予金钱给付义务，将使财产权人的行为产生一定的动机（Motivation），亦即基于市场机制的'经济性要求'（Gebot der Wirtschaftlichkeit）。但征税活动并没有创制这种动机或者强制，只是将业已存在的动机加以利用而已。因此，在征税侵害个别性财产性地位的案

306 件中，并没有规范的效果要素即'直接性'，但有的见解（泽尔曼的观点）否定规范的行为要素即'目的志向性'（Finalität），这是不妥当的。"

　　（2）－Ⅰ"第三人侵害"。

　　可以根据第三人与相对人之间的关系对"第三人侵害"进

行如下分类：〔39–43〕

（1）因与规范相对人有地域性（räumlich）关联而产生的侵害，例如，建筑、矿业、道路、水以及营业法制中的许可认可等。

（2）基于与相对人的债权性关系（借贷关系或劳动关系）而产生的侵害。

（3）藉由市场机制而产生的侵害。又可以细分为三种类型：①认可竞争性企业的市场准入行为；②赋予竞争性企业一定的利益；③对某种服务的供需产生影响的政策——强制使用公营企业或变更器具基准等。

（2）–II "第三人侵害"的机制。〔43–45〕

第一，"在'第三人侵害'中，通常遇到的问题是，对相对人进行规范（Hauptregelung）的同时，是否对第三人附带（Annex）施加了（默示性）忍受处分。"

第二，"如果不存在忍受处分，这时，行政措施对第三人没有'直接的效果'（unmittelbare Wirkung）。在这种情况下，直接导致的后果是，因私人的影响可能性（private Einwirkungsmöglichkeit）而产生侵害第三人权利领域的危险（Gefährdung des Rechtskreises）。实际上（effektiv），不是规范行为本身，而是基于高权性处分，被允许的相对人的行为对第三人的权利领域产生影响。"

第三，"所有的财产性地位都存在于特定的环境或社会中，因此，财产权人要承受其他私法主体（private Rechtsgenossen）对'自己'作出不利决定的潜在风险（latentes Risiko）。高权性措施可以对这种决定产生影响，是潜在风险的一种表现形式，必然会增大侵害的风险。暂且不论被课予法的义务的情况，相对人就是否接受高权性措施授予的利益所作的决定，通常都会受到市场原理的强制性限制。"

307

（3）–I 单纯高权性活动（高权性事实行为）产生的侵害主

要有以下三种类型〔45-46〕〔另外，拉姆绍尔将"单纯行政活动"（schlichtes Verwaltungshandeln）与"高权性事实行为"（hoheitliche Realakte）作同义使用，但与规范行为相区别。这种用法及理解是令人怀疑的〕：

（1）虽然产生了污染侵害，但是没有使该排放行为正当化的规范行为，例如，高权性建设措施（通常所称的公共工程）。

（2）高权性工程在实施过程中产生的事故。

（3）因道路、堤防、大坝等的建设造成的捕鱼量或商店营业收入的减少、"事实性禁止建设"（faktische Bausperre）和"事实性征收"（faktische Enteigung）等。

（3）－II 单纯高权活动的侵害机制。〔47-48〕

第一，"单纯高权活动产生的侵害与'第三人侵害'一样，对被侵害人而言，这种侵害是否属于高权性规范行为的对象，经常成为问题。换言之，有一种理论尝试是，在单纯高权性活动中，通过解释认为（herausdeuten）个别性措施与对侵害的忍受处分相结合，据此，认可存在'规范'行为。但是，根据单纯高权活动的定义，其没有'规范'的活动，因此，这种尝试已经与单纯高权性活动的定义相悖，存在疑问。"

第二，"单纯高权活动欠缺'规范'的行为要素，即'目的志向性'（Finalität），但许多情况具备措施与侵害效果相关联的'直接性'（Unmittelbarkeit），排污案件就属于这种情况。另一方面，与民事法一样，在捕鱼量、销售额减少等事例中，存在'间接侵害'（mittelbare Beeinträchtigung）的问题。值得关注的是，在后一类型中，高权性措施将增加侵害的风险。"

五、限定财产权保障的尝试

通过一般形式尝试将《基本法》第 14 条第 1 款第 1 句规定

的保障限定于对具有特定形态的侵害措施的保护。这种理论尝试最终以失败告终。对此，作者在第二部分从不同角度进行论述，具体内容如下：

- 第一节　功能上保护领域的概念（Der Begriff des funktionalen Schutzbereiches）〔50-55〕
- 第二节　文字：文理解释〔55〕
- 第三节　根据《基本法》第 14 条第 1 款第 1 句与该条第 3 款的体系关系，从功能上限定个别性权利保障〔56-81〕"财产权保护与征收的关系"
- 第四节　对源于基本权利体系的功能上保护领域的一般限定（侵害基准）〔81-122〕
- 第五节　从功能上对保护领域进行一般限定的学说沿革〔122-125〕
- 第六节　从功能上对财产权保障进行一般限定的目的论的线索〔125-127〕
- 第七节　"结论"不能证明可以从功能上对财产权保障的一般条件进行限定〔127〕

（1）-I "《基本法》第 14 条第 1 款第 1 句规定的有效领域（Geltungsbereich）引申出各种行为义务（Verhaltenspflichen），有必要对这些义务进行区别和考察。在此，应当聚焦于保护受到侵害的个别性权利，即《基本法》第 14 条规定的排除或保护功能（Abwehr- und Schutzfunktion），在下文中将其表述为'保护领域'（Schutzbereich）"。〔51〕

（1）-II "首先'保护领域'可以分为'主观'要素与'客观'要素。前者表明谁对谁负有行为义务，后者表示实体上受保护地位的内容。"〔51-52〕

（1）–III "'客观性保护领域'又可分为'事物性'（sach-lich）要素与'功能性'（funktional）要素，前者表示被保护权能的范围，后者表明'对什么性质的侵害给予保护'。"

第一，"以下事例都是从功能上进行一般限定的。首先，在魏玛宪法时代以私法形式实施的行政活动不属于基本权利保护的范围。再者，在基本法下，基本权利的效力不能直接作用于'纯粹的国库行政'（rein fiskalische verwaltung）。"〔53-54〕

第二，"从另一角度来看，'功能上的保护领域'（funktionaler Schutzbereich）的问题，即'应当对什么形态的侵害给予保护'，属于'归责'（Zurechnung）和'归责限制'（Zurechnungsbeschränkungen）的问题。在此，需要将遭受的不利影响归结于某一行为（Verhalten）或者某一法主体的责任领域内的特定事项（bestimmte Vorgänge im Verantwortungsbereich des Rechtssubjekts），同时，除符合这种因果性（Kausalität）的基本要件外，还需加重'归责限制'的要件。第二部分具体探讨的是，根据《基本法》第14条第1款第1句能否推导出可以对所有财产性地位统一适用一般性归责限制。"〔54-55〕

（2）"《基本法》第14条第1款第1句规定'保障所有权及继承权'，从这个表述看，它并不认可从功能上进行限定。'保障'（Gewährleistung）的概念不同于'保护'（Schutz）的概念，不适合于'对什么'（wogegen）的问题。然而，不能将文理视为决定因素，在以下部分有必要从基本法的体系（第三节、第四节）、规定的沿革（第五节）和财产权保障的目的（第六节）等方面进行考察。"〔55〕

（3）根据财产权与征收的关系，可以设定以下问题：

I.《基本法》第14条第3款规定的征收，在概念上（begrifflich）是否被限定于具有特定侵害性质的（bestimmte Eingriffsqualität）

措施呢？

II. 倘若问题 I 可以获得肯定，且可以从功能上限定《基本法》第 14 条第 3 款规定的保护领域，那么是否会对《基本法》第 14 条第 1 款第 1 句的保护领域产生影响呢？

对此，拉姆绍尔认为应当肯定上述问题 I 而否定问题 II。

（问题 I）关于征收的以下推论引人关注：〔56-65〕

"无论是基本法，还是魏玛宪法，都没有对征收概念进行界定，因此，有必要了解这个概念的历史发展。"

第一，征收概念的历史发展。

（a）"征收这种法的形态（Rechtsfigur der Enteignung）从君主特权（jus eminens）分化时，并未明确是否具有手段的性质（instrumentaler Charakter）。"〔56-57〕

（b）"在以普鲁士 1850 年宪法为代表的各邦宪法中，将征收界定为了公益而实施的高权性所有权转移行为（Akt hoheitlicher Eigentumsübertragung）。这种见解在当时占据支配地位。"〔57-58〕

（c）"在魏玛宪法下，古典的征收概念开始发生变化，很多学说将征收和财产权的限制相区别。其中，安许茨的学说使征收失去手段的性质。但 W. 耶利内克、舒特塔和谢鲁赫亚的学说维持了这样的见解，即征收是直接且有目的地（final und unmittelbar）介入市民财产性地位的高权性规范行为（hoheitlicher Regelungsakt）。"〔58-60〕

（d）"在基本法下，根据联邦普通法院的判例，可以发现，在准征收侵害（enteignungsgleicher Eingriff）法理的发展过程中，将征收侵害基准（Eingriffskriterien）视为问题的症结。这可以从以下事例中得到印证，即住宅强制划拨案件是有关事实性后续侵害的事例，这也是准征收侵害法理最初所设想的案件。准征

311

收侵害的补偿（填补损害）义务（Entschädigungspflicht）以《基本法》第 14 条第 3 款规定的"征收补偿"为基础。因此，学说上，关于征收法制中的目的志向性基准（enteignungsrecht-liches Finalitätsmerkmal）存在争议。判例上，只要准征收侵害是直接侵害，即使属于目的外侵害，也是得到认可的，这表明实践界放弃了目的志向性基准。"〔60-62〕

第二，征收行为的侵害构造的体系上的特征。"征收只能为了公共的福祉（Wohl der Allgemeinheit）而进行，征收及其（补偿）附带条款（Junktimklausel）都支持征收的手段性质。"〔62-64〕

第三，征收概念的目的论视角。"《基本法》第 14 条第 1 款第 1 句规定的财产权保护与以往的宪法规定相比，有很大进步。现在是否给予财产权保护已经不受征收概念所左右。因此，立法者在界定征收概念时要从正面体现征收是为了达成公益的目的，具有手段的功能。同时，即使征收具有手段的性质，也不必将需要补偿的侵害限定于有目的性的侵害或直接侵害。"〔65〕

（对于问题 II 提出的问题）另一方面，拉姆绍尔认为《基本法》第 14 条第 3 款规定的财产保护领域不影响该条第 1 款第 1 句规定的保护领域，同时，他关于财产权保障与征收的关系的阐述如下：〔65-80〕

"财产权保护的发展是总论性问题，而征收保护的历史发展属于分论性问题，因此，有必要从历史沿革上追溯这两个问题的关系。"

第一，《普鲁士宪法》第 9 条规定的财产权保障及征收。"在有关该条的解释中，根据当时大多数判例和学说，只对财产权（所有权）的无偿征收（强制转移）实施保护。因此，该条在功能上对财产权的保障进行了限定。"〔66-67〕

第二,《魏玛宪法》第 153 条规定的财产权保障及征收。　312
"在该条中'发现'了'制度性保障'（Institutgarantie）的观
念, 但其他情况并没有发生变化。"〔68〕

第三,《基本法》第 14 条的各个权利保障与征收。"'划定
财产权的界限'（Schrankenbestimmung）与'征收'的边界是,
根据'财产权的本质保障'实施的'划定界限'的一部分。因
为被允许的'划定界限'的终点也是征收的起点。然而, 即使
某一措施突破了'本质保障'的界限, 也并非一定均被视为征
收。"〔80〕

（4）其次, 基于《基本法》第 14 条第 1 款第 1 句与其他规
定在体系上的联系, 可以设定以下问题, 即总而言之（insgesa-
mt）, 基本权利（Grundrechte）的保护应当被限定于具有特定侵
害性质的措施吗?

（4）–I 以往的见解。〔82–84〕

"关于基本权利保护领域在功能上的范围, 即侵害要件的问
题, 学说和判例存在激烈争论。但在确定基本权利的有效领域时,
存在一种倾向, 即减少援用形式上的侵害基准（formale Kriterien
des Eingriffs）, 而更加注重事实上的实际损害（tatsächliche
effektive Betroffenheit）。"

第一, "早期的判例和学说采纳的观点是, 基本权利的保护
应当被限定于支配从属关系（Über–Unterordnungsverhältnis）中
的措施。在这种情况下, 能否提供权利保护取决于侵害措施是
否属于行政行为。"〔82〕

第二, "从魏玛时代开始, 将基本权利保护扩展到一般的
'直接侵害'的见解逐渐占据支配地位, 这种观点也被基本法所
继受。第二次世界大战后,《行政法院法》第 40 条第 1 款将单　313
纯高权性活动产生的直接结果纳入保护范围。现在, 用来确定

基本权利保护领域的'直接性'基准不但受到通说的支持，也被一部分判例所采纳。"〔82-83〕

第三，"另一方面，有些判例为了实施有效的权利保护，尝试以更加灵活的方式解决问题。但这常常会逾越'直接性'的基准。有关消除结果请求权（Folgenbeseitigungsanspruch）的判例，不管是将一般的基本权利保护限定于直接侵害的旨趣，还是认为将保护'限定于直接侵害，是请求权本身的内在限定，两者属于同一个问题。"〔83〕

"再者，在学说上也有反对将'直接性'作为要件的观点。"〔84〕

（4）-II、III〔84-87〕〔87-90〕在这些部分，拉姆绍尔分别论述了以下问题：

他谈及基本法上的"不可侵犯"（unantasbar）、"不可侵害"（Unverletzlichkeit）、"保障"（Gewährleistung）和"只能依据法律"等表述以及宪法为实现基本权利的规定，具体包括：规定人的尊严的《基本法》第1条第1款、规定基本权利本质不可侵犯的《基本法》第19条第2款、保障起诉途径的该条第4款第1句，但并没有对这些问题进行深入论述。

（4）-IV 基本权利保护与"法律的保留"以及合法律性原则之间的逻辑性-体系性关联。〔90-109〕

在这一款，拉姆绍尔基于与"法律保留"（Vorbehalt des Gesetzes）以及"行政的合法律性"（Gesetzmäßigkeit der Verwaltung）等基本原则的关系，指出侵害（Eingriff）的观念对基本权利保护领域的意义。

"根据古典的限定观念，法院对执行机关的行为的审查范围只限于侵害，即具有特定形式构造的措施。但是，这种限定并非基于基本权利，而是根据行政的合法律性原理以及法律保留

发展而来的。经过了漫长时期后，学说才承认基本权利属于个
人的权利，在这个过程中，侵害的观念（Eingriffsvorstellung）对
确定法律保留以及行政的合法律性原则的适用范围发挥了重要
作用。侵害的观念与上述两个原则紧密联系，逐渐发展成熟。　314
后来，这个概念被继受并用来确定基本权利在功能上的保护领
域。"〔90〕

"从沿革上看，法律保留原则是用来确定议会权限的所及范
围，但到魏玛宪法之后，议会具有广泛的权限，其功能发生很
大变迁。"〔92-94〕

"在沿革上，行政的合法律性原则不同于法律保留原则，它
是晚半个世纪后才产生的原则，是关于行政活动在什么范围内
需要法律授权的问题。"〔95-96〕

"在此之后，学说上并未有意识地对这两个原则进行严格区
分，甚至在前述功能变迁的同时用'法律保留'这个术语阐述
'法律适合性原则'。"

"相较于传统，在基本法之下，需法律授权的范围从两方面
不断扩大。其一，向特别权力关系以及给付行政领域的扩大，
即朝着'全部保留'（Totalvorbehalt）的方向扩大；其二，扩大
古典理论基础的侵害观念（Eingriffsvorstellung）〔设想的是'侵
害保留'（Eingriffsvorbehalt）说中的侵害观念〕。"〔97〕

"但是，现在已经不能通过'法律保留'论中的侵害观念确
定基本权利在功能上的保护领域，相反，应当根据基本权利在
功能上的保护领域，确定'法律保留'论中的侵害观念。"〔108-
109〕

（4）－V 通过预先给定的违法性概念从功能上限定基本权利
的保护领域。〔109-120〕

在这一款中，拉姆绍尔结合民法上所称的不法论（Unrechtslehre）的探讨，具体考察对于各种违法性概念的理解对解决公法领域的相关问题产生的影响。他经过考察得出的结论与前款的结论相对应，并阐述了以下观点，即不是从预先给定的（vorgegeben）违法性概念确定基本权利在功能上的保护领域，而是通过确定基本权利在功能上的保护领域的方式，判断某一措施是否违法。〔120〕

综上所述，本款与前款一样，可以窥探出，拉姆绍尔否定从其他一般原理或者概念推导基本权利的保护范围，以免直接受到有关原理或者概念的复杂论争的影响，拉姆绍尔的这种用意很耐人寻味。毋庸置疑，这只是立论的伏笔，因为他主张通过个别性规范的保护目的具体确定基本权利的保护领域。

如果梳理拉姆绍尔的观点，可知不法论具有以下意义：

"事实性侵害的问题不断增加，从而使不法论的争论波及公法领域，尤其是'准征收侵害'和'消除结果请求权'等领域，这个领域不涉及有责性（verschuldensunabhängige Haftung）（＝无过失责任）。"〔109〕

"倘若根据'行为不法'说，从违法性概念推导基本权利在功能上的保护领域，那么会导致这种领域被限定。因为如果只是聚焦在'行为'上，即使产生了侵害，在这种侵害无法预见的情况下，措施也会被认为是合法的。"〔110〕

"在不法论中，应当选择鲍尔的折衷说。根据他的学说，（如行为不法论强调的那样）违法性只能因违反某一特定的行为义务（Verhaltenspflicht）而产生，而各行为义务的范围则以规范自体为基准来确定。在各种规范中，立法者可以结合违反义务的行为或者重视行为的结果进行违法性判断。因此，在不法论的探讨中，可以适用于所有规范的统一的违法性概念是不存在的。"〔114-115〕

（4）-**VI** 消除结果请求权的一般限定与基本权利在功能上的保护范围的关系。

"在判例和学说中，认为消除结果请求权应当被限定于消 316 除侵害基本权利的'直接结果'，这种见解占据支配地位。但是，对这种限定仍然存在争议，而且其根据也不甚明确。但无论如何，与不作为请求权（Unterlassungsanspruch）相比，消除结果请求权和损害赔偿请求权同属于'第二次的请求权'（Sekundäransprüche），因此，从消除结果请求权的范围并不能推论出'基本权利的保护领域'。"〔121〕

（4）-**VII** 结论。〔121-122〕

综上所述，根据体系的观点，对于基本权利而言，不能从整体上限定功能上的保护领域。因此，由什么保护什么的问题，只能根据具体的基本权利进行解答，这是最终的归结。

（5）第五节〔122-125〕与第三节和第四节不同，转换了分析角度，指出：从沿革上看，不容否定的是通过一般性地从功能上限定财产权的保护的（这样的解释）迹象是存在的。

"事实上，在很长一段时期，财产权保护主要是有关征收的保护。魏玛时代后，财产权保护与征收保护相并立，才开始具有本身固有的含义。但由于有关行政活动的审查被限定于'高权性规范行为'（hoheitliche Regelungsakte），因此，无论是对市民'消极地位'（status negativus）的整体保护，还是对其一部分的财产权保护，都被限定于规范性侵害。"

"当时，行政行为概念具有权利保护要件的性质，而且也被用来区分'高权性行政活动'与'非高权性行政活动'（nicht-hoheitliches Verwaltungshandeln）。"同时，"没有对单纯高权性行政活动（schlichthoheitliches Verwaltungshandeln）赋予公法上的财产权保护"。〔124-125〕

（6）通常，从财产权保护目的的观点来看，不能说事实性侵害的程度比规范性侵害轻微。第六节以此为由指出，通常情况下，不考虑"事实性侵害"是不合理的。〔125－127〕

（7）最后，通过第二部分的考察得出的结论是，不能一般性地从功能上限定财产权的保护领域。

因此，有必要具体探讨《基本法》第14条第1款第2句意义上的"规定财产权内容的法律"，第三部分内容具体阐述探讨的手法及顺序。

六、规范目的理论

拉姆绍尔在序文中阐明第三部分尝试用民事法发展而来的规范目的理论替代财产权保护领域的直接性及目的性基准，可以说这部分是本书的核心内容。那么，他的理论尝试在多大程度上获得了成功？是否如他所述，判例朝着"将规范目的理论转用到公法领域"的方向发展？对此，根据笔者的前述探讨，并不能立即作出回答。〔例如，拉姆绍尔认为，联邦行政法院1969年判决 BVerwGE 32, 173 依据的是规范目的的观点。但有关评释则认为，该判决放弃了"保护目的"的观念，而适用了"重大说"（Schweretheorie）。参照：R. Schmidt, NJW 1969, 2162－2163. 另外参照：Evers, Das Bundesverwaltungsgericht und der Nachbarschutz im unbeplanten, im Zusammenhang bebauten Ortsteil, DVBl. 1970, 12－17. 根据小早川光郎的论文获知这些文献的信息，具体参照：《撤销诉讼中实体法的观念（三）》（《国家法学会杂志》86卷9 ·10号82页及88页）。〕

以下部分在介绍第三部分耐人寻味的各种要点时，有些内容可能有悖于拉姆绍尔的本意，但重点在于阐述将"民事法上

317

的法理转用于公法"的手法，这种手法可以有效解决问题。

第三部分的内容如下：　　　　　　　　　　　　　　318

（1）"根据《基本法》第 14 条的财产权概念（Eigentumsbegriff），'资产'（总体的财产）（Vermögen）不能以独立的财产性地位的形式受到基本权利的保护。"〔142〕

（2）第二节考察作为个别性权利的财产权受到哪些规范的规范。〔143-189〕

（2）–I 各种规定财产权内容的规范被解释为是由诸多构造不同的规范的复合体（Normkomplexe）错综复杂结合而成的整体。〔144〕在此，依据"基本关系与保障关系""变换"或者"移转"的观念，解释私法上与公法上规范的关系，很耐人寻味。

第一，"规范财产权的私法上的诸多规范属于《基本法》第
14条第1款第2句意义上的财产权的'内容划定'（Inhaltsbestim-
mung）。这些规范被归纳为'基本关系上的规范复合体'（Nor-
mkomplex der Grundbeziehungen）。除此之外，调整基本关系的规
范还包括保护财产权的公法地位的公法上基础规范。因此，'基
本关系'存在于市民与国家之间，但这时，国家以类似私人的
债务人身份与市民处于相对关系。"〔144-145〕

"另一方面，就财产权而言，规范财产权人与'高权性主
体'的国家之间关系的同时，也规范其与第三人之间关系的法
规范的总和被统称为'保障关系'（Gewährleistungsbeziehung）。
对此，鲁普正确地指出，'保障关系'只能根据公法上的规范形
成。再者，这种规范财产权的公法上规范以现存的财产权为前
提，通常其目的在于，为了公益而授予国家控制或限制财产权
人自由的权能。"〔145〕

"高权主体可以对财产权人采取怎样的行动呢？这可以根据
有关'保障关系'的规定进行确定。具体而言，这种规范与
'消极的地位'（status negativus）之间是原则与例外的关系。"
〔145〕

第二，"财产权的保护与民事法上财产权的内容密切相关，
但《基本法》第14条第1款第1句规定的财产权人的法地位
（Rechtsstellung）属于公法上的地位。这种基于私法规范构建公
法上的法地位（内容）的手法被解释为不是基于'第三人效
力'（Drittwirkung），而是依据'转换'（Transformation）的观
念。高权主体并不能通过'转换'的观念承担私法上规定的相
同或类似的义务。只有其中被积极规定的财产权人权限成为公
法上的财产权的内容时，才会产生私法上的划定规范（Bestim-

mungsnormen）向公法转移（Übertragung）的情况。"〔146〕

"私法规范自身并不能通过'转换'变为公法规范，而是通过决定性地（wesentlich）规定财产权内容并课予高权主体不能妨害（nicht zu stören）财产权人私法上地位的义务的方式，确定避免侵害请求权（Abwendungsanspruch）的范围。并且，《基本法》第 14 条第 1 款第 2 句意义上具体的财产性地位的内容，与这种地位受到威胁后产生公法上的避免侵害请求权时的法的地位是同一的。"〔147〕

（2）-II 其次，拉姆绍尔根据规定方式，将有关财产权的规范分为"积极的划定规范"（positive Bestimmungsnormen）与"消极的划定规范"（negative Bestimmungsnormen），并对二者进行考察。

"《民法》第 903 条规定的'物的所有人的权能'与《民法》第 906 条规定的'排放侵害的忍受义务等'是这种分类的典型事例。"〔148〕

"当消极的划定规范同时属于对高权主体的授权规范时，这种规范不但具有确定行政行动要件的功能（授权功能），还具有确定财产权内容的功能（划定功能）。"〔148-149〕

"积极的划定规范对《基本法》第 14 条第 1 款第 2 句规定的'内容划定'具有特别重要的意义。因为对行政主体的授权是否同时属于消极的划定规范，取决于其行为是否侵害了以积极形式规定的财产权人的自由领域。"〔149〕

第一，"积极的划定规范并不规定权利本身，而规定可以被损毁的地位（Status）的范围。"

"《民法》第 903 条可以被认为是积极规定财产权内容的基本规范。"〔150〕

第二，"在探究某一规范是否消极地规定财产权的内容，首

320

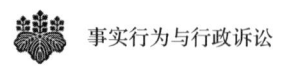

先应当判明该规范对财产性地位产生了什么具体影响。在此之上，参照积极的划定规范具体判断是否应当对财产性地位遭受的侵害实施保护。"〔151〕

321　　"根据现在的支配性见解，应当基于保护目的理论（Schutz-zwecktheorie）理解公权，该理论以某一规范是否具有保护私人利益的目的为基准。最近，一部分学说主张应当采用'具体损害'（konkretes Betroffensein）、'值得保护的利益'（schutzwürdige Belange）和'对自己事务的影响'（Betroffenheit in eigene Angelegenheit）等基准代替'保护目的'基准，但由于这些基准的内容很难确定，所以不能采纳。同时，这些基准可以对规范的保护目的给予一定的影响，但并不能取而代之。"〔152-153〕

"在具体案例中，如果可以确定某一规范属于'消极的内容划定'，那么应当自动地认为这种规定是为了保护遭受侵害的财产权人。在这种情况下，就没有必要再去探究规范的保护目的。不过，不容否定的是，公法上规定的保护目的也可以基于其他观点产生。"〔153-154〕

（2）-**III** 这一款阐述有必要放弃"目的志向性"及"直接性"基准，采纳"规范的保护领域"的观点，划定保护领域。

"因为需要对所有的权能进行统一的限定，所以，将功能上的保护领域限定于'直接的'或者'有目的的'侵害时，不会产生财产权人的各种权能的保护领域的问题。另外，如果放弃'目的志向性'以及'直接性'基准，不仅产生财产权保障的功能面的保护领域的问题，同时也会涉及财产权保障的事项的保护领域（sachlicher Schutzbereich）问题。"〔156〕

"众所周知，规定财产权内容的法律应当针对何种侵害保护各种权能，相关规定极不充分。同时，毫无疑问，确定财产权人的各种具体权能原则上是'法律层面的'立法者（einfacher

Gesetzgeber）的权限。因此，《基本法》第 14 条第 1 款第 1 句并 322
不能直接解决具体权能的保护领域的问题。"〔156〕

"当然，《基本法》第 14 条第 1 款第 1 句保护的财产权人的
权能并非是绝对的，问题在于，在具体的案例中，对于财产性
地位产生的不利，是否应当被保护？这种情况同样会出现在私
法上财产权的保护领域，例如，在市场机制影响下产生的抵制
商品和倾销等不正当竞争行为。同时，在民法领域，一般通过
以下法理处理相邻关系纠纷，即对于排放产生的积极侵害，赋予
排除请求权，但对于消极的剥夺性的侵害（negativ einziehend）则
不涉及财产权的保护。"

"在最近的民事法理论中，形成了'规范的保护领域理论'
及'行为不法论'（Theorie vom Handlungsunrecht）两个理论，
这是《民法》第 823 条第 1 款规定的权利的绝对保护趋于相对
化的具体表现。虽然这两个理论在学理上完全不同，但两者都
尝试将权利的'绝对保护'分为不同情况（differenziert）进行
考察。"〔159〕

"与私人活动产生的危险相比，高权性措施对财产权造成的
危险在很多方面具有不同的性质，例如，与私人的活动相比，
'经济调控'（Wirtschaftslenkung）、完善交通网和建设法上的计
划等高权主体产生的影响更具有持续性。"〔160〕

"然而，只能通过解释规定财产权内容和界限的规范，尤其
是积极的划定规范来确定具体的财产性地位的保护范围，而很
难直接依据《基本法》第 14 条第 1 款第 1 句寻求解决。与国家
的关系而言，公法中不存在概括性的（特别是积极的）规定财
产权的规范，而是通过转换民法规范的方式确定财产权在公法
上的地位（öffentliche Rechtsstellung）。因此，依据这些民法规
范，特别是《民法》第 903 条这一基本规范如何推导相对于国 323

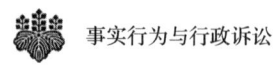

家的自由，将成为问题。"〔160-161〕

（2）-Ⅳ 拉姆绍尔认为，解释程序是规范的目的理论的基础，如果将这种解释程序（Verfahren）转用到公法领域，会圆满解决上述问题。同时他认为，具体的程序是否具有适用的可能性，在对此进行解释并为其提供基础前，应当想到民事法发展而来的"规范的目的理论"的产生及其学理基础。〔165〕

第一，"规范的保护目的理论的发展以因果关系论为出发点。在'损害赔偿'责任法制中，有责性只是要求行为与法益损毁之间存在因果关系，但不要求法益损毁与损害之间存在因果关系。在这种责任法制中，问题在于某一损害是否应当归责于行为人即归责要件。对于这个问题，相当因果关系论比较有力。"

"凯麦拉的功绩在于，使规范的保护目的与保护范围成为探讨归责基准，即私法的因果关系问题的有效要素。随后，'规范的目的理论'逐渐取代了相当因果关系论，并得到广泛支持。"

"该理论从《民法》第823条第2款（=违反保护性法律的侵权行为类型）中获得学理发展的推动力。赫曼·朗格从该款中归纳出以下三个观点：其一，被侵害人属于法律保护的人的范围；其二，损害针对损毁受规范保护的法益而产生；其三，加害的类型与形态是以保护性法律为着眼点的。"〔162-163〕

"在尼佩代的学说中，规范的目的观念与行为不法-结果不法的问题相混淆。但是，行为不法论欲将一般的行为概念作为归责的基准，这与以规范的目的为基准的观点是不相容的，在此，规范目的因不同规范而有所差异，无法进行统一的界定。"〔163〕

第二，"在民事法中，根据规范目的进行的责任调整根据'危险领域'以及'具体的危险程度'进行区分。保护规范仅

324

在特定的危险领域保护受益人，对于一般生活上的风险并不实施保护。因此，当侵害属于一般生活上风险的表征（Ausdruck）时，客观上，被侵害人不能对违法行为人提起诉讼。"〔164〕

第三，"上述规范目的观点有助于划定规定财产权内容的规范在功能上的保护范围。但是，实际上，根据规范目的进行责任调整仅是'归责的指导理念'而已。因此，与民事法一样，不能否定会产生区分（Abgrenzungsschwierigkeiten）的困难。"〔164〕

"在民事法中，规范的目的理论受到《民法》第 823 条第 2 款的决定性影响。同样，在公法中，公权论是对规范的目的的重要性产生认识的契机。公权论中的问题在于，具体的公法规范是否可以被解释为是为了保护第三人私人的权利利益。这意味着赫曼·朗格对《民法》第 823 条第 2 款提出的三个要件也将成为问题。不过，规定财产权内容的规范通常奠定了财产权人的权利基础，所以，免除了财产权人的范围的问题。"〔165〕

"在民事法中，如何考虑规范目的受到危险概念（Gefährdungsgedanke）的左右。同样，对积极的规定'财产权内容'的规范而言，这种规范目的如何分配风险（Risikoverteilung）是很重要的问题。"〔165〕

"通过对起因于国家的侵害实施保护，并没有减少财产权人面临的私的风险。"

"对国家的侵害实施的财产权保护可分为一般生活上的风险（allgemeine Lebensrisiken）与由国家引起但根据划定规范的目的不应当由财产权人负担的特殊风险，如何区分这两种风险是面临的重要问题。虽说根据划定规范的目的确定这种风险存在困难，但不能因此就一般性地批判公法规范的目的理论。因为对国家引起的侵害进行保护的领域，规定财产权内容的规范并不

325

完善，因此，必然要适用规范的目的理论。"〔165-166〕

（2）-V 第五款主张，联邦普通法院、联邦行政法院和联邦宪法法院有关保护公法财产权的判例采用了规范目的的观点——即便有的在表面上没有体现。〔166-171〕

（2）-VI 第六款对肖纳、泽尔曼、舒瓦伯和吉米尼赫等的学说作出了相同的解释。〔171-173〕

（2）-VII 在这一款中，拉姆绍尔对本书采用的观点的意义进行了如下总结：〔173〕

第一，时常无法从规定财产权内容的规范中获得比一定观点（Topoi）更多的内容。

第二，在这种情况下，只能由法院根据宪法上财产权的意义以及功能探究各个规范的目的。

第三，在规定财产权内容的法律中，可以确定区分"危险领域"的、具有通常意义的一定要素。

第四，值得注意的是，第一点和第三点只是提示了有助于探究具体规范目的的方向，但并不能替代从规定财产权内容的具体规范中获取有关规范目的的评价的探究。

326　　　如此，拉姆绍尔批判"一般性地从功能上对保护领域进行限定"的手法，他维持了这种基调，同时，有所保留地提示了方向，并指出了以下三个因素：

第一，原因行为与侵害之间的因果链条（Kausalkette）的长度。因果链条越长，越容易判断得出相关影响是一般生活上风险的体现。〔174〕

第二，危险或者侵害的程度。程度越小，即使违法，也越容易得出应当予以忍受的倾向。〔175〕

第三，是否属于财产权特有的侵害？大多不对单纯获利的机会或者可能性等原本含有一定风险的地位进行保护。同时，

大多不保护具有对人性质（personenbezogen）的措施。〔176〕

（2）-Ⅷ 在最后一款，以土地所有权以及租借人或劳动者的债权为例，对前款的说明进行详细补充。

七、结语

介绍至此结束，最后，简单阐述本书的地位及其意义。

如第六部分所述，还没有完全弄清楚本书在德国公法学中的意义。但是，如序言所述，笔者认为拉姆绍尔的着眼点以及志向之处属于最近的一种支配性倾向。下面结合若干文献，明确本书的定位。

（1）在"事实性侵害"的类型上，应当参照第一点提及的加卢瓦斯的著作。拉姆绍尔提出的"后续侵害""第三人侵害"和"基于单纯高权性活动（高权性事实行为）的侵害"等三种类型的侵害与加卢瓦斯提出的"后续效果"（Folgewirkung）、"邻接效果"（Nebenwirkung）和"单纯侵害"（Schlichte Beeinträchtigung）的分类相对应［另外，加卢瓦斯将第一种和第二种类型合称为"反射效果"（Reflexwirkung）〕。并且，这两种观点的相通之处在于，都认为"相对人"（Adressat）的概念不是"形式上"的，而是"实质性"的"规范对象"（vgl. Gallwas, S. 13-16）。

那么，贯彻这种观点是否与传统的行政行为论相冲突，是存在争议的。［对于具有"双重效力"或者"第三人效力"的行政行为概念，可以参照：Badura, Verwaltungsrecht im liberalen und im sozialen Rechtsstaat, 1966（S. 24）; Laubinger, Der Verwaltungsakt mit Doppelwirkung, 1967; Brohm, Die Dogmatik des Verwaltungsrechts, VVDStRL 30（1972）, 245-312.〕

（2）关于"目的志向性"基准可以参照：Gronefeld, Preisgabe

事实行为与行政诉讼

und Ersatz des enteignungsrechtlichen Finalitätsmerkmals, 1972
（SöR Bd. 200）。这些文献大多研究"准征收侵害"的法理，主
要涉及请求普通法院给付金钱、保护权利的情况（对此，可以
认为拉姆绍尔在序言中阐述的"行政法院的程序"的限定是不
妥当的）。有篇文章［Heidenhain, Amtshaftung und Entschädigung
aus enteignungsgleichem Eingriff, 1965（SöR Bd. 23）］对"无过
失责任"与以"有责性"为要件的"职务责任"（Amtshaftung）
的关系进行了卓有成效的概述。

（3）关于基本权利的"排除或者保护功能"，参照：W. Mart-
ens, Grundrechte im Leistungsstaat, VVDStRL 30（1972），7–42，
关于事实行为，参照：M. Hoffmann, Der Abwehranspruch gegen
rechtswidrige hoheitliche Realakte, 1969（SöR Bd. 107）。后者与论
文 Rösslein, Der Folgenbeseitigungsanspruch, 1968（SöR Bd. 71）
相并列，对"消除结果请求权"进行了概述。

328　　　　再者，对于一般公权论以及公权论与消除结果请求权的关
系，可以参照：Bachof, Die verwaltungsgerichtliche Klage auf Vor-
nahmen einer Amtshandlung, 1951；Rupp, Grundfragen der heutigen
Verwaltungrechtslehre, 1965；Henke, Das subjektive öffentliche Re-
cht, 1968. 这些著作都是众所周知的（只是亨克的主张比较特
殊，拉姆绍尔批判性地引用他的观点〔153〕）。另外，他指出
"准征收侵害"法理是战后联邦普通法院以住宅强制划拨纠纷为
契机创立的。同时，根据巴霍夫的著作，"消除结果请求权"也
是为了解决行政裁判实务中出现的这类纠纷产生的 vgl. Bachof,
2. Aufl.（1968），Vorwort。再者，前述哈登亥的著作论述，"准
征收侵害"法理与"消除结果请求权"除具有上述发生上的共
通性外，两者都在尝试克服"职务责任"这种德国特有的国家
责任（Staatshaftung）构成在权利保护方面的缺陷（关于一般的

· 332 ·

国家责任法制以及最近的修法动向，参照：Ossenbühl, Staatshaf-tungsrecht, 2. Aufl. 1978）。

（4）拉姆绍尔将本书的考察重点放在如何划定"基本权利的保护领域"这个实体法上的侧面。另一方面，从介绍的内容可以获知，在考察"事实性侵害"问题的发展时，有必要留意其与诉讼法方面的关联，即"当时认可怎样的诉讼形态，或者怎样的诉讼形态发挥了支配性作用"？这可以从以下情况得到印证，即"规范"行为、"相对人"、"高权性活动"和"单纯高权性活动"等概念与撤销诉讼的对象和原告资格、以及行政法院和普通法院的权限分配密切相关，由这些概念来论述"功能面上的保护领域"的问题。对于这种诉讼法上的问题，最近的文献 Neumeyer, Die Klagebefugnis im Verwaltungsprozeß, 1979 （Schriften zum Prozeßrecht Bd. 62）值得推荐，该文结合"原告适格"（Klagebefugnis），阐述"规范的保护目的"的观念（对此，在《国家学会杂志》第 93 卷第 11·12 号的学界展望部分 329 进行了简单介绍）。

（5）拉姆绍尔在阐述民法中的规范目的理论的发展时，主要参照了以下文献：

（a）Caemmerer, Ernst von：Wandlungen des Deliktsrechts, in：Hundert Jahre Deutsches Rechtsleben, Bd. II（1960），S. 49-136.

（b）Wolf, Joseph Georg：Der Normzweck im Deliktrecht, 1962.

（c）Lange, Hermann：Adäquanztheorie, Rechtswidrigkeitszusammenhang, Schutzlehre und selbständigen Zurechnungsmomente, JZ 1976, 198-207.

（d）Baur, Fritz：Der Beseitigungsanspruch nach § 1004 BGB, AcP 160（1961），465-493.

（6）参照本书的内容，思考日本存在的相关问题时，需要留意的是，日本关于"原告资格"或者"诉的利益"的讨论的表现形式与德国不同。在德国，论述这个问题的理论背景与日本是不同的。德国法学界最近一直强调，"权利侵害"或者"权利保护"不是撤销诉讼特有的问题，撤销诉讼只不过是有关权利保护的诉讼形态的一种而已。笔者认为，与此不同，日本格外强调撤销诉讼的重要性，与此相应，所有的问题都被纳入"是否应当通过撤销诉讼进行权利保护"的判断中，这使得讨论变得复杂起来（本书在第三章已经对这种"撤销诉讼的负担过重"或者"行政行为论的负担过重"问题进行了考察）。

第五章
处分性与原告资格扩大论再探讨

一、引言

　　作为本书的结尾，这里根据对事实行为论的探讨，[1][2][3]　331
想整理一下从中所得到的对日本处分性、原告资格扩大论的
启示。

　　从某个方面来说，笔者一直都在关注中坚研究者近来所提
倡的种种理论模型。笔者为了斟酌、理解这些理论而在探寻
"弹性体系"的条件，[4]因而在解释论上的建议也仅限于片段
式的思考。"公法上当事人诉讼的活用"就是其中一例。[5]而
学者们对此的反应，比笔者暗自料想的要更为激烈。其中的代

---

　　〔1〕　高木光「行政上の事実行為と行政の行為形式論——西ドイツにおける
理論の推移に照らしてみた（一）～（四）」国家学会雑誌 95 巻 5・6 号、9・10
号（1982 年）、96 巻 3・4 号（1983 年）、98 巻 5・6 号（1985 年）（本书第三章）。
　　〔2〕　高木光「行政訴訟による差止に関する一考察——西ドイツにおける結
果除去請求権の法理を手がかりとして」神戸法学雑誌 32 巻 1 号（1982 年）（本书
第二章）。
　　〔3〕　高木光「事実行為」現代行政法大系 2 巻（本书第一章）。
　　〔4〕　高木光，前揭注 1，国家学会雑誌 98 巻 5・6 号，第 49 頁。
　　〔5〕　同 29 頁；高木光，前揭注 2，神戸法学雑誌 32 巻 1 号 101 頁、111 頁。

表者就是原田尚彦教授。[6][7]

众所周知，原田教授是二战后行政救济论，特别是聚焦行政诉讼论的"诉的利益论（最广义）"中"裁判控制扩充论"的旗手。教授对"公法上当事人诉讼活用论"的批判性立场与其"诉的利益论"[8]可谓表里如一。所以，以下主要着眼于教授的学说来展开分析。

以原田教授为代表的解释论，旨在通过扩充撤销诉讼乃至抗告诉讼来提高裁判控制行政的实效性，主张扩大撤销诉讼乃至抗告诉讼的对象，扩大原告资格。其背景在于，根据二战后法制的变革，获得裁判的权利＝概括性的权利保障＝行政诉讼上的概括主义这一图式，也促进了行政救济论的深化。但笔者认为，现在扩大抗告诉讼对象的转向是必要的，但对于扩大原告资格问题，从"行政行为与事实行为的联结"观点来重新审视，"法律上保护的利益""值得法保护的利益"这一框架并无效用。以下从处分性扩大论、无名抗告诉讼论、原告适格论分别论述。前两者已有论述，为免重复，仅以要旨（第二、三点）表示，并以"行政诉讼类型的多样化论争"补充论述（第四点），对于后者，主要着眼于环境行政诉讼来分析，在要旨（第五点）表示之后，按照问题点的概念"事实性侵害"（第六点）、"忍受义务"（第七点）、"公定力的事项范围"（第八点）、"具有第三人效力的行政行为"（第九点）的顺序来处理。[9]

---

[6] 原田尚彦「厚木基地訴訟却下判決の問題点」ジュリスト782号99頁（1983年）。

[7] 原田尚彦「行政訴訟類型の多様化論争」法学教室52号47頁（1975年）。

[8] 原田尚彦『訴の利益』（1973年）（以下引用论文集的页数，并给出单个论文的首次发表出处）。

[9] 对于狭义诉的利益的论点"制裁性处分"，应在与事实行为论或德国消除结果请求权法理的关联中论及之处颇多，本文囿于篇幅未予触及，留待他日完成。

二、处分性扩大论（要旨）

　　第一，虽然处分性扩大论暂时给裁判实务带来了相当大的影响，下级法院审判也有采纳，但现在从最高法院采用的理论框架来看，它并未动摇裁判实务。[10]

　　第二，处分性扩大论造成"行政行为论的负担过重"，妨碍理论的健康发展。[11]

　　第三，要对行政行为的概念进行界定，不仅要观察行政行为在诉讼法上的功能，也应关注其在实体法上、程序法上的功能。

　　第四，处分性扩大论造成"公权力概念的负担过重"，与"一体性公权力观""概括性公权力观"这种应予避免的观念具有共通的基础。[12]

　　第五，行政诉讼的"概括主义"本应与"法律上的争讼"关联起来论述。

　　第六，在完全不考虑活用"公法上的当事人诉讼"上，处分性扩大论是片面的。

三、无名抗告诉讼论（要旨）

　　第一，与学说讨论上的深化相比，无名抗告诉讼论尚未在裁判实务中充分展开。

　　第二，处分性的扩大与"扩大抗告诉讼的对象"尽管逻辑

〔10〕　越山安久「抗告訴訟の対象」新・実務民訴講座 9 巻 36 頁（1983 年）。

〔11〕　高木光，前揭注 1，国家学会雑誌 95 巻 5・6 号 35 頁。

〔12〕　高木光，前揭注 1，国家学会雑誌 98 巻 5・6 号 29 頁（本书第三章第五节注 534）。

立场不同，却平行地得到主张。

第三，"扩大抗告诉讼的对象"论具有与上述处分性扩大论的第二点、第四点同样的理论难题。

第四，无名抗告诉讼论今后应从行政处分能以何种形态提起争议来论述。

第五，相当大一部分的内部通知、法令和事实行为从前以无名抗告诉讼论来处理，但应在"公法上的当事人诉讼"的框架内处理。

334   第六，解释论认为，应由原告选择（针对同一对象的）抗告诉讼与民事诉讼。但这种观点为裁判实务接受的可能性微乎其微。[13]

第七，"抗告诉讼＋民事诉讼＝权利保护"的设想，与第六点结合后存在理论性矛盾。

第八，只要以"撤销诉讼的排他性"为前见，就不能否定有必要广泛承认不以处分存在为要件的诉讼类型。

第九，在"公法私法二元论"极为相对化的现在，论及"公法上的法律关系"，弊害甚微。

第十，不问行政处分之所在，在课予行政以法的拘束中，可将以宪法为首的专门课予作为国家权力之行政的法称为"公法"。

四、行政诉讼类型的多样化论争

（一）讨论的现状

"当事人诉讼除了围绕土地征收征用时损失补偿额的争议、

---

〔13〕 阿部泰隆「取消訴訟の対象」現代行政法大系 4 卷 211 頁（1983 年）（并用说之弱）。

对公务员免职处分以确认地位和请求薪酬为内容的争议等几个情形外，几乎没有得到应用。而且在学说上，原田尚彦教授、阿部泰隆教授等行政诉讼法研究权威的学说，对当事人诉讼的存在意义评价极低，申斥为'垂死之物'……所以，当事人诉讼无论是在实务中还是在学说上都没有发挥多大的功能。如此，抗告诉讼类型以行政处分等的存在为前提、以相关争议为内容，排除适用这种特别的类型，而委诸一般的民事诉讼去解决纷争，这才可谓是易于适应的司法国家的构想。"

上述整理[14]可以说是日本学说上关于"公法上的当事人诉讼"的标准性观点。二战后的日本法制变革一般被理解为从两种裁判变为一种裁判，从大陆型变为英美型，从"行政国家"转向"司法国家"，由民事诉讼来救济权利利益被视为基本形态。其中，抗告诉讼的诉讼形态被定位于应对行政处分这种特别的行政的行为类型的特别诉讼。也就是说，要克服"公法私法二元论"，行政法相对于民法的特殊性就要被行政处分及抗告诉讼的特殊性消解。

如此，"公法上的当事人诉讼"被视为战前观念的残余，最近再次出现主张激活它的学说，学者们对它的反应意味深长。笔者从"公法上当事人诉讼活用论"的立场出发，试图柔化采取相反立场的学者的抵抗心理。其中有效的首先是再次确认出现"公法上当事人诉讼活用论"的背景，分析与此相关的反对学者抵抗心理的原因，揭示出活用论者与反对论者之间几乎没有实质对立。其次，论及"公法上当事人诉讼活用论"并非仅因用词上有趣而被采用，而是具有与行政的行为形式论相关联的理论意义。最后想主张"公法上当事人诉讼活用论"也有其实践意义。

335

---

〔14〕　遠藤博也「二つの法・裁判」法学教室 56 号 39 頁（1985 年）；『行政法スケッチ』（1987 年）所收。

（二）公法上当事人诉讼重新登场的背景

以大阪机场案最高法院判决为契机，[15]重新审视"公法上的当事人诉讼"的主张得以展现。时任调查官的园部逸夫教授在判决后发表的一系列论文中指出，[16][17]"对于既不以抗告诉讼又不以民事诉讼来救济的中间领域（gray zone）"，（将当事人诉讼）定位于应予活用的诉讼形态。笔者也在同一时期独立地得出这一结论，[18]但在基本构想中也受到了园部教授的启发。[19]此后，得到了铃木庸夫教授的赞同，[20]成功地向学界提出了问题。

336　　　然而，学界对此的反应比笔者暗自料想的要激烈得多。其代表者就是原田尚彦教授。教授最初的反应体现在沿袭大阪机场案最高法院判决的厚木基地诉讼判决[21]的相关论文中，[22]此后在题为"行政诉讼类型的多样化论争"的论文[23]中有一点稍有不同的表述。阿部泰隆教授与原田教授持同一立场，在题为"公法上的当事人诉讼的起死回生？"的论文中对活用论严加批判。[24]

---

〔15〕　最高裁大法廷判決 1981 年 12 月 16 日判例時報 1025 号 45 頁（最高裁判所民事判例集 35 巻 10 号 1369 頁）。

〔16〕　園部逸夫「行政訴訟と民事訴訟の関係」新・実務民訴講座 9 巻 3 頁（1983 年）；『現代行政と行政訴訟』（1987 年）所収。

〔17〕　園部逸夫「グレイ・ゾーンと行政訴訟」季刊実務民事法 4 号 7 頁（1984 年）。

〔18〕　高木光，前揭注 2，神戸法学雑誌 32 巻 1 号 111 頁。

〔19〕　园部教授的主张处于其多年来构想的延长线上。例如，園部逸夫「行政事件訴訟と民事訴訟」法学教室（第 2 期）第 2 号 82 頁（1973 年）。

〔20〕　鈴木庸夫「当事者訴訟」現代行政法大系 5 巻 91 頁（1984 年）；赞成者还有和田英夫「行政訴訟と民事訴訟」公法の課題（田中追悼）618 頁（1985 年）。

〔21〕　横浜地判 1982 年 10 月 25 日判例時報 1056 号 26 頁。

〔22〕　前揭注 6。

〔23〕　前揭注 7。

〔24〕　阿部泰隆「公法上の当事者訴訟の蘇生？」季刊実務民事法 6 号 6 頁（1984 年）。

在笔者看来，他们是认为（或者误以为）提倡活用论是在为大阪机场判决提供正当化论证，才有这种反应的。例如，原田教授认为："现在的诉讼类型多样化论争只不过是因大阪机场案等被驳回诉讼而希望用其他的诉讼形式来进行。其主观意图姑且不论，现实是只能发挥补充不当驳回诉讼判决并为其提供正当化的功能……作出不当的驳回诉讼判决时，学术界得意洋洋地说这就是无名抗告诉讼的当事人诉讼，提议几乎没有现实性的其他诉讼形式。在这之前，首先彻底批判不当的判决，不才是正道吗？"[25]其中不难看到教授一贯扩充裁判对行政的控制的心情。教授的基本立场是采取解释论，即以"诉的利益论"为出发点，根据原告权利救济的便宜来区分使用抗告诉讼与民事诉讼，有时根据情形也合并使用。该立场也能获得诸多共鸣。因而，在行政救济领域，与填补因行政活动而造成的损害相比，现今日本的裁判实务在防止违法的行政活动或者纠正其结果上是消极的。对此的不满，笔者与诸多学者、原田教授并无不同。[26]但笔者认为，问题在于，与其做这种实质性的价值判断，不如去思考怎样的解释论才能在理论上减少难题，才能在技术上更加精炼，如此才能对裁判实务发挥影响。

　　（三）与行为形式论的关联

　　正如已作的分析那样，[27]以原田教授、兼子仁教授为代表的权利救济扩充论的理论难点在于将招致"行政行为论的负担过重""公权力概念的负担过重"。

337

---

　　〔25〕　原田尚彦，前揭注7，52頁。这里所提的无名抗告诉讼就是盐野宏教授的"排除不利诉讼"（后揭注41）。

　　〔26〕　高木光，前揭注1，国家学会雑誌98卷5・6号27頁（本书第三章第五节第一款第三点）。

　　〔27〕　高木光，前揭注1，国家学会雑誌95卷5・6号23頁（本书第三章第一节第一款第五点）。另请参见阿部泰隆，前揭注13。

也就是说，行政救济的扩充形式就是在"概括主义"的概念下尽可能地认可"诉的利益"。[28]与二战前行政裁判上诉讼事项的限定性相比，这种合乎宪法要求的解释论说明极具魅力。然而，在着眼于扩充行政诉讼时，学者们自然不将"公法上的当事人诉讼"放在心上。如前所述，二战后的法制变革被认为带有"从行政国家向司法国家"转变的期待，因此无论如何都必须克服与二战前法制相适应的"公法私法二元论"。实益论认为，既然法院已实现一元化，"公法与私法"已不必区分，即使区分，"民事诉讼"与"公法上的当事人诉讼"也几乎没有差别。在理论根据上，原本就很难，甚至不可能确立区分"公法与私法"的明确标准。如此，"公法上的当事人诉讼"与其说要在实定法上规定，不如说正渐渐陷入保命的境地。[29]在这种状况中，并不怀疑相对于民事诉讼的特殊性，行政诉讼以撤销诉讼为中心的扩充便是自然的结果。与"公法私法二元论"一样，虽然应该斟酌所招致的"公定力论""公权力性的过剩承认"，但其前提条件在于行政行为这种特殊行为形式的存在自身、撤销诉讼这种特殊诉讼形式的存在自身。[30]

如此，不管对"公法与私法"持何种立场，能理解的平台就是"抗告诉讼"。其中，扩充裁判对行政的控制的学者和反过来试图刹住这种倾向的学者均以撤销诉讼为典型的行政诉讼，首先考察（1）采用撤销诉讼争讼什么、（2）谁能提起撤销诉讼，接着作为前两者的应用问题，考察（3）在撤销诉讼以外能以何种诉讼争讼。对于前两者的考察框架，具有可谓决定性影

338

---

〔28〕 原田尚彦，前揭注 8，13 页（初出 1965 年）。

〔29〕 阿部泰隆，前揭注 24，10 页。

〔30〕 遠藤博也「行政過程の意義」北大法学論集 27 巻 3・4 号 242 頁（1976年）。

响的就是原田教授的"诉的利益论"。撤销诉讼的对象扩大、原告资格的扩大变成旗号，与此并列的是，特别是在（3）的"无名抗告诉讼论"中，论及扩大抗告诉讼的对象、承认无名抗告诉讼。

如上所述，行政诉讼的扩充论在实质上有其正当性，但在出发点上却存在一点不幸的情况。那就是在制定《行政案件诉讼法》《行政不服审查法》时出现了行政处分的理论性缺陷。亦即，当时的立法者受到德国理论的影响，将特殊的"事实行为"作为准"行政行为"来处理，或者包含在"行政处分"中，并将这一理论上存在难点的观点部分立法化。根据《行政不服审查法》，事实行为在日本应具有"收养手续有疑义的养子"地位。[31]《行政案件诉讼法》中"行政处分"的概念因第 3 条第 1款、第 2 款的弹性规定，给此后的讨论埋下了错综复杂的种子。

对于如何解释第 3 条第 1 款的"公权力的行使"、第 2 款的"行政厅的处分以及其他的行使公权力"、第 44 条的"行政厅的处分以及其他的行使公权力"，判例和学说意见纷呈。[32]窃以为，要整理这些错综复杂的意见，首先应否定立法者所设想的"相当于行使公权力的事实行为"范畴。如此，使行使公权力的概念纯粹化，将其限定为行政特殊行为形式的"行政行为"或"行政处分"之外的行为，这样来使用一般是适当的。

与此相对，原田教授的"诉的利益论"、兼子教授的"形式性行政处分论"，在平行地主张扩大撤销诉讼的对象、扩大抗告诉讼的对象，进而导致"行政行为或行政处分概念的扩大""公权力概念的扩大"。如此，概念的扩大必然导致概念内涵的稀薄

---

〔31〕　高木光，前揭注 1，国家学会雑誌 95 巻 5・6 号 2 頁；国家学会雑誌 98 巻5・6 号 43 頁。

〔32〕　高木光，前揭注 2，神戸法学雑誌 32 巻 1 号 101 頁。

339 化。这种解释论的命运在于，如果要保证结论的妥当性，就必须牺牲理论的整合性。解释论从正面高举起救济的便利，承认"由原告选择抗告诉讼与民事诉讼"，或者认为"形式性行政处分不具有公定力"。其留下的印象是仅仅为了弹性而成为"超越解释论界限的立法论"。[33]

德国在 1960 年代开始围绕扩大撤销诉讼对象展开讨论，蔡特勒说，"我并不想将扩充裁判对行政控制的学说称为异端。但是，理论家应当正确地使用概念，不能陷入循环论证，将裁判控制的行政的行为全部称为行政行为"。[34]该立场引起笔者的共鸣。当时，艾尔曼、弗雷勒扩大解释诉讼法上的行政行为概念，将其理解为行政法院控制的所有行为。这与德国式行为形式论无关，而是法国以弹性方式承认越权诉讼对象的判例政策。[35]笔者推测这启发了原田、兼子两位教授。然而，并不能仅仅以一种诉讼形态能覆盖多大的范围，来评价权利保护的有效性。德国以行政行为为对象的撤销诉讼、法国的越权诉讼被视为各自行政裁判的核心，日本也同样如此，但这也只有在与其他诉讼形态救济的关联中才能这么说。因而，整体上权利保护的有效性，必须通过综合考察所有能够考虑的诉讼形态来判断。远藤博也教授已经指出了这一点："今天的概括主义……具有宪法的根据，应看作是对私人的概括而富有实效的权利救济的一环。因而，概括主义不是以特定的诉讼类型和诉讼对象为前提，而应反过来说，从这种权利救济的概括主义出发，可承认任何诉讼类型，可以任何行为为对象。顺序不

---

〔33〕　越山安久，前揭注 10，36 頁。

〔34〕　高木光，前揭注 1，国家学会雑誌 95 卷 9・10 号 40 頁。

〔35〕　Rivero, Jean（兼子仁ほか訳）『フランス行政法』102、260 頁（1982年）。

可颠倒。"〔36〕

另外，两位教授并非忽视了上述内容。民事诉讼的救济当　340
然要受到重视。"从行政国家到司法国家"这一理解，将民事诉
讼的救济视为所谓基本形态，尽可能地广泛承认民事诉讼的救
济也被当作默示的前提。因而，在排除民事诉讼救济的部分
（承认公定力或撤销诉讼的排他性管辖），由抗告诉讼予以补充；
在不排斥的部分，承认两者的叠加（由原告自由选择）。因而，
这种构想可谓是"抗告诉讼+民事诉讼=权利保护的图式"。

然而，这种构想在理论上包含着矛盾之处。因为一方面，
扩大抗告诉讼的对象是与"公法与私法的区分"基准中利益说
的构想相通的；另一方面，扩大民事诉讼的范围却又是与权力
说的构想（或国库说的构想）相通的。〔37〕

扩大抗告诉讼的对象意味着扩大公权力的概念。也就是说，
不仅是针对作出单个行政行为或行政处分的权限，还要在整体
上着眼于行政作用的功能，才能谈"公权力的行使"。在这一
点上，具有讽刺意味的是，东京地方法院致力于扩充法院对行
政的控制，促进权利救济，在国立人行天桥案的决定中，却也
与最高法院抑制法院对行政控制的"密不可分论"立于共通
的理论基础之上。〔38〕如此看来，原田教授在《论行政行为的权
力性》中作出细致的分析，〔39〕坚决排斥前法律性的权力观，却

〔36〕　遠藤博也「取消訴訟の原告適格」実務民訴講座 8 巻，第 75 頁（1970
年）；其「現代型行政と取消訴訟」公法研究 45 号 172 頁（1984 年）再度予以强
调。另外，其『講話行政法入門』92 頁（1978 年）指出："行政案件诉讼中，'关
于处分的诉讼'也并非全部。""即使在有行政处分介入的诉讼阶段，也不是全部必
须以'关于处分的诉讼'来构成。"另外，小早川光郎「抗告訴訟の本質と体系」
現代行政法大系 4 巻 146 頁（1983 年）参照。

〔37〕　高木光，前揭注 2，神戸法学雑誌 32 巻 1 号 100 頁。

〔38〕　高木光，前揭注 1，国家学会雑誌 95 巻 5・6 号 32 頁注 25。

〔39〕　原田尚彦，前揭注 8，89 頁（初出 1969 年）。

对国立人行天桥案决定给予好评。[40]这似乎稍稍欠缺点全局观念。

从上述分析来看，"公法上的当事人诉讼活用论"是自然出现的。首先，"司法国家"的构想与历来的权利保护扩充论都是共通的。也就是说，尽可能狭义地解释那种承认行政有法上特权的"公权力的行使"，尽可能广义地解释在行政或法院之前与市民对等的"当事人"。因而，这与"公法与私法的区分"中的权力说或国库说的观点是相通的。另一方面，历来的扩充论所持的前提是"撤销诉讼乃至抗告诉讼是行政诉讼的核心"，活用论则着眼于放宽这一前提。行政的行为形式多样化、行政过程的复杂化是现代行政的特征。与此相对应，要确保法院控制行政的实效性，仅仅依靠为应对古典的侵害行政而形成的撤销诉讼是不够的。在这一认识上，活用论与历来的扩充论并无不同。问题是，要让撤销诉讼乃至被当作其变种的抗告诉讼来实现这一功能，是否会加重其负担。[41]撤销诉讼乃至抗告诉讼应实现的功能当然随时代而变化，也不应非难试图改变它的解释论。然而，这种解释论必须满足两个条件：一是不能由其他诉讼形态替代，二是在理论上不能有所不合。就扩大撤销诉讼乃至抗告诉讼的对象而言，就不符合这两个条件中的任何一个。也就是说，要说扩大撤销诉讼乃至抗告诉讼的对象促进权利救济，比"公法上的当事人诉讼"先进，就有必要对第3条第1款、第2款的公权力概念与第44条的公权力概念作不同解释，不是以法的效果，而是以事实性影响为标准来确定是否为"公权力的行使"。这些理论难点无法忽视。

---

〔40〕 同121頁（初出1970年）。

〔41〕 塩野宏「無名抗告訴訟の問題点」新·実務民訴講座9巻113頁（1983年）。

如此看来，对活用论的批评就有如下几点：（1）"能用民事诉讼救济，所以（公法上的当事人诉讼）不必要"；"能用无名抗告诉讼救济，所以不必要"；（2）"民事诉讼与公法上的当事人诉讼区分不明确"；（3）"不能用民事诉讼救济者，也无法用公法上的当事人诉讼来救济"；"不能用无名抗告诉讼救济者，也无法用公法上的当事人诉讼来救济"；（4）"诉讼形式多样化后，如何选择成为原告的负担"。

（四）实益论

原田、阿部两位教授是公法上当事人诉讼活用论的批判者，342
他们的共同点在于重视实际好处和解释论中的弹性，亦即，均主张并用抗告诉讼与民事诉讼，有弹性地解释撤销诉讼乃至抗告诉讼的对象，进而充分实现权利救济和司法控制。虽然有第（1）、（3）点批评，但活用论只是对现状有不同认识，而无意给批判说拖后腿。另外，即使都主张并用抗告诉讼与民事诉讼，两者的意味也并不相同。[42]因而，对原田、兼子两位教授的批评并不适用于阿部教授。另一方面，阿部教授"相对性行政处分概念的提倡"[43]似乎已经超出了历来行政行为论的框架。它已导致"撤销诉讼的负担过重"，它将根据适合于裁判救济的"法律上的争讼"概念之下应予研讨的事项与"处分性"的判断重叠起来。

另外，如（三）所述，在与行为形式论相关联的理论层面，对于不太重视理论意义的立场来说，没有说服力。这归根结底是一个有趣的问题，因为理论自身仅对于其喜好者有价值。

其中，公法上当事人诉讼活用论的实益论，其论据有二：

---

〔42〕　阿部泰隆『行政救済の実効性』105 頁注 17（1985 年）参照。

〔43〕　阿部泰隆「相对的行政処分概念の提唱（一）」判例評論 283 号 164 頁（1982 年）。

一是与弹性解决相应的"弹性概念"，二是影响裁判实务的可能性［反驳第（3）点］。亦即，首先，所谓"实质性当事人诉讼"仅仅被界定为"关于公法上法律关系的诉讼"。《行政案件诉讼法》对于这一诉讼类型可谓白纸一张，[44] 没有必要拘泥于判例确立的概念体系来讨论。连"以当事人的一方为被告"的要件，经过解释也可能并不涉及。[45] 而抗告诉讼则与此不同，因为制定法、判例法上的制约多，采取弹性解释的余地小。特别是阿部教授极为弹性的构想，实质上与公法上的当事人诉讼活用论仅有一纸之隔。

343 　　其次，对裁判实务的影响为两个因素所左右：一是诉讼代理人的理论构成，二是法院的动向。原告方诉讼代理人为了获得权利救济，对新鲜（珍奇？）的理论在心理上没有抵触。下级法院判断认为这属于在历来的体系中不能救济，而实质上应予救济的事例，便研讨新鲜的理论。这时，如果有多个可能性，不触及从前的体系，或者触及的程度小些，可能在心理上更没有多少抵触。在这一意义上，如果看到最高法院对"处分性"所确立的定式［反驳第（3）点］，考虑到有关于"民事诉讼的界限"（即便有重大疑问）的判决［反驳第（1）点］，应当承认"公法上的当事人诉讼活用论"与过去"处分性扩

　　〔44〕 鈴木庸夫，前揭注20，采取的解释论是"公法上的当事人诉讼"一般准用"判决的拘束力"的规定，而且拘束力可发挥考虑"司法权与行政权的权限分配"的重要功能。然而，如阿部泰隆（前揭注24）所说，"原田说的说法是证据职权调查以外的规定仅适用于形式性当事人诉讼"，这一解释是从条文的外观、立法当时的理论直接得出的。对于拘束力作为给付判决、确认判决的后援能在多大程度上有效适当，还有必要进一步探讨。这里暂不予评价。

　　〔45〕 "当事人诉讼"被认为是以权利主体为被告，但如果是确认诉讼，则是以适当的行政机关为被告，这也与纠纷的实质相适应，合乎目的。对于"弄错被告之诉"或者"主观的预备性合并"问题，阿部泰隆，前揭注42，106 頁补注21参照。

大论""撤销诉讼的客观诉讼化论"的主张至少具有同等的意义。

其中，笔者希望，原告方的诉讼代理人在诉讼形态不明确时，始终要准备民事诉讼与"公法上的当事人诉讼"合并；因而，在被告方以"作为民事诉讼提起不合法"来抗辩时，法院应活用或转用中间判决的手法。[46]据此可缓解活用论的第（1）、（4）个难点，发挥活用论的优点。

最后，作为对将来的期待，还想指出的是"公法的复权"。笔者与园部教授稍有不同，不如在实体法上理解"公法上的当事人诉讼"，希望重新评价古典的构想。[47]

如果从"作为宪法具体化的行政法"的视角来看，不论行政处分的所在、可否提起抗告诉讼，给行政课予法的拘束都是重要的，有的情形要有一些与民事法异质的法理和构想，因为民事法的法理和构想是将民法作为通常适用于私人之间的法。[48]期待"公法上的当事人诉讼"成为接纳这种情形的托盘。笔者认为，在不严格的意义上，也允许以与"民事诉讼"观念异质的"行政法上的法律关系"为争点进行诉讼，而不当

---

〔46〕　无名抗告诉讼也同样如此。如铃木庸夫（前揭注 20，84 页）所说，"在抗告诉讼与当事人诉讼之间争夺无名抗告诉讼是缺少建设性的"。另外，主观上预备性合并一般不允许，但在行政厅（行政机关）与行政主体（权利主体）之间也因"国家与行政厅的一体性理论"而获得容许。古崎庆长「行政訴訟上の主観的予備的併合について」民商法雑誌 87 巻 1 号 71 頁（1982 年）。

〔47〕　在这一意义上，笔者对兼子仁教授的构想有共鸣，他构想的公法具有一种新的意义，区别于私法、民事法，而一般为行政所特有［兼子仁『行政法総論』27 頁（1983 年）］。另参见铃木庸夫，前揭注 20，86、105 页。

〔48〕　作为"法治行政的原理"而对整个行政作用课予法的规制，与作为"法的特权"而对作出行政行为的法的规制，没有必要一样，毋宁说应是不同的。高木光，前揭注 1，国家学会雑誌 95 巻 5・6 号 29 頁。

344　作抗告诉讼。横川案（请求确认自己所有地不在河流区域的诉讼〔49〕〔50〕）即为例证之一。

五、原告适格论（要旨）

346　第一，原告适格论的焦点在于所谓第三人诉讼。其利益状况不同于侵益性行政行为的相对人为排除公定力而提起的撤销诉讼这种基本形态。

第二，现在，以最高法院为首的多数法院采纳的是所谓"法律上保护的利益说"，而着眼于"事实上的侵害""值得法保护的利益"的救济说仍然是少数。

第三，在采取"法律上保护的利益"的框架中也有微妙的差别。如果更为详尽地分析，其中也有不同的构想。亦即，通过解释"法律上保护"的要件，其实质上等同于"值得法保护的利益"救济说。

第四，这种状况意味着，"法律上保护的利益"的框架实际上是暧昧的，因而在法的概念上不充分分析就（与学者认为妥当的结论一起）加以使用。它因为属于需要弹性解决的领域而有不得已的一面，但通过补充行政行为公定力乃至第三人效力的理论分析，也有改善的余地。

347　第五，将权利利益因行政行为的法效果而受到的侵害称为"规范性侵害"，将因事实行为而受到的侵害称为"事实性侵

---

〔49〕　高知地判 1984 年 4 月 26 日判例時報 1131 号 74 頁。

〔50〕　石川敏行（評論解釈）判例評論 315 号 25 頁（1985 年）。他赞成法院无名抗告诉讼合法的判决。笔者认为，判决的结论是妥当的，但在理论构成上并不明确，实在是"公权力概念的负担过重"。在这一案件中，被告方主张"当事人诉讼"＝"弄错被告之诉"，这对于理论的发展而言是不幸的。

害"。根据这两个概念与"行政行为与事实行为的联结"的观点结合进行分析是有效的。

第六，所谓具有第三人效力的行政行为，其特征在于前面所述的"事实性侵害"。在这种行为类型中，行政行为的法效果在本旨上对"相对人"是授益的，第三人的原告资格成为问题，"第三人"的权利利益（如果分解考察的话）因受益者的事实行为而受到侵害（参见下面的第九）。

第七，判例上的定式是"自己的权利或法律上保护的利益受到该处分的侵害或者必然有侵害之虞"，有必要分析这一定式中的"有侵害之虞"。其特征在于，处分与"权利利益的侵害"之间因果关系的必然性成为问题。"权利利益的侵害"未必是处分的法效果自身导致的。受到"规范性侵害"者显然可提起撤销诉讼排除侵害。而尽管受到"事实性侵害"，也只能围绕行政处分提起诉讼获得救济。

第八，对于事实性侵害，其与撤销诉讼以外的权利救济的关系就成为讨论的焦点。

第九，对于"事实性侵害"，作为撤销诉讼以外的权利救济，一般认为主要是"民事诉讼"，而在通常被概括为"第三人诉讼"中，有几个不同性质的类型。

第十，"相邻人诉讼"不同于"竞争者诉讼""消费者诉讼"，受益者的"事实行为"有时在民法上是违法的。

第十一，其中，在"相邻人诉讼"中，必须承认"行政行为法效果的通用力"与排斥禁止因受益者的"事实行为"而遭受"事实性侵害"的请求被混同起来，有时用相同的"忍受义务"的措辞来讨论。

348

第十二，"行政行为的法效果的事项范围"，例如，"安全性"的判断等，有时与从受益者与第三人"民法上的关系"的判断相重合。这时，有必要从行政法上的违法性与民法上的违法性的层面进行比较。

第十三，即使在民法上还不能称为违法的层面，因为有"危险"而成为行政规制的对象时，也能说第三人对授益性处分提起的撤销诉讼，旨在"获得行政法上的地位"。

第十四，在第十三点的意义上，"相邻人诉讼"也与"竞争者诉讼""消费者诉讼"具有相同的构造。

第十五，"相邻人诉讼"中较为特殊的情形是，虽是民法上的违法，本来可通过禁止之诉来排除，却通过"行政行为的法效果"来予以排除（德国污染防止法的模式）。

第十六，在思考对于公定力"侵害的忍受义务"时，有必要慎重区分其事项（或客观）范围与人的（或主观）范围。

第十七，必须尊重、承认对于行政行为相对人"行政法上的地位"的判断，在这一意义上的"忍受义务"大致是对世性的。在这一点上，第三人也包括在"公定力的人的范围"之内。

第十八，在第十七点意义上的"忍受义务"，并不是旨在通过"排除公定力的侵害"这一模式来给撤销诉讼的原告资格予以正当化。

第十九，这种正当化适用的只是第十五点那样的特殊类型。

第二十，这种类型大致是"相邻人诉讼"，因而也是"第三人诉讼"的一种。相邻人被承认原告资格，其法的地位包含于"行政行为的法效果"的事项范围中，与其他类型是不同的。

第二十一，其中，相邻人也受到"规范性侵害"，相邻人也是行政行为实质上的"相对人"。

349　　第二十二，在这种类型中，有第十三点的侧面，在这一限度内，与其他类型一样，意味着着眼于"事实性侵害"与行政行为法效果的结合。

第二十三，在大致能用民事诉讼救济的情形（通常的相邻人诉讼）中，因为它取决于第三人的原告资格是否得到承认，在对行政行为的根据规范进行目的解释时，"事实性侵害"的强度、受侵害利益的性质是重要的要素。

第二十四，其中，相较于根据规范的文字、立法者的意图，很有必要性重视宪法上的价值体系及与其他法律的协调。

第二十五，在原本无法用民事诉讼救济的情形（竞争者诉讼）中，因为法律显示出通过行政行为来"分配行政法上的地位"的强烈倾向，变得就要重视该根据规定的立法目的。

第二十六，竞标的案子与距离限制的案子从来都是被当作不同的类型，但也有共同点。

六、事实性侵害

"法律上保护的利益"的情形，在"利益"上有微妙的不同，有必要予以留意。[51]

在"利益"的理解方法中，大致可根据构想的不同将"利益的侵害"理解为实体性损害与观念性法地位的丧失。

---

〔51〕　着眼于这一点的最近论文有安念潤司「取消訴訟における原告適格の構造（一）~（四）完」国家学会雑誌 97 巻 11・12 号（1984 年）、98 巻 5・6 号、11・12 号（1985 年）、99 巻 7・8 号（1986 年）。"原告资格自然应取决于《行政案件诉讼法》第 9 条的解释，但它只不过是形式而已。该条所说的'法律上的利益'，不外乎就是指'法的利益'或'正当利益'，其结果就是规定了不证自明的内容……大多数判例采用的立场，即使通常被称作'法律上保护的利益说'，该立场也受到该条特别强烈的支持……两者仅仅是在措辞上相似而已……所谓'法律上的'，只是表示与'正当的'之间有微妙差别的形容词，这里所说的'法律'并不是法形式上具体的法律。"第 97 卷 11・12 号，第 44 頁注 9。另外，对于"法律上"要件具有种种微妙差别，山村恒年「法律上の利益と要件法規」民商法雑誌 83 巻 5 号 753 頁（1981 年）。对于裁判的状况，泉德治「取消訴訟の原告適格・訴えの利益」新・実務民訴講座 953 頁（1983 年）。

例如，就核反应堆设置许可处分，"国民的生命健康受宪法保护"，[52]生命健康"利益"的侵害，可理解为实体性损害。如此，这种"利益"具有宪法上的价值，因此可以解释为保护它是许可制度的宗旨（不论文字）。

350　　　与此相对，被告方经常看到的讨论是，[53]将（仅仅为）排除公定力的诉讼视为撤销诉讼，因而将公定力的侵害=行政行为法效果的忍受义务="规范性侵害"理解为"利益的侵害"。然而，这种模式因为只能适用于侵害性行政行为相对人请求撤销的"基本形态"［参见后述九（A）］，即使同样在双方关系中，对于拒绝处分也要作出一定的修正，更何况将其适用于作为现代行政特征的三方关系中，原本就是不合理的。

将撤销诉讼视为"排除违法请求权"的实现方式，是德国行政法学的主流观点，[54]在日本也在一定程度上被当作默示的前提（或者在无意识中受到其影响）。其中，分析日本的原告适格论，也要参考德国对比"规范性侵害"（Regelungsbeeinträchtigung）与"事实性侵害"（Faktische Beeinträchtigung）的分析框架。

所谓"规范性侵害"，是指因行政行为的法律效果而产生的侵害，"事实性侵害"则是其之外的侵害，大致可分为三种类型：一是"后续侵害"（Folgebeeinträchtigung），即对行政行为相对人施以"规范性侵害"所波及的侵害；二是"第三人侵害"（Drittbeeinträchtigung），即对行政行为相对人以外的人所产生的侵害；三是（不承认存在行政行为时）因事实行为产生的侵害。

---

〔52〕　阿部泰隆「原発訴訟をめぐる法律問題（一）」判例評論 314 号 4 頁（1985 年）。

〔53〕　福島第二核电诉讼，福島地判 1984 年 7 月 23 日行政事件裁判例集 35 卷 7 号 995 頁。另外，对于文殊诉讼，高木光「抗告訴訟と民事差止訴訟の関係」ジュリスト 905 号，第 62 頁（1988 年）。

〔54〕　小早川光郎『行政訴訟の構造分析』94 頁（1983 年）。

如此，这三种类型均为传统行政诉讼不太顾及的类型。[55]

另外，所谓相邻人诉讼，是第二种类型"第三人侵害"的典型案例。其特征就在于存在三面关系，而且其三面关系是因"事实性侵害"而产生。依据分解性考察，对相邻人的侵害，并不是行政行为的法律效果，而是因利用行政行为的相对人的事实行为而引起的。

然而，在第三人的原告适格论中，要问及第三人的不利"是因为行政行为的法律效果还是行政行为的事实性效果而产生"。第三人有"法律上的利益"还是只不过是"事实上的利益"，这同样也被视为问题。

351

然而，无论是"规范性侵害"还是"事实性侵害"均为法的世界的问题，对其施以法的救济的必要性，有必要对权利保护的利益作出判断，并无二致。"规范性"与"事实性"的差别是针对侵害的样态而言的，因而对其法的重要性不置一词，这是不可忽视的。

七、忍受义务

填海许可、[56]核反应堆设置许可[57]的撤销诉讼是第三人

---

〔55〕 高木光「紹介·ラムザウア『事実的財産権侵害』」国家学会雑誌94巻9·10号106頁（1981年）（本书第四章）。

〔56〕 例如，参见伊达火力发电站案，札幌地判1976年7月29日判例時報839号28頁。"原告们主张权利利益的侵害并不是直接因处分而产生，而是处分后续的工事或填埋作业等其他原因而产生。"

〔57〕 福岛第二核电诉讼（前揭注53）"核反应堆的设置许可处分自身并没有变更该设施周边居民等第三人的法律地位的性质。因而，原告们……并不是利益受到侵害者。"（行政事件裁判例集35卷7号1011頁）"不能是有侵害利益的可能性，其发生的盖然性的有无、程度及其具体内容……没有后续行行政处分或事实行为，就不能确定……原告们……显然并不是利益必然有受到侵害之虞的人。"（同1014頁）

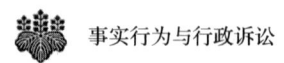

诉讼的代表性例子，其中的重要论点是所谓地上建筑物论、后续行为论，有时将"权利利益的侵害"理解为实体性损害，谈论对此的"忍受义务"。

352

例如，福岛第二核电诉讼判决的原告适格论因被告的主张牵强而显示出一定的理论混乱，为本章的考察提供了饶有趣味的素材。

> 正如被告的主张所示，享有法律上的利益而提起撤销诉讼者，应仅限于被命令忍受因该处分的公定力而产生的上述法律效果的人……但即使上述居民有义务应忍受上述处分所产生的法律效果，也不可解释为甚至在因核反应堆操作对居民生命、身体等产生危险的情形下也课予居民以忍受义务……因而，在核反应堆设置许可处分之际的安全审查有瑕疵，主张上述处分违法，提起撤销上述处分之诉时，不能提起与上述处分的法律效果相抵触的民事诉讼（主张处分存在撤销事由、禁止设置工程等的民事诉讼）。主张因核反应堆的操作而产生对生命、身体的危险时，在与上述处分的法律效果不抵触的范围内可以提起民事诉讼（依据人格权和财产权主张禁止核反应堆设置工程和操作等的民事诉讼）。[58]

所谓"不能提起民事诉讼"，意味着什么呢？如果意味着民事诉讼因不合法而驳回，则违反常识。禁止核反应堆设置工程和操作等的民事诉讼被告，是作为私人企业的电力公司。被告是公共团体时，并不是没有"请求禁止在民事诉讼上不合法"

---

〔58〕 同 1024 页。扩大这种"忍受义务"范围的构想可以在大阪机场案最高法院判决的伊藤正己补充意见中看到。高木光，前揭注 2，神户法学雑誌 32 卷 1 号 106 页；安念潤司，前揭注 51，国家学会雑誌 98 卷 5・6 号 55 页。

的讨论（大阪机场案），但在被告是私企业时，即使其具有公益性，在实质上与公共事业等同视之，原本也不应适合这样的讨论。

其中，所谓"不能提起民事诉讼"，若意味着"在民事诉讼中排除某种主张"，其结果也只是意味着在本案中败诉的可能性变高。在上面的例子中，不能以主张处分存在撤销事由为由为"民事上的禁止请求权"提供基础，但可以为主张为构成对生命、身体等的危险提供基础。其中可以看到，正如公定力是在原告（附近居民）与被告（电力公司）之间首先以"处分的撤销事由"为争议点的其他讼争存在，被等同视为对此有确定判决时的既判力。[59]

如此看来，判决中所说的"忍受义务"就是指，既然许可有效地存在着，对于成为行政厅判断对象的事项已不可争议。如此，若将公定力类比为既判力（民事诉讼法学上，既判力完全是诉讼法上的效力或判决的法效果），在此限度内，将公定力视为诉讼法或程序法上的事物，其构想就可以说是首尾一贯的。

然而，这种对于公定力的理解方法仍有疑问。类比既判力方法自身的问题姑且不论，既判力的"主观范围"与"客观或事项范围"的区别必须予以注意。

八、公定力的事项范围

在民事诉讼法学上，既判力原则上仅及于诉讼当事人和

353

354

---

〔59〕　小早川光郎「先決問題と行政行為」公法の理論上（田中古稀）371頁（1976年）认为：所谓"作为行政行为效果的通用力的公定力"，应另行理解为"对于行政厅作出的认定判断的遮断效果"。

法院。也就是说，判决原则上只有相对效力，对世效力是例外。

与此相对，在行政法学上，行政行为乃至其公定力，原本就被理解为具有对世效力。例如，田中二郎博士就公定力有如下说法："在行政行为……被有权的行政厅依职权撤销，或者依据一定的争讼程序结果被撤销之前，其相对人自不待言，法院、行政厅以及第三人也必须暂且视之为有效行为予以尊重。"[60]

行政行为的公定力通过既判力的类比来理解，而且有一个古典的构想就是"行政行为是行政厅对自身事项的裁判"。据此，行政行为中的判断事项就变成行政主体（Y）与相对人（X）双方当事人之间的法律关系。这是公定力的客观或事项范围，那么主观范围是怎样的呢？如果与民事诉讼平行来思考，其效力及于双方当事人（X 和 Y）以及法院（这里行政厅也与之等同视之）就足够了。为了确保国家机关判断的统一性，在民事诉讼中至少要确保所有的民事法院尊重既判力。即使进一步扩张，行政行为与法院的判决具有同等价值，让行政厅与法院彼此尊重其他"国家机关的判断"也就足够了。如此看来，无论如何，公定力的主观范围都没有超出行政行为相对人与所有国家机关的范围。

355　　然而，行政法关系不同于民事法律关系。亦即，民事关系以私人自治、纷争的相对性解决为基础，而行政法关系则要求法律关系整齐划一地处理、法律关系要具有明确性。在这一点上，有必要与公司关系、身份关系作同样思考。

于是，就要求在解决法的纷争中具有对世效力，判决的效

〔60〕　田中二郎『新版行政法（上）』105 頁（1974 年）。

力也扩张到通常情形之外。其中，行政行为的公定力也被认为具有对世效力。也就是说，行政厅作出判断后，不仅是双方当事人（X 和 Y）、国家机关，所有人都必须尊重行政主体与相对人的法律关系。公定力拘束所有人。[61]上述的"其相对人自不待言，行政厅、法院以及其他的第三人"就是这个意思。

九、具有第三人效力的行政行为

在上述意义上（对世效力），行政行为均有"第三人效力"。那么，"有第三人效力的行政行为"这一范畴意味着什么呢？

这一概念参考的是德国的概念，[62]原本也有不明确的一面，日本也没有那么严格的定义。然而，不同于"具有复效性效果的行政行为""具有复数相对人的行政行为"[63]的情形，可以说它是被设想为对"第三人＝非行政行为相对人的人"产生"（不利）影响"的行政行为。

356

---

　[61]　植村荣治提出了尝试性的论点："行政处分公定力所及范围限于该处分的相对人。"［植村栄治「公定力の人の限界」ジュリスト761号43頁（1983年）］指出公定力的事项范围与人的范围应严格区分，这是正当的。而"第三人不为公定力所及，可提起民事诉讼"的讨论则是有疑问的。正如正文所述，作为"公定力的内容"，是否包含对第三人与受益者的法律关系的规范，就是一个问题点，它用"事项范围"的措辞来表达是适当的。参照加茂紀久男（调查官解说）法曹時報37卷1号254頁（1985年）。

　[62]　参照遠藤博也「複数当事者の行政行為（一）」北大法学論集20卷1号1頁（1969年）。对于近来的德国状况，石崎誠也「西ドイツにおける『二重効果的行政行為』（上、中、下完）」自治研究57卷11号、12号（1981年）、58卷1号（1982年），兼子仁編著『西ドイツの行政行為論』（1987年）所収。

　[63]　兼子仁「現代行政における行政行為の三区分」公法の理論上302頁（1986年），兼子仁編著『西ドイツの行政行為論』（1987年）所収。

其中，所谓"第三人效力"并不是"对第三人的法的效果"，而是指"侵害第三人"，这是一种"事实性侵害"。

这里有必要对行政行为的"相对人"概念作个注释。"相对人"与"收件人"大致同义，与德语特别对应的是"Adressat"。[64]这里有两种含义，一是"形式上"的，亦即发布行政行为（或者成为当作之前听证等的对象）的相对人，二是"实质上"的，亦即受到行政行为（本来的）法效果的人，后者是通例，上述讨论也是据此而展开的。

如上所述，如果从实质上来理解行政行为的"相对人"，即行政行为的法效果所及者，撤销诉讼的构造[65]可作如下整理：

A. 撤销诉讼的基本形态是行政主体（Y）与相对人（X）的双方关系。其中的原告是侵害性行政行为的相对人。对 X 所造成的不利影响，无论是观念性法地位的丧失还是实体性的损害，均可为行政行为的法效果所涵盖。如此，X 要排除该不利，只有去消灭行政行为的法效果。只要行政行为有效，X 就必须"忍受"不利。排除这一意义上的"公定力"正是撤销诉讼的目的所在。这可称为撤销诉讼的基本形态或古典形态，其特征在于专门处理"规范性侵害"的问题。

B. "拒绝处分"的撤销诉讼是基本形态的变种。其中的原告是授益性行政行为的相对人。对 X 所造成的不利是观念性法地位。X 要排除该不利，却未必要消灭行政行为，亦即拒绝处

---

〔64〕 参见大阪机场案最高法院判决的补充意见。植村荣治，前揭注 61，46 页；高木光，前揭注 55，125 页。不过，德国 Adressat，Betroffene，Beteiligte 的概念相互关系是复杂的。参见前揭注 62、63。

〔65〕 以下受到了小早川光郎（前揭注 54）的启发，正如在其分析中的那样，理论上并不紧凑。目前的模式显示出第三人诉讼中也有不同于大多数的利益状况的类型。

分的法效果，这与基本形态 A 不同。也就是说，对拒绝处分的
"一事不再理效力"不存在时，容许再度申请或提起课予义务诉
讼，对于授益性行政行为的请求来说，是更为有利而且直接的
救济。

357

C. 第三人的原告资格成为问题的情形，出现在与上述 A、
B 两个构造不同的撤销诉讼中。如果行政行为的法效果，亦即
"规范"，是授益性的，及于行政行为的相对人（X）。第三人
（Z）之所以有原告资格，并不是因为为行政行为的法效果所涵
盖，而是因为受到与行政行为紧密相连的"事实性侵害"。要排
除对 Z 所造成的不利，并不是必须消灭行政行为的法效果。然
而，因 X 利用行政行为法效果的行为，亦即事实行为而产生
"事实性侵害"，它与行政行为之间联系紧密，通过围绕行政行
为的诉讼来解决纷争是合乎目的的。

即使在所谓第三人的原告资格成为问题时，更仔细地观察
"行政行为的法效果"，就能明白三方关系有几个类型。也就是
说，一般所说的（广义上）第三人原告资格是行政行为形式上
相对人以外的人提起撤销诉讼的情形，其中有其为行政行为法
效果所及者（实质上的相对人）的情形和其他（严格意义上的
第三人）的情形。另外，撤销诉讼以外的救济还有提起民事诉
讼的情形（通常的相邻人诉讼）和其他情形。

历来的原告适格论不明确区分这种种类型。它将 C 类型总
括起来，与 A、B 这种应严格区分的模式叠加起来处理，这是有
误的。"法律上保护的利益"和"值得法保护的利益"的对立，
与"因公定力而产生的忍受义务"和"事实上的损害（injury in
fact）"的对立重叠起来，也稍有片面之处。

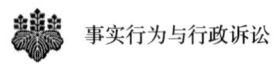

（C-1）竞争者模式[66]

（C-2）距离限制模式

358　　（C-3）相邻人诉讼模式

（C-4）德国污染防止法模式[67]

上述四个类型中，[68]只有 3 是严格意义上的第三人原告资格成为问题的类型。尽管能对受益者提起民事诉讼进行救济，但承认撤销诉讼之路，源自区别于其他类型的考虑。在 1 与 2 的类型中，不可能对受益者提起民事诉讼进行救济。符合这种类型时，应视为完全是私人之间围绕行政法上的法地位分配之争。1 与 2 的区别在于：1 是在 X 与 Z 对等的立场上来争议，败诉的 Z 试图东山再起而提起撤销诉讼；而在 2 中，Z 一旦成为胜者，其地位将受到威胁，为确保其地位而提起撤销诉讼。如果 1 是寻求"行政法上地位的获得"，就可以说 2 是寻求"行政法上地位的恢复"，两者的基本构造是相同的。如此，从观念性法地位的丧失，或者实体性的损害来看，1 和 2 一起，因拒绝处分而具有近似的构造。

然而，2 的距离限制模式渐渐被当作历来第三人原告资格的典型案例。在诉的利益论中必定引用的最高法院 1962 年 1 月 19

---

[66]　参见东京 12 频道案，最判 1968 年 12 月 24 日最高裁判所民事判例集第 22 卷 13 号 3254 页。拒绝处分与对竞争者的许可处分表里一体，获得拒绝处分者，也可诉请撤销许可处分。竞标中的利益状况不同于既有业者就新增营业许可进行争讼的通常的"竞争者诉讼"。例如，在原告资格的基础上，后者与争议建筑许可的"相邻人诉讼"一样，问题都在于非行政行为相对人的第三人保护（兼子仁，前揭注 47，90 页）。与此相对，在竞标中，许可处分的形式上"相对人"仅为获得许可者，被拒绝者也是实质上的"相对人"，因而也可以为原告资格提供基础。然而，能否如此区分是有疑问的，尚需研讨。

[67]　高木光，前揭注 2，神户法学雑誌 32 卷 1 号 62 页；前揭注 1，国家学会雑誌 98 卷 5・6 号 16 页（参见本书第二章第一节、第三章第四节）。

[68]　另外，作为原告适格论，消费者诉讼模式、一般处分模式等虽然重要，但本章中无法处理，留作今后研究。

日判决（《最高法院民事判例集》第 16 卷第 1 号，第 57 页）是
其具体的例子。

　　判决承认原告资格的结论获得广泛支持，但其给出的理由
则多有异议。例如，池田克法官认为，"即使是只有事实上利益
的人，其利益不是一般抽象的、而是具体的个人利益，而且因
该违法处分遭受直接且重大损害的情形"也应肯定其原告资格。
原田教授认为该意见提示了正确的方向。如此，不关乎法的地
位，而着眼于事实上损害的强度的立场，可以说是着眼于"事
实性侵害"。受益者对行政行为的利用，亦即营业行为，这种事
实行为本身是民法上的合法行为。即使对既有业者构成损害，
原本也不能通过民事诉讼来救济，这与许可是否合法无关。在
这一意义上，通过民事诉讼（特别是禁止诉讼）来避免损害现
实化，或者损害的现实化迫近，这种类型的救济是不充分的，
因而必须说它与采取规制制度的情形是基本不同的。

　　其中，在距离限制的模式中谈论"行政行为的事实性效果"
或"事实性侵害"，用"撤销诉讼＝侵害的排除"这种基本形态
的类比来为救济的必要性提供基础，是有疑问的。这种类比只
有在相邻人诉讼中（对作为其变形的德国污染防止法模式予以
保留），而且只有作为实质性考虑时，才是有效的。

　　经上述分析，大致可以这样来说：在总括为"第三人诉讼"
的诉讼当中，"事实性侵害"或"事实上的损害"的强度是重
要因素，反过来，对行政处分的根据规定的宗旨目的应作弹性
解释，该根据规定要保护什么样的利益，确定在"行政法上地
位的分配"上利害关系人的范围。"值得法保护的利益说"主张
的是着眼于前者的类型，"法律上保护的利益说"中多数的裁判
例则可视为将着眼于后者类型的理论一般化。然而，各自的理
论仅对特定的类型有效，以其来简单地解决一切问题则是有疑

359

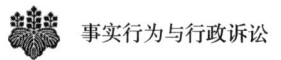

问的。今后应立足于两者中均有正当性的观点，进而确定各类型应承认原告资格者的范围。

十、结语

360　　　在本章中，笔者的研究从最初关注的"行政的行为形式论"转为考察应可谓"行政救济论"之关键的"处分性、原告资格扩大论"。这也是二战后行政法研究进展中特别显眼的领域，本章的分析除了一定的尝试性讨论外并没有增添什么特别新奇之处，这应可以说是笔者自身的备忘录。倘若能对今后研讨的发展稍有裨益，则属幸事。另外，对于本章中提出的各论点，有必要分别深入考察。希望继续紧盯研讨的进展进行研究，适当地予以展开。

事项索引

(以下页码均为边码)

译后记

    《事实行为与行政诉讼》一书是高木光教授的成名作，涵盖了其东京大学法学部的助手论文以及神户大学任职时期的部分论文。高木教授初出茅庐，便切入了理论上有诸多歧见的事实行为论领域，开启了其后战斗式的学术生涯。高木教授正是藉由本书以"公法上当事人诉讼活用论"而闻名。本书由有斐阁于 1988 年出版，于 2001 年 on-demand 重版，本书的分量也可见一斑。2004 年日本修改《行政案件诉讼法》，立法者采取了"活用确认诉讼"的立场，这正是采用了高木教授多年来在解释论上"当事人诉讼活用论"的主张。

    2013 年，当我提出翻译本书时，高木教授还表示了些许担心，如果中国行政法上没有当事人诉讼，这本书的价值能得到彰显吗？诚然如此，但两国的现实问题和理论状况具有相似性，中国行政法学对事实行为缺乏足够研究，确有学习的必要。本书对于事实行为的定性、体系定位、诉讼法上的应对等，结合德国法理论和实务的梳理，作出了深入探讨，这对于中国行政诉讼法的相关理论和实践应会有所启发，同时对于行政的行为形式论、行政手段论等研究也会有所推动。在方法上，面对权利保护的要求与学理的严整性要求，本书体现的方法论意识、体系感也是十分有借鉴价值的。

　　2013 年，托日本国际交流基金的福，我在日本美丽的京都度过了一年时光。当时的指导老师就是京都大学的高木光教授。那一年，我参加了他在法学部和法学研究科、法科大学院的所有课程。研究生的课就在他自己的研究室上，大家围坐在小桌旁，学习论文研读判例。他还不定期地举行学习会，由感兴趣的在校学生或者已在附近高校任教的老师来报告德国法的学习成果。高木老师也邀请我参加，学习会后大家一起去百万遍至鸭川一带的小酒馆喝酒聊天。在快回国前的两个月里，我想向高木老师请教问题，于是我们约定，每周一次去他研究室，每次大概一小时，问答之后我们便到学校附近的饭店吃饭。饭后稍事休息，便接着他下午的课程。如果说我在回国之后研究水平有所提升，那都是拜高木老师所赐。2020 年我得以访学东京大学，也是高木老师把我介绍给山本隆司教授。2020 年底，在日本疫情再次加重之际，高木老师不在意可能的风险，接受了我从东京前去拜访的要求。在京都车站上的饭店，我再次见到了退休之后的高木老师。虽然是午餐，老师还是特意点了一瓶清酒。饭后，他按照日本人的传统执意要埋单，但终究没有拗过这个过去的学生。我目送着高木老师瘦削而高大的背影离开车站，便沿着鸭川步行至出町柳，跨过百万遍路口走进了京大的校园。

　　本书的另一位译者田卫卫博士是高木光教授指导的学生，其博士论文研究的是土地征收的公益要件问题。我们正是在高木老师的研究生课堂上认识的。当时他已处于撰写博士论文阶段，偶尔去我的研究室聊天，或者一起去中央食堂吃饭。在他毕业回国之后，我跟他提出合作翻译高木老师著作的邀请，他也慨然应允。于是，我们便开始了这一段并不轻松的翻译旅程。

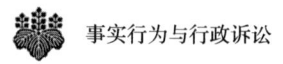

本书的翻译分工如下：

王贵松　序言，作者解题，第一章，第三章第一节，第五章

田卫卫　第二章，第三章第二节至结语，第四章

王贵松负责全书统一校订。王世杰博士协助我校对了德文文献。

在经历了漫长的翻译过程、出版社之间的版权交涉过程之后，现在终于可以交稿了。尽管我们带着责任感翻译高木老师的著作，但毫无疑问，囿于译者的水平，译著里还存在着晦涩难懂的地方。祈请高木老师原谅，也请各位读者朋友海涵。

感谢高木老师的信任，感谢人大法学院的资助，感谢中国政法大学出版社一如既往地对"日本公法译丛"的大力支持！期待这一译著能彰显其应有的穿透性，期待这一译丛能有长久的生命力！

王贵松

2021 年 5 月 4 日

图书在版编目（ＣＩＰ）数据

事实行为与行政诉讼/（日）高木光著；田卫卫，王贵松译.—北京：中国政法大学出版社，2023.2

ISBN 978-7-5764-0824-9

Ⅰ.①事… Ⅱ.①高… ②田… ③王… Ⅲ.①行政诉讼－日本－文集 Ⅳ.①D931.321-53

中国版本图书馆CIP数据核字(2023)第024818号

出　版　者	中国政法大学出版社
地　　　址	北京市海淀区西土城路 25 号
邮寄地址	北京 100088 信箱 8034 分箱　邮编 100088
网　　　址	http://www.cuplpress.com (网络实名：中国政法大学出版社)
电　　　话	010-58908289(编辑部) 58908334(邮购部)
承　　　印	北京鑫海金澳胶印有限公司
开　　　本	880mm×1230mm　1/32
印　　　张	12.375
字　　　数	290 千字
版　　　次	2023 年 2 月第 1 版
印　　　次	2023 年 2 月第 1 次印刷
定　　　价	65.00 元